袁隆平传

聂冷 ◎ 著

民主与建设出版社
·北京·

© 民主与建设出版社，2023

图书在版编目（CIP）数据

袁隆平传 / 聂冷著. -- 北京：民主与建设出版社，2024.7

ISBN 978-7-5139-4620-9

Ⅰ.①袁… Ⅱ.①聂… Ⅲ.①袁隆平（1929-2021）- 传记 Ⅳ.①K826.3

中国国家版本馆CIP数据核字（2024）第097832号

袁隆平传

YUAN LONGPING ZHUAN

著　　者	聂　冷
责任编辑	郭丽芳　周　艺
封面设计	刘红刚
出版发行	民主与建设出版社有限责任公司
电　　话	（010）59417749　59419778
社　　址	北京市海淀区西三环中路10号望海楼E座7层
邮　　编	100142
印　　刷	三河市中晟雅豪印务有限公司
版　　次	2024年7月第1版
印　　次	2024年7月第1次印刷
开　　本	710毫米×1000毫米　1/16
印　　张	19.75
字　　数	380千字
书　　号	ISBN 978-7-5139-4620-9
定　　价	56.00元

注：如有印、装质量问题，请与出版社联系。

目录

引言 / 1

第一章　入世之初

一、安江农校 / 002

二、与右派擦肩 / 008

三、孟德尔与李森科 / 013

四、发现"新大陆" / 019

五、又吓跑一个对象 / 024

第二章　科学前沿

一、"逮住"个媳妇 / 034

二、大海捞针 / 045

三、第一篇科学论文 / 058

第三章　大难不死

一、师徒之间 / 066

二、"黑帮"惊魂 / 072

三、再遭劫难 / 088

第四章 柳暗花明

　　一、山重水复 / 102

　　二、找到"野败" / 107

　　三、优势转化 / 128

　　四、突破制种关 / 134

　　五、终于成功了 / 142

 第五章 功成名就

　　一、不想当官 / 148

　　二、杂交水稻之父 / 152

　　三、超级农民 / 160

　　四、犒劳爱妻 / 174

　　五、袁隆平思路 / 183

　　六、誉满全球 / 188

　　七、踏上新征程 / 194

 第六章 宝刀不老

　　一、两系法释疑 / 206

　　二、宠辱不惊 / 209

　　三、两系法成功 / 227

四、管理问题 / 232
　　五、"西天"传经 / 236

 新的标杆
　　一、超级稻领先世界 / 242
　　二、市场观念 / 255
　　三、广泛合作 / 262
　　四、探索一系法 / 266

 饥饿不再
　　一、谁来养活中国 / 274
　　二、肩负世界的期望 / 278

 高山仰止
　　一、当代神农 / 286
　　二、一尊石雕像 / 290
　　三、媒体的呼声 / 295
　　四、像稻米一样普通 / 297

后记 / 302

引　言

1946年的一个夏夜，汉口博学中学的一名十五岁的初中生，因为白天跟随老师去参观了一座庄园，而在夜里梦见自己成了这座庄园的主人。

他尽情呼吸着庄园里清新自由的空气，像电影《摩登时代》里的卓别林一样，在茂林修竹和田畴池榭间欢快地游逛，听黄鹂在远树间婉转欢歌，夏蝉在头顶叶丛中叽叽嘶鸣；看眼前千顷良田稻浪翻滚，十里荷塘莲花争艳。他在左边瓜地里弯腰抱一只胖西瓜；右边梨树上伸手摘一只大酥梨。树荫下，落叶铺地，轻风送爽，天地间万缕清芬随风飘来，他咬一口西瓜，又咬一口酥梨，深深地陶醉在大自然的千般娇媚和万种风情之中。

忽然，有人来报："小主人，不好啦！四方饥民都来抢割您的稻子啦！"

他却喜不自胜地挥舞着一片西瓜一蹦老高："哈哈，好啊！让全世界的饥民都来割吧，我一个人哪里吃得了这么多东西呀……"

后来，这个学生读完高中便去考了一所农业大学，他真的想一辈子在那自由、广阔而又富庶的山野田畴间无拘无束地当个摩登时代的五柳先生。

他还做过一个梦，梦见自己有了一个办法，使农民种出的水稻长得像高粱一样高大粗壮，稻穗像扫帚一样长，谷粒像花生米一样大；他和他的科研助手们坐在稻荫底下乘凉，欢天喜地地庆贺这个世界将不再有饥饿……

再后来，这个美梦联翩的年轻人终于在他的中年盛期成功培育出杂交水稻。

他所研究成功的这种杂交水稻，比常规水稻平均增产20%以上。据统计，自1976年起到2006年止，我国累计推广种植杂交水稻达56亿多亩，增产粮食5.2亿多吨；创造经济效益5200多亿元。目前全国杂交水稻年种植面积超过1700万公顷，每年增产的稻谷可以养活8000多万人口。值得特别注意的是，自从进入20世纪80年代以来，工业的发展和城市建设的大规模扩张，致使我国耕地以每年1000万亩的速度急剧减少，而粮食产量不仅没有减少，反而增加了。这些新增的产量，基本上都是杂交水稻的硕果，而且它的增产潜力还远远没有挖足。

更令人振奋的是，他的杂交水稻技术自从研究成功至今五十多年来，一直保持着世界领先的地位。世界上有多个资金和设备条件比中国优越得多的水稻专门研究机构，都在与他所率领的中国同行展开着激烈的竞争，但至今为止，还没有谁的研究成果超越过中国。

由以他为代表的中国科学家创造并一直保持着的这份领先世界的成果，不仅确保了中国以仅占世界7%的耕地，养活了占世界22%的人口，而且惠及了全世界。据联合国粮农组织1990年统计，当年全世界水稻种植总面积为22.5亿亩。其中杂交稻2.2亿亩，约占总面积的10%，但产量却占了总产量的20%。如果将常规稻全部换种杂交稻，全世界水稻总产量可翻一番，能多养活10亿人口。中国的谷类作物，各项单产都比西方先进国家低，唯有杂交水稻的产量比世界各国都高。因而，尽管这种水稻还没有长到高粱一样高大粗壮，但西方人却已把它惊呼成了"东方魔稻"。

可以说，除了杂交水稻，中国在现代科技领域里，暂时还找不出第二个连续领先世界三十多年，而且在继续领先着的科技项目。

这项足以称之为伟大的科技成果的创造发明者，就是本书的主人公——袁隆平。

由于袁隆平的巨大贡献，不仅国家授予了他至今为止唯一的一个特等发明奖，而且中国的亿万农民还有一句最为生动和朴实的评价，他们说，吃饭靠"两平"，一靠邓小平，二靠袁隆平；邓小平送来了好政策，袁隆平送来了好种子。

湖南郴州一农民甚至自费四五万元为他雕了一尊汉白玉石像供在家里。

众多的国际同行和关心农业与粮食问题的各国学者以及政治家、社会活动家等,更是把袁隆平尊为"杂交水稻之父",把长沙誉为杂交水稻的"麦加",把杂交水稻在世界范围的推广普及称为继20世纪60年代世界水稻半矮秆化之后的"第二次绿色革命",甚至认为杂交水稻的发明是中国继古代四大发明之后的第五大发明,将是解决21世纪人类吃饭问题的一大法宝。各国政府有关要员和民间组织首领都把他延为上宾。联合国粮农组织聘请他为首席顾问。联合国教科文组织、知识产权组织和粮农组织,美、英、日等各国学术教育机构,以及民间基金组织先后授予他农作物杂种优势利用"国际先驱科学家"等十几项奖金和荣誉称号。

然而,不无遗憾的是,对于这位身系国运之安危、民命之存亡的如此功勋卓著的当代中国科学家,不少中国人都是只知其名,而对其生平事迹及科研历程,尤其是对其科研成果的重大意义则知之甚少。如果有人在报纸上登出一则问题征答:请问20世纪中国取得了哪些最值得骄傲的科技成果?那么,恐怕至少有六成读者将可能会列举"两弹一星"而忘记回答杂交水稻。

其实,无论是从浅近的意义上说,还是从深远的意义上看,对于中国的安全、稳定和发展来说,杂交水稻的贡献绝不亚于两弹一星。就浅近的意义来说,粮食和尖端武器一样,都是极具命脉性的战略资源。从深远的意义上看,核武库还有可能为未来不愿自我灭亡的人类所自动销毁;而粮食却将永远是人类的第一必需品。如果说没有核武器,中国就挺不直腰杆的话;那么,更可以说,没有粮食,中国根本连站都站不起来。

的确,核武器可以以其毁灭人类的强大威力卫护着各有核国家的安全,而粮食则以其温柔的情怀滋养着整个人类的元气。这一对尖锐对立的矛盾体,是任何一名国际战略家在制订他的行动计划时,都不能不通盘考虑的同等重大要素。

而在中国,考虑粮食问题,就不能不考虑稻米生产。水稻在中国粮食生产中占有举足轻重的地位,常年面积占全国粮食作物面积的30%,产量占粮食总产量的 40%；全国有 60% 以上的人口以大米为主食。抓住水稻，就抓住了粮食生产的主要矛盾。而水稻的增产，靠的主要就是袁隆平所发明的水稻杂交优势利用工程技术。

总之，作为一个被饥荒折磨了几千年，而且至今仍在被人预期不久的将来将无法养活自己，甚至将"连累整个世界"的缺粮国——中国的公民，如果说连袁隆平和杂交水稻的故事都不知道，那将是非常令人遗憾的。

正因为如此，笔者遂决定写下这部不是神话的"绿色神话"。

第一章

入世之初

一、安江农校

当1960年的春荒开始席卷中国大地时，在坐落于湘西黔阳县城安江镇东郊的湖南省安江农校的校园里，每到黄昏落日之际，便有一个孤独的身影，带着几丝惆怅、几分忧伤，默默地徘徊于学校大礼堂前后的数十株参天古樟之下。

由于国家经济困难，除了少部分吃"皇粮"的城镇学生仍留校学习外，其余大部分来自农村的学生已全被遣散回家。因此，这个占地数百亩的大校园便变得空落落的，一派沉寂，使这忧伤之人胸中平添了几分苍凉之感。

这所学校的所在地，原是湘西最为著名的一座古刹，名为圣觉寺。寺院建筑，早毁于民国初期的兵火，但院内百余株记录着百世史际风云和人事兴替的苍苍古木得以幸免；"大跃进"伐树炼钢，院内古木再被人祸，但有数十株得以幸存。于是，成千上万羽鸦雀鹳鹭便得以结巢其上，比邻而居，早晚呼儿唤女，成群起落，漫天纷飞，使这座校园非常难得地保存下了一片古朴生动的亚热带山野风光。更有一条沅江，悠悠地在校园的后墙根长流不息，清澈的江水可浴可饮，叫人看一眼便不忍离去，必欲俯身引颈拥她一把，甜甜地亲她几口而后快。雪峰山的余脉像一堵堵翠屏兀立对岸；群山倒映在清凌凌的江水里，令来往船只不知是漂流在水中还是游移在山间。

大自然的造化是如此神奇，然而此刻，他的情绪却已低落到了极点。每当苍茫的夜色降临大地之际，他举目凝望着最后一只归巢的白鹭，内心总要生出几分连这只有着温馨之家的鹳鸟都不如的天涯孤旅之感。

这名孤独忧郁的年轻人，就是后来因发明杂交水稻而大名鼎鼎、享誉世界的中国工程院院士袁隆平。不过，这时候他还很不起眼，只是这个偏远闭塞的中等农业专科学校的一名遗传育种学教师而已。没有人知道他心里在想些什么。

他的祖籍在江西德安县，1930年9月7日出生于北平。那时，他的父亲袁兴烈是平汉铁路的一名高级职员；母亲华静，江苏扬州人，是一所教会小学的英文教师。良好的家境，使他无忧无虑地度过了幸福的童年。此后，虽然十四年抗战炮火连天，三年内战杀声撼地，但他还是自由自在地一路欢唱着"三分好，三分好；不摸黑，不起早；不留级，不补考"的歌谣，完成了从小学直到高中的学业。新中国成立前夕，他在重庆考上了当地的相辉学院农学系，旋经院系调整，又随原校系并入新成立的西南农学院继续学农。1953年，他从西南农学院毕业，服从分配，只身来到了这号称千古蛮荒之地的湘西黔阳地区，进入安江农校当了一名教师。

1960年，正值他的而立之年。他来到这所学校业已七度春秋了。他本不是一个多愁善感之人，自小好奇好动任性贪玩，花果山水帘洞的齐天大圣就是他意想之中的人生楷模和他现实性格的生动写照。小时候，他看见木匠时常把铁钉衔在嘴上，样子挺好玩的，便也学着嘴衔一颗铁钉在船舱里翻跟斗，却不料一骨碌竟把那铁钉吞进了肚里；为了救治他而打乱了全家人的旅程。他曾在日寇空袭之际，偷偷溜出防空洞怒视日本飞机扫射投弹，把爹娘急出一身冷汗。他还曾邀了弟弟一同逃学，跳进嘉陵江去搏风击浪。他住校读书时，每每放假都会把铺盖和生活用品弄丢，其后两手空空回家……他是一个最有能耐让父母伤脑筋的孩子。尽管父母没少在他后脑勺上"敲栗壳"，但他却总是信马由缰，随心所欲。他就这样冒冒失失地长大了，直到命运把他带到湘西，他还能和历届学生不分长幼尊卑，玩个不亦乐乎。

然而，此刻，饥荒开始向全体中国人发起了总攻，偏偏此时一名与之热恋达三年之久的姑娘又因为他政治上的"不求上进"，决然离他而去，使他的身心蒙受了双重的创伤。一向性情乐观、旷达、豪放有如齐天大圣的他，变得沉默了。

又是一个落霞与孤鹜齐飞的黄昏时刻，他徘徊在被风霜岁月折磨得老皮斑驳的古樟树下，终于感悟到了人世间的百般愁苦。背倚着古樟，他慢慢收回了沉思的目光，提起心爱的小提琴，运起了长弓，一曲深沉忧郁的《沉思》，便从他的左手指间悠悠地流淌进了苍茫的夜色之中，仿佛在向世界倾诉他那悲苦的心声……

"袁老弟，你可别再自苦了！不就吹了一个恋人吗？有什么大不了的？你看，你这些天人都黑了瘦了，连拉出的琴声都充满了忧郁。这可划不来。得，去我家吃点艾叶粑吧。今晚学校食堂里的稀饭照得出人影子，你肯定饿了。"

说话的是和袁隆平同一教研室的曹延科老师。他是湖南本地人，比袁隆平早两年大学毕业来到这所农业学校。他长得五官端正，中等身材，慈眉善目，白白胖胖的，永远是一副心宽体胖的样子，于是同事们便都叫他"曹胖公"。曹胖公和袁隆平是无话不谈的密友。今日，他老婆利用工余时间去野地里割了一篮艾叶，入水焯熟捣烂，拌上少许米粉捏成团团，再上笼一蒸，就成了这饥荒年头的一样美食。热心肠的曹胖公惦念着朋友，于是循着琴声找到了袁隆平，想请他去家里充充饥肠，解解烦恼。

"谢谢你，曹胖公。我确实是又饿又伤心，可我并不单是为我个人的事情。告诉你吧，今天我又在安江城边看到一具饿殍，我这已是第四回看到了。想到全国人民都在挨饿，而我们这些农业科技工作者却一个个束手无策，我内心有愧，连今晚喝稀饭都觉得难以下咽，哪还有心思去吃你的艾叶粑呢？"袁隆平奏完一曲，垂手提着小提琴，没精打采地对曹胖公说。

"咦——说你政治上不上进，见他的鬼去吧！你都忧国忧民于如此，还要叫你上进到哪里去？"曹胖公骂了一句粗话，接着说，"不过，袁老弟呀，你才看到四具饿殍，就这样忧伤，我都看过十具了，又能有什么法子呢？你可得想明白了，弄得全国人民都饿肚皮，这可不是我们农业科技人员的罪过。"

"那你说是谁的罪过呢？"袁隆平有心无心地随意追问了他一声。

曹胖公即刻吓得脸皮都发了青，结结巴巴地说："这，这，这……袁老弟你可别吓死我啦！你……你……怎么能这样问我？"

袁隆平苦笑着说："看把你吓的！我并不真想要你回答这个问题。我想跟你说的是，我们农业科技工作者面对饥荒，应担当起一种什么样的责任。"

"那你说我们能担当什么责任呢?"曹胖公一脸茫然。

"你总该知道女娲补天的故事吧?太古洪荒时代,苍天裂了一个窟窿,洪峰自天而降,漫溢大地,吞噬人民。我们的祖宗女娲氏将五色之石炼为凝胶,终于把天上那个窟窿给补上了,从而拯救了大地,拯救了人类。俗话说,民以食为天。现在我们的天也裂了一个窟窿。虽说这个窟窿并不是我们捅出来的,但为了人类的生存,我们还是有责任设法去补救它呀。你说是不是?"

"袁老弟,看你平日里稀稀拉拉、疲疲沓沓的,党团组织你不沾边,政治学习你常溜号,揭批'右派反革命'你更没兴趣,真没想到你竟有如此崇高宏伟的志向和抱负啊!可是,话得说回来,我们再想补天,首先也得自己能活下来,你说是不是?所以,我劝你还是先跟我去摄取一点维持生命的热能吧。"曹胖公又把话题拉了回来。

"好吧,曹胖公,我这就算是被你说服了!其实,我也不知道到底是被你说服的,还是被咕咕乱叫的肚皮说服的。"袁隆平终于提着小提琴跟随曹胖公来到了曹家。

曹胖公家住的小平房低矮寒碜,狭小幽暗的厨房里,他的妻子李荷芬刚往灶膛里添了几小片劈好的柴火。柴火毕毕剥剥地响着,锅里的小笼屉正哐哐地冒着蒸气。李荷芬听见外间说话声,忙从厨房迎出来笑道:"哎呀呀,好你个'油榨鬼',鼻子真灵啦。我们家做了艾叶粑又不是给你准备的,你怎么好意思来吃呢?"

曹胖公的妻子李荷芬是学校附近黔阳县纺织厂的一名女工。她长得端正清秀,性格泼辣,快人快语,是一个典型的小家碧玉。1954年,本校体育老师李代举的夫人原曾想介绍她嫁给袁隆平。可是,到了约会这天晚上,袁隆平却担心自己缺乏经验,不知这正经八百的恋爱到底该怎样子谈,故而特请了曹胖公去给自己当高参。谁知两下里见了面,那李荷芬见陪来的曹胖公穿得笔挺、皮鞋锃亮,人又长得白净端正,言谈斯文有礼;而被介绍为正式对象的袁隆平,却黑皮寡瘦,谈吐生涩,衣着不整,一身散漫,像个"油榨鬼"似的。因而她一眼便瞧上了曹胖公,立时就跟曹胖公谈得热火朝天,反倒把正经介绍给她做对象的袁隆平撇在了一边。而本人也尚无对象的临时高参曹胖公,也就乘势而上,喧宾夺主,当仁不让。结果,李荷芬便嫁给了曹胖公。

对于曹胖公插足抢走了一个初识的对象,袁隆平倒一点也没在意。相反,他倒是觉得曹胖公这一脚委实插得太好玩了。要是没有曹胖公插足,他的这场由别人撮合的约会,恐怕无论结果如何,都未免会显得有点儿不够刺激。因为他觉得这种相亲介绍的婚恋方式未免过于干板,而他对于一切干板无趣的东西都不感兴趣。他爱好新奇,追求悬念,崇尚自然,厌恶程式。他觉得,恋爱,顶好是一对素不相识的男女不期而遇,一见钟情,这才够味儿。所谓"天作之合"不就是这个意思吗?因而,他也就觉得曹胖公和李荷芬的喧宾夺主的婚恋,倒正好是一种非程式化的、不合人为准则却最合乎自然天道的十分理想的"天作之合"。曹胖公和李荷芬打破呆板的程式,喧宾夺主,一见钟情,且终结秦晋之好,虽使他受到了一次冷落,却赋予了他一次新奇的经历,使他感到非常有趣。况且那时他年岁还不太大,对婚恋之事并不急迫,而不久之后,他又非常理想地不期而遇了一名湘西才女。因此,他和曹胖公两口子之间不仅毫无芥蒂,反而更加亲密无间,这会儿见李荷芬出来跟他开玩笑,他便也笑着"还击"说:"胖公嫂,你可莫给我耍贫嘴。你本来就该是我的老婆,结果你却跟曹胖公私奔了。你就是不赔个老婆给我,好歹也该拿出一半的情分来招待一下我吧?"

"她现在已经后悔嫁给我了,她常在家里说:'人不可貌相,袁隆平这个人看起来像个'油榨鬼',但相处久了,就能感到他的胸怀和学识都深广莫测,必非久居贫贱之人;哪像你曹胖公,整个一才学平庸的燕雀之辈!'可我叫她改嫁给你,她又说,她嫁鸡随鸡,嫁狗随狗。"曹胖公也十分洒脱地打趣说。

"臭美了你个曹胖公吧。你以为我真的甘愿蹲你的鸡窝狗窝吗?我是被你糟蹋得再也嫁不出去了,才不得不窝在你家的。亏你还说得出口要我改嫁,人家袁隆平会要你这样一个丑老婆吗?真是不知天高地厚!"正所谓打是亲,骂是爱,李荷芬其实还是很爱曹胖公的。她虽然在大的方面改变了对袁隆平的看法，可并没有后悔嫁给了曹胖公。因为她还知道，袁隆平的父亲抗战胜利后曾当过国民党南京政府的官员，是一个"历史反革命"。要叫她跟着这么一个"历史反革命"的儿子过一辈子，即使他再优秀，而且真的前程无量，她也会觉得那毕竟风险太大。她知道自己不是凤凰，所以不敢飞得太高。反复比较思量之下，她还是觉得跟平平庸庸的曹胖公一块儿结个小窝巢，衔几片干草枯叶和羽毛，窝成个温馨的小家家，再就近啄几只小虫虫，和和美美地过一辈子更稳当。

"唉……不管怎么说，我总觉得我曹延科娶了你李荷芬就是做了一件很对不起咱袁老弟的事啊。好在袁老弟原本就对你没什么兴趣，否则，我就终身负罪了。现在咱袁老弟可是被一个由他自己相中并动了真情，还公开确定了关系的恋人抛弃了，咱可不能袖手不管！李荷芬你们厂里女工多，你睁大眼睛仔细挑挑，挑一个年轻貌美、温柔多情的，给咱袁老弟介绍介绍，要是谈成了，也不枉咱多年的交情。你可得给我记牢了！"曹胖公说着说着就讲起真话来了，倒弄得袁隆平不禁为之动容。

于是，袁隆平也真诚地说："得，曹胖公你们两口子这么仗义，倒真叫我感动不已了。老实说，我是最不乐意接受别人介绍对象的，但看来现实已使我不得不收起个人生活上的浪漫主义和理想主义风帆了。我都三十岁了，家庭出身又不好，在这天高皇帝远的湘西没有一个亲人。从今往后，看来是不能不接受朋友们的真诚帮助了……"

"哎呀，光顾了说话，可别把我的艾叶粑烧焦了。"李荷芬突然惊叫一声，急忙转身跑进厨房。旋即，便听得她在里面说："哦……谢天谢地，锅都快烧红了，还好没起火。曹胖公，还不快来把艾叶粑端出去让你袁老弟尝尝？"

于是，曹胖公进厨房端出艾叶粑。李荷芬跟着拿出三个粗瓷大碗，倒上三碗白开水。三个人同时举起大碗。曹胖公夫妇笑着对袁隆平说："为袁老弟早日结束单身汉生活，干杯！"

袁隆平也把手中的大碗一举说："为世界早日告别饥荒，干杯！"

二、与右派擦肩

眨眼一年过去了，这是1961年清明时节湘西难得的一个艳阳天，和煦的阳光普照着翠绿的山野。沅水仍是那样子绿里泛蓝，汨汨流淌。连安江农校校园里的一株株古树也照常伸展出一树树鹅黄的新叶。大自然生机依旧，并没有见出什么赤地千里的天灾景象。然而，与生机盎然的大自然很不协调的是，山上又拱起一些新坟。

突然，安江农校的古树丛中"砰、砰"地响起一阵枪声，十几只灰鹳随着枪声从树枝上"扑扑"栽落地面，惊起一片哀鸿，仓皇蹿向高空，遥瞰着落难的同胞，凄厉地悲鸣着绕树三匝，然后远远地飞去。

"又有人打鸟了！照这样打下去，鸟都要被打绝了。一只鸟一生能吃掉多少害虫？李老兄，你是这方面的专家，知道得很清楚。看来，我们真该去教训教训那些刽子手！"正在学校后园里侍弄秧苗的袁隆平忍不住直起腰来，抬头望了一眼四散飞窜的鸟雀，对正在一旁侍弄果树的同事李国文愤愤地说。

"唉……袁隆平，说起来你这个人也真够有意思的！别人看见我这个右派都像躲避瘟神一样不敢挨边，你却不管人前人后，还一直叫我'李老兄'，每每弄得我受宠若惊。可是，要说你爱护'李老兄'吧，你又老是蒙里蒙气专门给老兄我招灾惹祸！大前年你邀我写了一张校长的大字报，弄得我戴上了一顶右派帽。去年，我出版一本《农作物防虫》的小书得了500块钱稿费，你又怂恿我去买10台超短波收音机。好在我没听你的傻主意，要不，人家说我偷听敌台广播，我就是跳进黄河也洗不清。现在，你又要我同你去教训那些打鸟的人。你就不想想，如今人们都饿疯了，天上飞的、地上跑的、水里游的、土里长的，见到能吃的就是命根子。你去制止人家打鸟，不等于是去剥夺人家的命根子吗？弄火了，人家不一枪崩了你才怪！"饱受政治磨难的李国文把脑袋摇得像拨浪鼓似的说。

李国文是和袁隆平同一教研室的植物保护学教师。1957年大鸣大放时，有位先生邀袁隆平一块儿写校长的大字报。袁隆平觉得人少了不够好玩，又邀了李国文和另一名同事，四个人一起联名写了一张题为《魏公执行党的干部政策的方式方法》的大字报，批评当时的校长魏泽颖对干部"不一碗水端平"云云。结果为首的那位先生被列为重点批判对象，袁隆平也被点名批判为走白专道路的典型，而李国文则被打成了右派。

当时，李国文就曾不服气地找魏校长说："我参与写大字报是袁隆平邀的，为什么不打袁隆平的右派而打了我？"没想到魏校长却说："袁隆平自由散漫，但是他思想单纯，不工于心计，在政治上也没有野心，并不反动；你们天天喊要求上进，争取入党，可是，背后却与党不一条心。"

"可是，您不也批判袁隆平走白专道路吗？"李国文悄声争辩说。

"批判是批判，但党还需要利用他的专业知识，你就应该向他学习。"魏校长最后说，"只要你专心攻业务，有知识为党所用，党还是会赏识你的。"

于是，李国文一边偷偷向袁隆平报告这一惊人的信息，一边就真的向袁隆平学习，一心走"白专道路"，并率先写出了一部专业著作。而当时右派分子一般都没有著作署名权，但魏校长却很爽快地批准了他个人署名出版著作，而且出版社寄来的稿费学校一分不扣，全数归了作者个人。最近还有传闻，说因为他为学校争了光，校党委正准备第一个为他摘除右派帽子。

这件事不仅使李国文大长了见识，而且更使袁隆平得到了一个重大的启示。他当初也曾因为自己有惊无险地度过了一场风暴，最终竟没被打成右派而感到大惑不解，直到听了李国文的惊人报告，才恍然大悟——原来自己政治上的"不求上进"，一方面使许多人误以为自己胸无大志、气短窝囊，形象上未免要受点儿损害；但另一方面，它却使自己避免了卷入那些争权夺利、互相倾轧、暗中算计、设阱下绊的人事纠葛；而自己的心直口快，乱说乱动的猴儿性格，也恰恰足以使人感到他这人思想单纯、胸无城府、心不藏事、不足为虑，从而使自己成了一个对谁都不构成威胁、不存在危险、不发生利争的大好人；反过来，也就很好地保护了自己。

而同时,他也就发现了,有些领导其实还是很宽容的。只要你没有政治野心,一心攻专业,他们内心里并不忌讳,因为他们知道,纯粹的科学技术和专业技能也是有用的。除了不许别人反对他的领导、觊觎他的权力之外,对许多工作上的意见和建议还是能大度容纳的。因此,他也就知道了,自己在政治上其实是安全的,所以他并不反对任何领导。既然领导容许甚至相当支持自己所进行的大有益于人民的专业研究,那你还去反对他做什么呢?

这真是一个重大的发现!他不禁为之感到惊喜无比——哈哈,我就是要做这样一个人,自由散漫,但不反对领导;与世无争,但不缄默;看似窝囊,但志在补天!

心志已定,就连他那政治上力求上进的恋人屡屡催逼他"靠拢组织",以致最后失去了她,他也不为自己顽强地坚持了自己一贯的处世态度和做人准则而后悔。

而他和李国文之间的友好关系,也就这样一路延续了下来。李不再怨恨他邀写校长大字报而使自己当了右派,他也不因李去校长面前挤对过自己而责怪李。他们彼此都是光明磊落的,一切都是自然天成。那年月,一般右派分子见人都得矮三分,但李国文唯独在袁隆平面前敢于平起平坐,放胆直言;反过来说,一般人在右派分子面前都可以倨傲三分,而袁隆平却对谁都是一样不卑不亢。因而,此刻,当李国文引经据典地证明打鸟之事绝不可管之际,他也就很快冷静下来,想了一想说:"也是啊。如今连人命都难保,哪里还保得住鸟命?"

"就是呀!所以我说,你还是抓紧搞你的作物增产试验吧。等将来人们都有吃的了,你再叫他别打鸟,他就可能听得进你的教诲了。"李国文思维严谨,说话很有逻辑。他见袁隆平点头称是,便接着说:"去年你那试验就很成功嘛,连魏校长都说你为学校争了光呢!"

李国文说的是袁隆平去年搞的一项无性杂交试验,自从去年吃过曹胖公家的艾叶粑后,袁隆平便开始了一项异想天开的试验。他把西红柿嫁接在马铃薯上,试图培育出一种上面长西红柿、下面长马铃薯的新作物,做到一种两收,大幅提高土地的产出率,并变马铃薯的种薯繁殖为种子繁殖,把大量种薯转作粮食。他还把月光花嫁接在红薯上,试图把月光花的优良抗性、耐瘠性和高光合效率转移到红薯上,促进红薯增产,并使月光花的种子变成红薯种子,使红薯也能用种子繁殖。这样,每户农民每年又可以把上百斤的种薯转作粮食。关键时刻,光利用这两项变种,就可以救活多少人命啊!

由于月光花只有在短光照下才能结籽,与红薯的生育期不完全同步,他还不惜把自己的被单和床单扯下来,用墨汁涂黑,给试验作物遮光,弄得人们怜惜不已,齐说他真是个败家子。

结果他当年嫁接的作物却全都喜获"成功"——他在同一株植物的枝上收获了西红柿,根下收获了马铃薯;地上收获了"红薯"种子,地下收获了重达27斤的"红薯王"。这条新闻顿时轰动了全校、全地区,乃至全省。各级领导大加赞赏,新闻媒体争相报道。当年,他就被举荐参加了在湖南省召开的全国农民育种家现场会议。结果大家又都说袁隆平撕被单做试验真不失为吃小亏占大便宜,还算划得来。

只有袁隆平心里在暗暗叫苦——他的试验还才进行了一半,他想要得到的是一批能够投入大田生产的变性作物品种,而不是试验园地里增产的几斤红薯、几颗土豆和番茄。是否真的成功,还要看收获的种子能否把试验作物当年所呈现的双重性状稳定地遗传给下一代。否则,它在生产上便毫无意义,因为任何一名生产者都不可能年年去给大田中的每一棵红薯或土豆秧苗进行嫁接,那将会得不偿失。现在最终结果尚未可知,就贸然宣布"成功",如果下年种子不能实现所设想的遗传效应,岂不令人笑话?因而,各级领导的表扬不仅不能给他带来丝毫喜悦,反倒使他陷入了深深的尴尬之境。

他曾试图向领导做些解释,但总是刚一开口就被领导打断。领导的秘书们频频向他使眼色,故意把话题岔开,显然是暗示他必须保持缄默。因为各级领导都要政绩,谁都不可能有耐心等到下年再去向上级报功。于是,他只好哭笑不得地承受了一连串莫名其妙的、措辞十分夸张的表扬和奖励。

但科学毕竟是严肃的,他不想自己骗自己。他必须进一步用试验来验证自己的设想是否真能实现。清明节前几天,他把去年收获的种子播到了试验地里。现在,苗圃中已长出了绿茵茵的小苗。他正在小心翼翼地拔除苗圃中的杂草,仔细地观察秧苗的性状。但是,越观察他便越感到情况可疑,因为苗圃里的小苗似已完全恢复了单一的西红柿和月光花性状,连一点土豆和红薯特征的影子都不见。这很可能说明他去年嫁接成功的作物,并没有形成新的物种,它们的地上部分和地下部分,还分别是两种遗传机能各不相同的原生态作物,不过是互相借用了对方的器官来获得自身生长所需的养分和能量而已;他所收获的种子,还仅仅是地上的西红柿和月光花种子,它们不带有地下的土豆和红薯的遗传基因,他的试验即将归于失败。因此,听到李国文的夸奖,他不禁扭过头来讪笑着怀疑地说:"李老兄,你不是故意嘲笑我吧?连我自己都看出问题来了,你还在瞎捧场!"

"我嘲笑你干吗?我亲耳听到魏校长赞扬你说,自本校建校以来,还没有第二个人做成过你这样了不起的试验。"李国文很认真地回答说。

"屁个了不起吧,我这试验看样子要失败了!"袁隆平自嘲地说,"你看这些秧苗,都是从去年那些无性杂交的试验作物上收获的种子育出的,可它们好像并没有兼具上一代双亲的遗传特征。"

"袁老弟,这也就是你的可爱之处啊。你要是懂政治,今年你就不用继续来完成这个试验啦。因为你的'成功'早已经载入了领导的政绩档案,你的研究也就可以算是完成了使命,谁还会再来追问你什么种子遗传情况如何呢?可你自己却一定要追根究底,弄个水落石出。这不仅是自找麻烦而且将可能给领导找麻烦吗?"

"这怎么会给领导找麻烦呢?"

"怎么不给领导找麻烦呢?领导已经宣布并大肆表扬了你的成功。你成功了领导有政绩,脸上也光彩。你要是继续试验下去,万一得出个失败的结果,那岂不是要给领导捅娄子、扫面子吗?"

"那科学实验岂不成了专给领导装点门面的花朵吗?"

"也不能完全这么说。从客观上看,科学的成果终归还是要造福社会的,但事物往往具有双重意义。因此，该为领导装点门面时总还得装点装点。尤其是已经装点上去了的，你就更不能又给人家摘下来呀！你自己可以不要虚名，可人家不一定跟你一样啊。"

"那你说现在该怎么办呢？"

"这事儿嘛……嗯，这事儿，当然现在要补救也还来得及。你只要把眼下这些苗子全部铲除，从此不再提起这个试验，不就万事大吉了吗？"李国文对袁隆平诡秘地笑着说。

"那怎么行呢？我自己还想确定地看看它们长大以后的表现呢！"

"那……你就留下少量几棵秧苗，移栽到一个无人注意的地方去，自己悄悄观察就是了。反正到时候，成功了你就叫，失败了你就丢。"

"天哪，怎么你老兄懂得那么多的人生机谋？怪不得人家要打你的右派，你这人太狡猾了！"袁隆平以一副不可思议的神色调侃道。

"老弟，我这也只配在你面前卖弄卖弄，别人谁都比我懂得多得多，就你这人天真，乐得我给你当一回社会学导师。别的倒无所谓，我主要是担心你会弄得领导不耐烦啊。"

"唉，李老兄，我可得谢谢你啦。这事看来也只得如此了，好在我自己还可以看个心里明白，我自己不骗自己总还算说得过去吧……"

三、孟德尔与李森科

过了芒种，梅雨霏霏笼罩了整个江南。湘西黔阳的山水也是一派透湿，烟雨迷蒙终日不散，伸手抓一把空气都能捏出水来。沅水泛着奶米浑，在一抹抹迷蒙烟雨中呜呜咽咽地打着漩涡一路滚去。安江镇的街道凹洼里积水没踝，两边商店里的货架空空荡荡，营业员打着哈欠，望着车马稀少、行人寥寥的街道发呆。间或有一两个蓑笠山姑，提了满篮半熟不熟的杨梅沿街叫卖。几个城镇饥民鼓着浮肿的大肚子在凄风苦雨中蹒跚前往诊所领药。几乎所有的人都脸带菜色，眉头打结，阴沉的表情与昏蒙的天色融成了一个愁肠郁结的世界。

曹胖公撑着一把油纸雨伞来到一家副食品商店门前。他收起伞，举步进店。营业员小刘是他的学生，热情地叫了他一声："曹老师，您好！"

"看样子，你够清闲的啊。学了农学不去搞农业，是不是就图的这份清闲？"曹胖公购物之前笑着对学生说。

"不瞒老师说，我确实觉得农村太苦了，真怕自己吃不消。连袁老师都跟我们说过，他要是早知道搞农业这样苦，他当年就不会去学农呢！"小刘学生坦率地说。

"你胡说！袁老师最热爱他的专业了。你没见他天天光着个脑袋在田地里做试验，都快晒成非洲黑人了。要不，怎么会有外号叫作'刚果布'呢？他可不会讲这个话！"

"人家袁老师才不像您一样尽在学生面前装伟大呢！有一天，他问我们班同学为什么学农，我们一些人便故意反问他。他就说，他读大学前，其实连一天农家生活都没体验过。只是十五岁那年有一天跟随老师去参观了一座桃李满枝、瓜果飘香的庄园，伸手就可以摘一个梨吃，弯腰就可以抱一个西瓜。他原以为田园生活就是那样美好。于是，他就去报考了农学，没想到农业是这样难搞。他就是这么说的！你说好玩不好玩？"

"唉，这个袁隆平啊，就这样没大没小，口无遮拦，不分场合，胡说八道。看，这不把你给教坏了？"曹胖公做出一副无奈的样子苦笑着，摇着头说。

"您可别诽谤我们袁老师啊！"小刘学生虽知曹老师并非真的贬责袁老师，但还是一本正经地辩白说，"其实，我们最希望老师能像他那样和学生平等交流，实话直说。这不仅不会损害威信，反倒更使学生感到可亲可敬；教学效果也比板着脸说假话唱高调好得多。比如袁老师虽然说出了自己过去对搞农业的艰苦性毫无思想准备，但他却同时用实际行动表明了他后来并没有在这艰苦的事业面前畏缩退却。他用真话和榜样的力量征服了我们的心。"

"那你怎么没有被他引导到迎难而上的路上去呢？"

"我的曹老师，十个指头能一般齐吗？多好的将军手下也可能出个把逃兵。我学习成绩不好，意志力又薄弱，在农业科技上能做出什么大贡献？何必去农村白吃苦呢？"

"那明明是你自己不愿吃苦，怎么反拿袁老师说的故事来做挡箭牌呢？"

"这……您倒把我给问住了。是呀，我干吗要把人家袁老师搭上我这驾破马车呢？敢情是袁老师这人最好玩，给我们印象深吧？"

"既然你这么说，那么，好吧，你就把这些东西拿来卖给袁老师吧。他现在上课正忙，我进城顺便来帮他买的。喏，这是香烟票、这是火柴票、这是糖票、这是糕点票、这是肥皂票……"

"哎呀，怎么尽是些过期的票，为什么不早来买？"小刘学生把各种票证拿在手里辨认了一下，不由得惊问。

"这你还想不到吗？这也是袁老师的特色呀！上个月他到处向人讨烟票，说自己的副食品票证不知丢到哪儿去了。前天，他又丢了一个90块钱的存折，到处找翻了天都没有找到。结果李志春老师帮他把床铺一翻，他的存折就在枕头底下；再一翻，这些票证也在床单底下飘出来了。"

"唉……袁老师这人就是不善于料理生活，他真该有个贤内助啊！"小刘学生不由得发出了一声感慨，接着转向曹胖公说，"这样吧，曹老师，这些票证按规定是没用了，但既是袁老师的，说什么我也得帮他解决，不过我要请示一下领导。您是不是把票留在这里，先空手回去跟袁老师说明一声？等办好了我会把东西给他送过去。"

曹胖公回到学校，从教学楼前经过时，袁隆平正在农学专业六十（1）班教室上课。按照教学计划，这堂课的内容是"无性杂交的遗传学意义"。他已在黑板上方正中位置写上了这个题目，接着又在下面继续板书：一、无性杂交对农作物遗传育种的映响。"响"字还没写完，他就发现了差错，于是习惯性地屈指握住衣袖飞快地往黑板上一擦，将"映响"二字抹去后，改写为"影响"。

教室里顿时发出一阵善意的窃笑。袁隆平带着满袖满襟的粉笔灰转过身来，望了一眼窃笑的学生，又下意识地看了一眼自己身上，接着抬起刚擦过黑板的衣袖在身上胡乱掸了几下，反而把衣服弄得更脏了。然后他自己也讪笑着说：

"同学们，不要窃笑，今天你们可以放开来笑，我很乐意当一回被你们取笑的笨蛋，因为今天的课题正好涉及我的一个笑话。课本里说，无性杂交（如嫁接），可以改变作物的遗传性质。你们都看到了，去年我在学校试验园地里试了一把，还得了奖，登了报，出席了全国经验交流会。但是，我今天却不能不在这里向你们宣布，现在事实证明，我的试验已归于失败。"

说到这里，他像是忽然记起了什么。于是，有点后悔似的摸了一下后脑勺，摇了摇头接着说："嘿嘿，本来李老师说要我别讲，怎么我又讲出来了？……

"得，讲了就讲了吧，反正也收不回了。

"嘿嘿，同学们，我是说，我的试验并不是完全失败。从园艺学的意义上说，它还是成功的，成功的成果去年你们业已看过。但是，主要的是，我的专业是遗传育种学，而从遗传育种学的意义上说，它确实是失败了。至于失败的'败果'嘛……唉，干脆吧，我现在就带你们到地里去看看，怎么样？"

"好啊……袁老师，乌拉！"学生们登时像一锅开了锅的稀饭，噼里啪啦移开凳子跳起来又是鼓掌，又是叫好。因为袁隆平教过他们俄语，所以他们套用了一个"乌拉"来表示内心的喜悦。

于是，袁隆平便像孙大圣领着一群猴子猴孙般，带着学生们一路欢声笑语，来到了学校后面的一小块偏僻菜地里。只见地里长着六株茂盛的作物——三株西红柿，三株月光花。袁隆平领着学生们来到两种作物中间，左手拔起一棵西红柿，右手拔起一棵月光花，倒举起根部自嘲似的对学生们笑着说：

"同学们，不瞒你们说，我把这几棵试验苗栽在这僻静处，本是不想公开的。不过，我现在还是觉得公开也很好，因为这可以使你们很直观地看到某些理论的错误。

"现在你们看吧，它们的茇下连马铃薯和红薯的影子都不见，是不是？尽管去年我把它们的上一代分别嫁接在马铃薯和红薯的植株上时，曾使它们分别和马铃薯、红薯融为了一体，但今年它们还是纯粹的西红柿和月光花后代，并没有兼具马铃薯和红薯的遗传。这说明无性杂交不能改变作物的遗传性质，苏联的米丘林和李森科认为可以改变的理论是错误的。无性杂交，从哲学意义上说，属于外因对作物施加影响，强行改变其生物习性。米丘林和李森科都是外因决定论者，他们的老祖宗是19世纪初的法国生物学家拉马克。

"拉马克认为生物后天获得的性状可以遗传，比如一个人身上被刀砍出了一道伤疤，那么，他以后生的孩子身上也可能会有一道伤疤。他还认为外部环境对生物性状的影响比遗传更为重要，例如他的信徒李森科就曾声称他发明了一种所谓的'春化法'，把冬小麦和玉米种子浸泡后放在低温下冷藏一定时间再去播种，结果使原本低产的冬小麦变成了高产的春小麦，并使玉米提前了两三周成熟。

"他们的理论和'发明'在国际上遭到了一批叫'孟德尔－摩尔根学派'的生物学家的讥笑，苏联国内孟德尔学派的农学家们也曾经讥讽李森科'可以从棉花种子里培育出骆驼，可以从鸡蛋里孵出波巴布树'。孟德尔是19世纪奥地利的一位生物学家，他通过豌豆杂交发现了生物遗传法则，并创立了遗传基因学说。摩尔根是21世纪初的美国遗传学家，他在孟德尔学说的基础上，进一步发现了基因染色体的遗传规律，并因此而获得了1933年诺贝尔生理学和医学奖。可过去我们一直宣称米丘林－李森科的理论是无产阶级的革命生物学说，而孟德尔－摩尔根学说则是资产阶级的反动生物学说，谁也不敢反对。但是，我最近特别注意查阅了一批资料，竟惊奇地发现，其实，李森科早在1956年就被苏联政府撤了职；同年，中国科学院就已经把以孟德尔－摩尔根的基因、染色体遗传学说为指导的科研项目列入了国家十二年科技发展规划。可我们却还一直在米丘林－李森科的外因决定论的死胡同里翻跟斗。你们说可笑不可笑？"

"不可笑！袁老师，我们感谢您用亲身的试验教给了我们真知识。但是，课本里还是说，外部环境可以动摇作物的遗传性质。那将来考试时，我们怎么答这道题呢？"有学生问。

"现在，你们可以看出，目前我们使用的课本讲的还是米丘林－李森科的理论，这真是咄咄怪事，我们不能全信它。毛主席说，内因是变化的根据，外因是变化的条件。农作物遗传性质的决定因素只能是内因,你们就这么回答。"袁隆平毫不犹豫地说,"尤其从遗传育种的现实需要来看,我们更必须即速回到孟德尔的有性杂交、基因组合利用的路子上来。但是,我们也不能一概否定,外因在某些情况下,可能通过内因对作物的遗传发生一定程度的影响。这方面的情况,也有待于探索。大家听懂了吗?"

"没、听、懂——"学生们竟异口同声地喊出了一声否定的回答。

"很好,很好!同学们,孔夫子说'知之为知之,不知为不知,是知也'。今天,从听课态度上说,你们可以算是已经知了。不过,我后面讲的,对你们来说是有点儿深奥。我一下子也不知该怎样比较通俗易懂地给你们解释。让我回去想一想,下节课我再来给你们讲清楚,行不行?"

"行——"

学生们欢快的叫声响彻试验园。于是,一堂遗传育种学课就在一片嬉笑声中落下了帷幕。

翌日,李国文特意在去食堂吃饭的路上把袁隆平拉到一边,愁眉苦脸地说:"袁隆平啊,袁隆平!我说你这家伙专门给我招灾惹祸不是?我叫你不要去瞎嚷嚷什么试验失败了,你不听我的倒也罢了,可你昨天竟公然在课堂上说出是我教你别讲的,弄得今天魏校长找我去谈话,天哪,把我吓昏了!"

李国文一边说着,一边摇头,脚下还打着抖,一副心有余悸的惨相。弄得袁隆平也不禁恐慌起来,他看着李国文那可怜样子,既同情而又不知所措地说:"哎呀,这我可没想到啊,我也不知怎的随口就溜出来了,那可怎么办呢?"

"唉,怎么办?那还能怎么办呢?魏校长表扬我啦!说我私下里劝你别瞎叫失败劝得好。说我懂得顾全大局,很有头脑。说袁隆平那个蒙子真叫人哭笑不得……"

"你老兄受了表扬还故意这样装熊。那我可怎么办呢?"

"你怎么办!你又能怎么办呢?你不是临场发挥得很好吗?你说你并不是完全失败,从园艺学的意义上说,试验还是成功的。这不就表明去年领导向上级报功和宣传表扬你都是正确的吗？你小子一句话就给领导和自己都保住了面子，而你要公开揭示的遗传学问题也终于坦然地揭示了。这一步棋走得何等高妙啊！你怎么不说这也是'狡猾的李老兄'教你的呢？你要是这么说了，真说不定魏校长当即就把我的右派给改正了。"

"唉，真拿你这老右派没得办法。什么东西到了你那里都头头是道！我哪有那么清晰的思路呀？那完全是急中生智，拿话堵漏罢了。你要是想得这份功劳，我可以即刻去向领导说是你教我的。因为这番道理确实全是你想象出来的呀。"

"你小子可别胡来啊，这功劳是乱给的吗？叫领导知道了我不老实，我这一辈子可永无翻身之日了。"李国文一时之间又吓慌了，一个劲儿忙不迭地摇手制止。略顿，他才接着说："当然啦，你也不要高兴得过头。你否定米丘林－李森科的'无产阶级'生物学说，可得把相应的文字资料翻给领导看看。而且，我还得告诉你，幸亏你恰到好处地引用了毛主席的内因、外因论做哲学讲解，所以现在谁也不敢轻易说你错在哪里。"

"啊——谢天谢地！你总算又是个老实人了。原不过是一场虚惊，被你装神弄鬼，绕了老半天弯子，现在总算有个柳暗花明的结尾了。唉……"袁隆平做出一副饱经折磨的样子，连连摇头说。

"你可别轻飘飘地说是一场虚惊，现在一提起来，我还后怕得膝盖发抖呢！"

四、发现"新大陆"

星期日，天正下着大雨，满世界水淋淋的，露天里万物都成了落汤鸡。沅水也暴涨起来，吐着泡沫打着飞旋急卷直下。

曹胖公家的小厅里，四位先生正围着一张小方桌全神贯注地打扑克。他们是袁隆平、曹胖公、李国文和李代举。李国文最近终于被摘除了右派帽子，现在总算可以跟一般同事一块儿玩了；他的英语很好，故常喜欢跟同样擅长英语的袁隆平一块儿活动，互相用英语交流学术，幽默取笑，以免淡忘。李代举则是全黔阳地区有名的首席体育专家，袁隆平是体育运动爱好者，尤擅游泳，中学在武汉、大学在重庆、参加工作后在黔阳，都曾屡获地、省和大区级游泳赛男子项目冠、亚军。因而他们彼此也就玩得来劲。

他们玩的是当时流行的扑克游戏——"争上游"。这会儿，袁隆平正打出一对"老K"，笑着对坐在下手、手里只剩两张牌的李国文说："送给你做礼物，你个龟孙子还不快谢我！"

李国文睥了一眼那对"老K"，露出不屑的神色，说："你他妈老奸巨猾，还有礼送给我？除非日头从西边出来！"说着，无可奈何地摇头表示手里的牌压不过"老K"，不得不放弃出牌权。

下手的李代举连忙甩出一对"尖子"笑着说："嘻嘻，您'右派老兄'这么谦虚，那我可就不客气啦！"说完，他以为再无人能够压过自己，便得意扬扬地准备又一轮先手出牌；可是，下手的曹胖公却不失时机地接着甩出一对"小王"，把先手出牌权夺了过去，李代举不由得气得疯叫："好你个阴险毒辣的曹胖公，专门抢班夺权，你就想叫老子提前退休吗？"

曹胖公笑呵呵地说："你老兄别急嘛，该报答时我会报答你的呀！"说着，他先手打出一对"小三子"。

袁隆平骂了一声"臭牌"，接着甩出一对"老Q"，想把李国文手里仅剩的一对牌拦住，使他当不成上游。

李国文却立即把牌压出去，跳起来叫道："哈哈，老子一对'老K'！你个兔崽子以为靠着一对'臭皮蛋'就能挡住老子前进的脚步吗？那未免有点太小瞧老子的实力了吧？看看，这回才真叫送礼啦。哈哈，老子当上游啦！"

"嘿嘿，你们看，你们看，这龟孙子多么得意！真他妈的'子系中山狼，得志便猖狂'。不就当一回上游吗？有什么大不了的？就不记得你刚刚连当两回下游，钻八遍桌子时那副熊样子了吗？"袁隆平指着得意扬扬的李国文笑骂说。

结果，这手牌打完，曹胖公当了"二游"，罚钻一遍桌子；李代举当了"三游"，罚钻两遍桌子；袁隆平成了"下游"，得罚钻四遍桌子。

就在曹胖公、李代举分别钻桌子毕，正要轮到袁隆平钻时，忽然，一道耀眼的闪电撕裂雨幕，在窗外急剧一闪，紧接着一声炸雷惊心动魄地在就近某处挨着地面炸响，震得远近地动山摇。几乎所有的人都吓得起了一身鸡皮疙瘩。曹胖公妻子李荷芬吓得抱着孩子从房里跑出，直往曹胖公怀里钻。

袁隆平也不禁打了一个冷战，而后，他直起腰，略略愣了一下神，突然喜形于色地将桌子一拍，高叫一声："哈哈——分离！可能是分离！"大家还没来得及回过神来，他已经转身跑出屋子，光着脑袋一头钻进了瓢泼大雨之中，眨眼就跑得不见了人影。

曹胖公等人一时全蒙了。

李代举说："这小子莫不是被雷炸疯了吧？"

"没准儿真给这惊雷吓出神经病了？"李国文也疑惑地说。

"不行，你们在这儿坐坐吧，我得去找他！"曹胖公着急地说。说毕，他转身拿起一把雨伞就往外走。

"哎，等等，等等。我们一块去呀！"李代举和李国文也一齐拿起雨伞，闯进了风雨之中。

安江农校的试验田里，墨绿的水稻已长到齐腰高，眼看就要齐穗了，一场大雨把它们浇得有点儿披头散发。袁隆平在田头急急蹬掉两只胶鞋，胡乱卷起一双湿透的裤腿，像一只落汤鸡似的，赤脚下到禾田里，哗哗地踩着田里满当当的泥水，高一脚、低一脚地来到一小片长得七高八低的稻株中间，一五一十地开始清点起了这片与众不同的试验稻的株数。

密集的雨点还在劈头盖脸地往下泼，他的视线经常被头上流下的雨水遮挡。他不时地抬手抹一把脸，又继续清点；点完总株数，又接着清点长势不同稻株的分类数。越点，他的脸上便越发明显地流露出抑制不住的兴奋。

清点完毕，他抠着指头默默地计算了一会儿，一股会心的笑意终于在他那被雨水泡得微微肿胀的号称"刚果布"的紫铜色脸膛儿上像花朵一样灿烂怒放。

"哈哈,三比一,正好三比一。完全符合孟德尔老头的杂交二代分离法则!"他一边喜不自胜地呵呵傻笑,一边情不自禁地自言自语着,竟久久地盘桓在这凄风苦雨的稻田里乐不思归……

"啧啧,天哪,天哪!袁隆平,你傻不楞登的发什么神经啦?弄得我们找遍了整个校园。你没病吧?"李代举第一个找着了袁隆平。他的裤腿和鞋袜业已全湿透了,只有上衣在雨伞的遮蔽下还保持了大约70%的干度。他沿着田塍来到袁隆平身边,一面瞪着眼疑惑地上下打量着他,一面半是责备半是关切地问。

袁隆平听到问话声,回头见是李代举,这才回过神来,兴犹未尽地回答说:"你说什么?我有病?去你的吧。我还正准备去给你们补钻四下桌子,向你们敬谢非礼呢!"

"哦……谢天谢地,这么说,你还记得自己是怎么跑掉的?"李代举似乎略略放了几分心,于是长长地舒了一口气说。

"当然,被那声炸雷一惊,我突然想到雨中的这些试验稻,继而猛然记起孟德尔遗传法则,于是即刻赶来现场验证。就这样,我终于确证自己发现了一株优势非同寻常的天然杂交稻。现在脚下这些发生了分离的稻株就是它的F2代……"袁隆平正要滔滔不绝地讲下去,忽然想起李代举是搞体育的,于是讪笑着摇了摇头,改口说,"哦……你不懂。我同你回去跟曹胖公他们说去。"

这时,曹胖公、李国文也一同找了过来。他们三人先是一块儿来到校园门口,问清守门老头没见袁隆平出门后,再回头分开往校园里面找过来的。李代举见他们二人过来,连忙摇手制止说:"回去,回去,我已经确诊他没得神经病,我们都赶快回去换衣服吧。"

"哎,莫走,莫走,你们快过来看看。"袁隆平却急切地招手把他们唤了过来,接着兴奋地说,"你们看,我这些试验稻一共1024株,其中768株为同一形态,其余256株为另一形态,两种不同形态之比正好为3:1。这些植株全部是我去年从一棵偶然发现的特异稻株上采集的种子培育的,我原指望今年能通过它们选育成一个特优高产的新品种。可是现在,它们的性状发生了明显的分离现象,而且没有一株继承了它们上一代的优势。孟德尔的实验证明，植物杂交的第一代后代，即我们现在所称的 F1 代，只会显示出它们的父母亲本中某一方的特性，这就是所谓的显性；而另一方的特性则不显示，即为隐性。可是，到了第二代，即所谓的 F2 代，就会分别出现 1/4 表现隐性一方特征的植株、1/4 表现显性一方特征的植株，以及 2/4 遗传类型实际为基因杂合体，但表面仍呈显性特征的植株。这种现象，就叫'分离'。所以，在全部 F2 代植株中，显性与隐性的分离比例便显示为 3:1，这就是孟德尔'分离法则'。"

"哎，行啦，行啦。我以为是个什么了不起的发现，不就是个孟德尔'分离法则'吗？你就别尽给我们站在田里讲课啦。告诉你，我还知道孟德尔'分离法则'和'自由组合法则'不仅适用于植物，而且适用于动物和人类。因此，人类必须永远杂交下去；如果兄妹结合，生出的孩子就可能会出现 3:1 的返祖现象，如果无限地兄妹结合下去，就会越生越蠢，最后那孩子就一定会比峨眉山的猴子还傻。是不是？"李国文不耐烦地说。

"噢，看来，你小子比峨眉山的猴子还是要聪明得多啊。但是，你知道我这发现有多么重大的意义吗？我也告诉你吧，这就说明我去年发现的这些分离稻株的上一代，是一株天然杂交稻的 F1 代，它的优势是那么强大，从一棵单株分蘖出十几棵有效穗，每穗都有一百六七十粒壮谷。如果田里长的都是这种杂交稻，它的亩产可达上千斤，在不增加任何投资的同等条件下，可比现有水稻品种增产百分之四五十。如果我们能利用这种优势，那就意味着饥荒将被我们击退，我们将可以无比自豪地成为为民补天的当代女娲。啧啧，李老兄，这是一个多么诱人的前景啊！"袁隆平禁不住遐想联翩地说。

"你做梦去吧，水稻为自花授粉作物。从理论上说，它应是自交不退化，杂交无优势。即使就像你偶然发现的那样，在 F1 代上表现有某种程度的优势，你又有什么办法去杂交出那么多的 F1 代种子供大田推广使用呢？"李国文继续怀疑道。

"这一下你可说到点子上了，这正是我梦想要突破的东西啊！"

"哎，算啦，算啦，有话回去说吧。这野外风雨交加，田里水咚咚的，你们以为是在苏黎世湖畔的国际学术报告厅里享受高谈阔论的洪福吗？"曹胖公也不胜其烦地嚷了起来。

"得，曹胖公，我们这就回去换衣服，再到你家里集合继续'争上游'。我除补钻四下桌子之外，今日中餐还主动自罚两斤粮票 4 块钱，叫你老婆给大家煮一大锅辣子面条汤。我们一块儿尽情预享一下击退饥荒的成功之乐！怎么样？"尽管众人齐不耐烦，袁隆平却仍然兴致不减。

"嗯，这么说嘛，今天上午算是没有白被你拖累一场。"李代举说，"虽说这自罚看起来显得稍稍重了一点儿，不过你小子反正是光杆一条，一人吃饱全家不饿。你犯了规矩，不罚白不罚。"

"李代举，你这狗嘴里要什么时候能吐出一颗象牙来，我还愿意拿出一整月工资请客。"袁隆平笑骂说。

四条汉子哗笑一阵，这才感到芒种时节风雨侵袭的阵阵微寒，一个个因摄入量不足而缺乏热能的肌体不禁都有了几分瑟缩，嘴唇也发起紫来。于是连忙一同逃离试验现场，各自先行打道回府更衣而去……

五、又吓跑一个对象

1961 年冬天，安江一带的山野一派萧瑟，饥荒仍在疯狂肆虐。安江农校古木上栖息的鸟雀已被饿慌了的人们枪杀得寥寥无几。一只丧亲失侣的孤鹭凄惶地扑棱了几下翅膀，有气无力地从一棵古树顶上飞起，茫然地在空中盘旋一周，然后无声地滑向沅水中流的一片沙洲。旱冬里业已枯缩的沅水，像是一抹从一名悲伤的老妇眼里流出的又苦又涩的泪水，在干涩的河床上蜿蜒爬行。那孤鹭默默地立于沙洲之一隅，睁着两只灰暗的眼睛，望着从眼前迟缓流过的河水出神，像是千百年前那位决意在潇湘绝命的屈原，正在投江之前沉痛地默吟着从他那泣血的心灵中涌出的《离骚》；又像是一名落魄的哲学家，正在沉思一系列人世困厄之所以发生的根源和摆脱这困厄的种种可能之途径。

与这片沙洲遥遥相望的沅水南岸，安江农校后面河边，袁隆平正坐在干枯的荒草地上读着一部厚厚的英文版 GENETIC RESEARCH（《遗传学研究》）。他穿着一条皱皱巴巴的深蓝色卡其布长裤和一件深蓝色的棉袄。衣裤的成色虽看来还新，但显然已好长时间有欠洗熨；棉衣的袖口因常被用于擦抹黑板而提前破损，一簇簇沾满粉笔灰的新棉絮从破口处探头探脑地露出来。这副打扮，确实使他显得相当"油榨"，可他自己却显然对此毫不在意。

此刻，他正沉浸在经典遗传学的理论王国里。既然李森科的"简便易行""立竿见影"的增产学说已经破产，那就必须重新来吃透孟德尔－摩尔根的那一套求证严格、理论深邃、操作复杂的经典遗传学。其实，对他来说，孟德尔学说并不陌生，他在大学里有一多半时间，首先学的就是孟德尔－摩尔根学说。他的遗传育种学教授管相桓先生曾先后留学美国和日本，只知教孟德尔－摩尔根学说；1952年思想改造，叫他改教米丘林－李森科理论，他坚决拒绝，宁愿放弃专业，改教了唯物辩证法。这部 GENETIC RESEARCH 就是当年管先生指定学生必读的遗传学参考文献之一。

袁隆平非常敬重这位管先生，但作为当时的年青一代，他还没有老一辈学者那样深沉的学术城府，什么新思想、新套路都可以引起他的浓厚兴趣。因而，在宣称几乎不需要任何仪器设备，人人都可以随时随地将袖玩它一把的李森科魔术的吸引下，他还是耽搁了好几年的经典遗传学研究。直到他的无性杂交育种试验失败，他才重新认识了孟德尔学说的重大指导意义，以及广泛了解世界生物学科研前沿基本情况的重要性。当年暑假，他就自费进京，拜见了中国农科院著名遗传育种学家，他在西南农学院读书时就认识的另一位孟德尔学派教授杨荣国先生，并在该院的图书馆里阅览了大量当时在基层根本无法看到的进口英文生物学、遗传育种学图书和杂志。他必须设法吃透与已经引起他极大兴趣的杂交水稻有关的全部遗传学理论问题，并广泛地收集各方面的相关信息，以做好发起新一轮重大试验之前的理论准备，并奠定扎实的思想基础。

寒冬里暖融融的阳光普照大地，河岸上枯黄的荒草软茸茸的像一张大毛毡。

袁隆平背对着太阳，很惬意地坐在这柔软的草地上，眯缝着双眼，像老僧入定般聚精会神地进入了"禅悟真经"的境界。

"袁隆平，你小子躲在这里看黄色小说吧？看你这么津津有味的样子！"忽然，背后响起一声喝问，把他吓了一跳。

他一回首，见是李国文，于是只得合上书本，站起来反问说："你老兄不在农村好好改造，又溜回学校来干什么？"

当年，农校教师都被安排到农村生产队帮助"大办农业，大办粮食"，与农民同吃同住同劳动，名为搞中心工作。上半年袁隆平等人曾在黔阳县的硖州公社搞了半年，下半年轮到李国文等一拨人马接班。硖州公社离学校只有十多里路，教师们在下面饿慌了，就溜回学校来打个牙祭。因此，无须过问，袁隆平就知道李国文回来干什么。果然，李国文说："现在，生产队社员连糠都没的吃了。因为种集体的田大家没有积极性，自留地又少得可怜。加上目前推广的水稻品种矮脚南特号等增产潜力有限，今年粮食又是一个大减产。我们可跟着农民饿瘪了。"

"可是，现在回学校也没什么好吃的了。"袁隆平说。

"学校总归要好办些。我们自己种的东西，随便弄点什么都可以吃吃，这地里不就都是菜吗？"李国文扫了一眼学校的后园圃说。

学校的后园里，此时已长满了各种冬菜。由于物资匮乏，通货膨胀，一般教师的工资已难以维持生计。为此，学校不得不分给每个教师一块土地，发动教师自己耕种，自力更生，以补国家计划供应的不足。袁隆平和李国文从年初起，就合伙种了红薯、南瓜和萝卜。红薯和南瓜早已收获，萝卜则刚刚长到拳头大。于是，袁隆平说："我们的存货，就只剩十来斤红薯。再有——就这萝卜了，虽说还没长到收获期，但要吃也能吃。"

"吃吧，红薯、萝卜一块儿吃，这回全都吃了！吃光了我们再种别的。老天爷再发饥荒，看它还能饿死我们这些农学家不！"

"不过，世界上的农学家要是一个个面对饥荒只能勉强保住自己的一条小命，那就太没出息了。"袁隆平不禁喟然感叹了一声，接着说，"告诉你吧，我暑假在北京看到国外资料报道，近十几年来，美国农学界已利用杂交技术，使玉米的产量翻了一番多，现亩产高达一千二三百斤。美国学者博洛格在墨西哥运用杂交法选育小麦良种，已使墨西哥小麦产量翻了两番多，墨西哥现已全面摆脱饥荒；其成果除在美洲各国普遍推广之外，还被印度等南亚国家和罗马尼亚等东欧社会主义国家引进推广。现在世界上水稻、小麦和玉米三大主要粮食作物，就剩水稻的杂交优势利用技术尚未突破，但美国、日本、印度和菲律宾等国都已在进行研究，其中日本人动手最早，他们从20世纪50年代就开始了。种种迹象表明，未来世界的粮食问题，在很大的程度上将可能要依靠作物的杂种优势来解决。我们中国是多饥荒的国家。有人统计过，我国五千年文明史上，有明确记载的严重饥荒就有两千多次，差不多每两年发生一次；有些地方竟至十年九荒；历史上所谓'饿殍遍野，易子而食'的记载难以计数。可是，直到今天，对我们至关重要的水稻杂种优势利用的研究，在我国却还没见有人提起，你说奇怪不奇怪？"

"唉……袁隆平呀袁隆平，这么说，你还在做那个杂交水稻梦啊！你有多大把握去突破经典理论的论断而出奇制胜？你刚刚还说呢，这个问题，连中国科学院的大学者都没见一人提起，你难道还想超过他们吗？"

"李老兄啊李老兄，我要说一句狂话，反正你也不会相信。照我看，小学者超越大学者也不是什么绝对不可能的事。"袁隆平带着几分相当自信的口气说，"至于经典理论认为'自花授粉作物自交不退化，杂交无优势'的问题，过去我也有点犹豫。但现在经过多方的文献研读，我心里已经非常明朗了。你知道吗？达尔文早在1876年就已指出玉米具有杂种优势，美国学者沙尔于1914年再度指出杂交玉米有一种非同凡响的生命力，并首回提出了杂交优势的概念。而1926年，另一位美国学者琼斯就提出了水稻也具有杂种优势，引起了各国遗传育种学家的重视和深入研究。现在，玉米、高粱的杂交F1代优势已被国外广泛应用于大田生产，小麦和水稻杂交业已被普遍应用于良种选育。玉米、高粱的杂交优势已赫然崛起于世界。所谓经典理论的论断还用得着我去突破吗？我不过是想在别人已经突破的理论基础上，再来构建一座新的杂交水稻金字塔而已。"

"得，得，反正你小子总是什么都想试一把，没准儿让你七试八试真试出个一鸣惊人的大成果也难说。怕就怕你会心比天高，命如纸薄啊！我总觉得我们这些浅水沟里的泥鳅虾米怎么着也难掀起大浪。"李国文信心不足地说。

"看样子，你李老兄是饿得没有底气了。那我们就来拔点萝卜回去吃吃吧，说不定吃饱了肚子，你就有决心当一名生物学大师了。"袁隆平调侃地说。

安江农校的单身教工宿舍是一幢两层的砖木结构楼房，袁隆平的住房在二楼东北边最顶头一间，房间和房外的过道都很宽敞。标准的杉木地板干爽而富有弹性，走上去感觉温暖而舒适。此刻，过道上的两只柴火炉子里，正毕毕剥剥地燃烧着被劈成小片的干劈柴，炉子上搁着两只大脸盆，一只煮着红薯，一只煮着切得很不规则的萝卜块；两样"美食"都正被炉火煮得咕噜咕噜直冒热气。炉子旁边一只临时充当切菜板用的方凳上，还放着一些没切完的白萝卜。

袁隆平和李国文一人照看一只炉子，正在操持他们的正式晚宴。他们都没有炊事用具，于是只好临时借来炉子，用各自的脸盆当锅，就在过道上摆开了。一会儿，李国文用筷子戳了一戳脸盆里煮着的红薯，接着有点迫不及待地叫道："哎，袁隆平，熟了，熟了。开吃吧！老子都饿晕了。"

于是，两人忙把炉子里的火弄熄，随即一个接一个地吃开了脸盆里的煮红薯。不一会儿，一脸盆热气腾腾的红薯便一个不留全给吃下了肚。李国文似乎意犹未尽，用眼瞟了一下旁边炉子上的那盆萝卜，犹疑了一下，最终还是放下了筷子，双手摸着圆鼓鼓的肚皮，打了一个饱嗝儿说："怎么好像就吃饱了似的。我原以为一个人就能把这两盆玩意儿全吃光呢！"

袁隆平也放下筷子摸了一下肚皮笑着说："是呀，我也觉得好像是吃饱了。我原来也以为两人合吃两盆怕要少一点，没想到刚吃一盆就饱了！"

两人正说着，楼梯口那边响起一阵脚步声，随即一个学生蒙头蒙脑地闯了过来，忽然见老师正在敲盆论吃，不禁尴尬地立住了脚，又不好回头跑走，只得拘谨地叫了一声："袁老师，李老师。"接着怯怯地解释说，"我想请教袁老师一个计算问题，没想到不巧正碰上……嘿嘿，正碰上……"

"哈哈，是全永明啊，谁说你碰得不巧？你不是碰个正着吗？先别问问题，帮老师吃了这些萝卜再说吧。"袁隆平见是农学 20 班的沅陵籍学生全永明，连忙笑着亲切地招呼说。

全永明有点不好意思，站在原地没动。袁隆平便接着催了一声说："你这伢子真有意思，昨天傍晚我还看到你和几个同学在老师的菜地里偷拔萝卜带泥吃呢！我看你们饿得可怜，才故意装作没看见，否则，你们当场就得被我人赃俱获，逮个正着。可现在老师叫你吃，你反倒腼腆起来了，哈哈！"

这一说，全永明果然粲然一笑，走过来说："二位老师，谢谢你们原谅学生的过错！那我就不客气啦。"说完，接过袁隆平递过来的一双筷子，对着炉子上那盆萝卜就大吃了起来，不一会儿工夫，一大脸盆萝卜，竟被风卷残云般吃了个精光。而且，他还没有显出吃得很撑的样子，大概再吃个三盘两碗也没问题，把两位老师看得目瞪口呆。

"哎呀呀，真是后生可畏啊！你看，你这两位师傅都是眼大肚皮小，做好两盆吃一盆就饱了，没料到你还真能一人吃一盆。看样子你今后一定会有大出息，到那时，可别忘了老师这一盆'培养基'啊！"袁隆平一面赞赏地拍着全永明的肩膀，一面哈哈大笑说。

"唉……这年头，都是饿的呀。别说他们这般后生伢子吃一盆萝卜，就说我们两位教书先生一顿能吃一脸盆红薯，不也相当够英雄了吗？"

正说笑间，曹胖公又踏着木板楼梯"笃笃"地走了上来，看见眼前场面，便故作不满地嚷道："好哇，袁隆平、李国文，你们两个有了吃的不请我，我要掀了你们的锅灶。"

"曹胖公，你别哇哇乱叫。你一家子和和美美，老婆孩子热炕头，不可怜可怜我们，还想来共我们的产。亏你说得出口？"袁隆平也故作义愤地反唇相讥说。

"三位老师，你们有事，我先走了，我的问题明天再说吧。"全永明见老师们彼此幽默调笑，很懂事地及时告退而去。

见学生下了楼，曹胖公才认真地说："李国文，你小子虽然老婆不在身边，毕竟也还是有家有口的人，今天的盆子，你就收拾收拾吧。人家袁隆平没家务经验，我还要带他去相对象呢！"

"嗤……曹胖公，你也配带人相对象？你可别又把人家的对象搞到你自己床上去了！"李国文故意嘲笑道。

"这回再也不会了，李国文你他妈别尽记人旧过。今天这姑娘是和我老婆一个单位的，而且就在我家里等着呢！"曹胖公真诚地说。

"曹胖公，既然你真有这份好心，那别说收拾一回盆子，我还乐意在这里再煮好一脸盆萝卜，等你们相好对象回来吃；吃完，下回盆子还归我洗。"李国文慷慨地说。

"行，李伢子你这回表现还算可以。"曹胖公连忙赞扬了一声，接着转向袁隆平说："'刚果布'，这回你可得穿得体面一点，等一下可别真的又弄得人家看错人了！"

天已黑了，曹胖公家的小客厅里亮着白晃晃的日光灯。李荷芬正和一名二十二三岁的漂亮姑娘一块儿在小客厅里逗着她那才两岁多的孩子玩。只听得厅门一响，便见曹胖公领着袁隆平推门进了屋。

洁白的灯光下，但见袁隆平仍然穿着白天那条皱巴巴的蓝卡其布长裤，上身却在白天那棉袄上加罩了一件浅灰色春秋衫。那春秋衫虽是毛料中山装，看起来比较直挺，但横竖尺寸都比棉袄小了很多，罩在棉袄上不仅绷得鼓鼓囊囊的，而且在浅灰色的罩衣下触目惊心地露着一截深蓝色的棉衣下摆和两只绽着棉絮的破袄袖。这副样子，不仅使他显得"油榨"，而且有了几分滑稽。连一向对着装毫不讲究的自己，此时都对身上的这番打扮隐隐感到了某种不妥，因而脸上便显出几分颇不自在的神色。

然而，曹胖公却一进门就兴致勃勃地冲那漂亮姑娘介绍说："湘耘妹子，来，我来给你介绍一下，这位就是我们学校的袁隆平老师。"

随后，他又转向袁隆平说："喏，袁老师，这位就是黔阳纺织厂的史湘耘同志。"

于是，袁隆平有点不好意思地打量了一下眼前的史湘耘同志。他觉得她似乎少了点文化熏陶的痕迹，但身段和脸蛋却确实美得叫人不能不惊叹上天造化之精妙。略略犹豫了一下，他终于向她伸出了右手，表示友好地说："小史同志，认识你非常高兴。"

"嘻嘻，见到您，我也觉得——挺好玩的。要不是曹老师介绍，我还以为您是哪个马戏团的丑角演员呢！"那史湘耘同志倒挺大方，也伸出手跟袁隆平轻轻握了一下，同时发出一句非常直白的观感，反把袁隆平窘得面红耳赤。

"哎，湘耘妹子，你可别开玩笑！袁老师可是我们农校一流的遗传育种学家，他眼下就正在筹划一项非常了不起的科学实验呢。要是搞成功，全国人民都不愁没饭吃啦！"曹胖公见史湘耘说话有点不恭，生怕破坏了局面，连忙进一步介绍说。

"曹老师，谢谢您的介绍，不过，我想，像袁老师这样了不起的大专家，他首先要筹划的应该是一件合身的衣衫，而不是一项什么了不起的科学实验。"那史湘耘妹子竟再也不肯留下一点余地，说着就站起来转向女主人告辞说："真对不起，荷芬姐，您家有客人，我就先走了，下回再见。"

李荷芬见还没来得及容自己插上一句话，事情就无可挽回地结束了，气得直骂曹胖公混账，怎么把袁隆平打扮成了这副样子来交女朋友？

曹胖公也懊恼得扼腕叹息，说："唉——唉——你哪知道啊，他房间里穿脏了不洗的臭袜子倒丢得到处是，可像样的衣服却一件也没有。我帮他翻遍了整个房间，才在唯一的一只衣箱里翻出了这件稍微像样一点的毛料罩衣……"

"罩你妈的蛋！这是什么罩衣？这是春秋天罩单衣的，你给人家罩在棉衣上像个什么样子？"李荷芬忍不住打断曹胖公的话骂道。

"哈哈，胖公嫂，骂得好，骂得好！我当时就觉得穿着这衣服好像有几分别扭，还不如就穿件棉袄过来更便当。可曹胖公硬说什么我的光棉袄又破又'油榨'，穿着像个流浪汉似的，非要罩上件外套不可。看，这不，问题就出在这外套上啦！"虽说又吹了一个对象，连曹胖公夫妇都懊恼得垂头丧气，但袁隆

031

平自己却一点都不在意。现在说起来，他竟像是谈论别人的一场热闹似的，嘻嘻哈哈地跟曹胖公两口子开起了玩笑。

"你懂个屁！你以为你穿件光棉袄，人家就会看中你吗？"曹胖公有点不服气地争辩说，"问题并不在于一两件衣服怎么穿，而是你袁隆平必须整个反思应如何在异性面前建立良好的第一印象的问题。"

"嗯，这话听起来倒好像是有一点道理。"李荷芬也附和说，"袁老师，不是我偏袒曹胖公啊，他这话倒真是值得你参考呢！"

"哈哈，行啊，胖公嫂，你们的心意我全领啦。不过，我还是希望下回你们再给我找对象时，最好要找个不单看外表的。否则，即使她不说看不上我，我还得说看不上她呢！"

第二章

科学前沿

一、"逮住"个媳妇

1963年冬,曹胖公总算不负厚望,又给袁隆平物色到了一名门当户对的绝好的姑娘。与以往所有姑娘都不同的是,这名已经二十五岁、名叫邓则的姑娘,原就是他们的学生。袁隆平还当过她的篮球和游泳教练呢。有一回游泳,这姑娘一个猛子扎进深度不够的河水里,脑袋碰在河底的石头上,额上当即鼓起一个包,袁隆平还特意请她和与她一同游泳的同学一起下馆子,为她煮酒压惊。而曹胖公则是她的班主任,对她更是颇多了解。现今,这姑娘就在不远处的两路口农技站当农技员。

由于彼此早有了解,而现实情况又几乎是同病相怜,因而不仅曹胖公介绍起来劲头十足,充满信心,连袁隆平也一听就感到非常称心。他甚至感到惊讶,为什么这么一名知书识礼、端庄漂亮的大姑娘就亭亭玉立在身边,而自己竟一直未能知道?

两路口是黔阳县的一个人民公社,就在县城安江镇的旁边,离安江农校也不过几里路。1959年,邓则毕业于安江农校后,即被分配在县农业局属下的这个农技站工作。她是黔阳当地人,1939年出生。新中国成立前,她家不过有小量土地出租而已,经济地位并不高。但她的父亲却因当了个并无什么权力的国民党黔阳县党部秘书而在新中国成立时被枪毙。20世纪50年代初,她的哥哥被打成"反革命分子"关押数年后获释;可1960年在"反胡风运动"中又莫名其妙地被关进了班房。嫂子不得不改嫁,就剩老母带着哥哥的一个孩子和她相依为命。

那是一个"以阶级斗争为纲"的年代,像她这样一个有着一个"历史反革命"的父亲,外加一个"现行反革命"的哥哥,而且有所谓"血仇"的姑娘,其身份之可怕是可想而知的。因而,尽管她出落得仪态端庄,风度优雅,温良贤淑,能歌善舞，还打得一手好篮球，但仍不免知音难觅。

但她是一个生性刚强、性情爽朗的姑娘，沉重的家庭历史包袱并没有使她胆怯自卑。她一毕业就挑起赡养母亲和抚养幼侄的重担，堂堂正正处世，不卑不亢待人，热心参与各项公益事业和文体活动，因而在社会和单位赢得了相当友善和宽松的生活环境和待遇。在一般情况下，人们并没有着意把她打入"另册"，对她冷眼相看；但在婚恋问题上，一般瞻念前程的"上进"青年就不能不考虑到政治上的安全而对她退避三舍了。而在这一问题上，偏偏她本人也绝不苟且，纵是"白马王子"难觅，也不降格以求。她持定了一个尺度——自己的爱人必须心胸开阔，眼界宽广，有文化，有智慧，有事业心、责任感。她就把着这个尺度平心静气地等，这么一待下来，眼看就到了二十五岁。

二十五岁的姑娘不嫁，在现时不算什么稀奇。但在当年，那就是"老姑娘"了。同届的同学早已儿女绕膝了，可她却连对象的影子还没见着。

然而，仿佛命运早已有了安排，她心中的"白马王子"必须等到她二十五岁这一年才会来叩响她的心扉。终于，时至1963年初冬，她收到了有生以来的第一封令她耳热心跳的求爱信。

  茫茫苍穹
  漫漫岁月
  求索的路上
  多想牵上
  一只暖心的酥手

  穿越凄风苦雨
  觅尽南北西东
  蓦然回首
  斯人却在咫尺中

当她的眼光落在信尾这首小诗上时，她的眼睛潮湿了——这是她敬爱的袁老师，一位在情感经历上几乎与自己有着一样遭遇的苦命人发出的爱情召唤。这召唤虽然姗姗来迟，但正因为其迟来而益显其宝贵。

袁老师，她可是太熟悉了。毕业后，虽已有四年不常见面，但同学们见面就要谈起他的故事；他的言行举止和那些发生在他身上的大事小情几乎无一不为大家耳熟能详。他似乎是一个什么隐私也没有的透明人。但显然，他不是一般少女们梦中的那名骑着白马，带着随从，俊美帅气，高贵聪明，而且可以承袭整整一个国家的佼佼王子。恰恰相反，他是一块由自然天光中的紫外线织就的"刚果布"，照他自嘲的说法，那是"一块比卡其布还要扎实的布"；他的脸上打着忧患岁月的紫铜色印记，常年一只裤脚高，一只裤脚低，斑斑驳驳带着一身泥点，每月工资不算低却一到手就吃光用光，除了才学，穷得其他一无所有。

但是，她心里非常清楚，她的袁老师是不可用一般眼光去看待的。他的非凡才华和学养就在他那"油榨"的外衣下熠熠闪光，他那齐天的心志使他永远保持着自己的特立独行，不屑于与任何势利之辈攀比尘世之短长。在那厚红薄专、崇尚政治的年代里，有多少人会像他那样不惮古今中外地博览群书，孜孜不倦地修炼专业，如饥似渴地吸纳新知？又有多少中等学校的教学人员能像他那样痴情入迷地热衷于那些苦不堪言的科研实践？

毫无疑问，这是一个非常之人，是一个值得一名有眼光、有气魄的女人全身心地去亲他爱他、体贴和辅佐他的人。然而，就是这样优秀的一个男人，多年来却一直在爱情的小道上连连受挫。有的人不屑于爱他。有的人不敢爱他。有的人又爱他又忌他，像是猴子捡到一块姜，丢了舍不得，吃下又怕辣不过，最终还是弃之而去。以至于经过一路波折，这颗孤苦无依的蒙尘的心灵，竟然漂泊到了她这个过去简直不敢有此奢望的苦命女人面前！

她双手捧起这颗宝贵的心灵，暗自庆幸在那极端困苦的非常岁月，自己总算没有轻易把自己贱卖了。那年月，一块手绢就可以叫一个女人为之动情；一担红薯就可以换回一个媳妇。而她就凭那每月二十九块五毛钱的工资维持着一家三口的生活，为保持自洁而拒绝了一切需要付出回报的接济。天大的困苦居然也就这么挺过来了，以至于终于有了今天的收获。想起这一切，她不由得一时间百感交集……

"您，真的……爱我吗？"终于有一天，趁着看完电影袁隆平送她回站的幽静时刻，她羞涩地对已经欣然来到农技站看过她好几回的袁隆平悄声问道。

"那当然，我觉得你是老天爷特意留给我的最后一块瑰宝。"

"所以您就迟迟不来找我。反正老天爷暗示了您，还有这么一块下脚料在这里等着您，到您别无选择时，就用她来做最后的凑合。是吗？"

"你可别这么说！我之所以一直没来找你，是因为你毕业的时候，我已经有了一个对象。她后来把我抛弃了，我还一直期望她能回到我的身边。但现在，她已经身为人母了，因此……"

"因此您就对她绝望了，是吗？"

"应该说是吧。"

"那曹老师还给您介绍过别人，您为什么也没有想到我呢……"

"啧啧，真奇怪，你们怎么对我的一举一动都掌握得这么清楚？"

"您别以为有什么东西能够骗过我，该坦白的您就全都主动坦白吧！"

"那曹胖……哎，不不，曹老师，他也没早给我介绍你呀！我还以为你们这些学生全都成了家呢。"

"您看，您都对我那么粗心，还说，还说……爱我呢？"

"我对你可是一片真心啊！不信，我都想亲亲你呢。"袁隆平一时嘴拙，不知该如何表白是好，情急之间，突然就想出了这个绝妙的好办法。

"哎呀，您可别乱来，叫人看到影响多不好！"邓则登时吓得左顾右盼，缩成一团，低声请求说。她毕竟是一个湘西山妞，平时跟年龄相当的男人握一下手都要打上三个冷战，更别说接吻呢。虽说这时候，其实她非常乐意让这胆大包天的袁老师把她搂在怀里热热地亲个够。

"唉——看把你吓的！我们都大男大女了，谈情说爱天经地义，有什么影响不好？"袁隆平倒大大方方地笑了起来。不过，他还是忍下了，没有勉强她，只是进一步开导她说，"得，反正今天时间已晚，我就不回学校去了，干脆就住在你这里，我就是要扩大影响。"

"那……好吧，我去请隔壁同事小孙把他的房间让给你住一夜。"邓则犹豫了一下，就这样同意了。

一会儿，当邓则交涉好借宿事宜重新回到自己房间时，问题又倒了过来。

"你真的爱我吗，邓则？"袁隆平问。

"那……当然，我也觉得好像是老天爷特意把您留给我的。"邓则还有些腼腆，但比先前已大方多了。

"那你为什么早不来找我呢，也因为我是一块下脚料吗？"

"您那么受人尊敬的老师，我怎么敢高攀呀？"

"我有什么可爱的？年龄都比你大了八岁，已是个半老头了。"

"俗话说，'宁愿男大十，不要女大一'，您还没大十呢！再说，您这人总是童心不灭，我怕您将来到了八十岁还是个老顽童呢。"

"那我还很'油榨'，还是一个'刚果布'呢。"

"照我想象，您过去恐怕就曾经是个饭来张口、衣来伸手的'白马王子'。后来条件变了，可您并没有刻意去像常人一样安排生活，而是把志趣和精力全放在了创建一个新的'王国'上。这样，您就很自然地变成了一个'油榨鬼'和'刚果布'了。因此，您这'油榨鬼'，在我看来，其实就是一个不拘小节、充满了创新活力的'白马王子'。"

"天哪，你什么时候学会用 X 射线的眼光看人啦？看你把我恭维得东南西北都分不清了。我真巴不得……"袁隆平抑制不住满腔澎湃的激情，情不自禁就想搂过那梦寐以求、望断天涯才终于找到的旷世知音，亲她个物我两忘。然而，刚要张开臂膀，他又忍住了——这毕竟还是一个男女授受不亲的年代，他不能让一个把自己看得跟"白马王子"一样高贵的姑娘感到为难。于是，强压住满腔激情，他摊开两手苦笑了一下说："嘿嘿，得了。我们还是各自睡吧，晚安！"

"嗯，我们各自睡吧，晚安！"

转眼到了1964年春节，照常规袁隆平该回重庆与父母团聚。然而这一回，曹胖公却把他拦下了。曹胖公说，今年春节黔阳地区要举行全区职工业余篮球比赛，李代举是裁判长。因邓则将作为黔阳县女队队员参赛，他已把女子组的比赛安排在本校礼堂进行。届时，便可趁邓则返校赛球之机，把婚事办了。这叫作速战速决，以免恋爱旷日持久，甚而事久生变。

"这怎么行啊？这事我还没跟邓则商量呢。"袁隆平起初感到有点不妥。

"商量个屁，你都三十四岁了，有了称心如意的姑娘赶快逮住做了老婆为上策！"

"那……就这样发动突然袭击，把人家逮住，恐怕有点不道德吧？"

"唉……'刚果布'啊'刚果布'，像你这样书生气十足的，什么时候才能成事啊？"曹胖公不禁连连摇头，大不以为意地说，"所谓'逮住'，也不过就是个形象说法罢了。还真能把人家绑去结婚吗？我们可以临时动员她自己同意嘛。有什么不道德的呢？"

"行，照你这么说，那能'逮'就'逮'吧！我又何尝不想早点把婚结了呢？"袁隆平终于点头说，"反正一切有你这大媒人主持，我就乐享其成啦！"

"这话算说对了。要不，还要我这大媒人干什么呢？"

正月初五，一场大雪纷纷扬扬，把大地装点得一派素洁。比赛第一天，李代举安排黔阳县女队轮空。于是，穿着一身火红运动服的邓则便被曹胖公等人从训练场请到了袁隆平的单人宿舍。

袁老师虽是旧师长加新恋人，但他的房间，她还是第一回进去。不过，就算不进去，她也能猜出里面是什么样子。有关袁老师的逸闻雅事说：小时候，他曾因为一只鞋带打成了死结，保姆杨妈给他洗脚时解了一阵没解开，结果他不仅懒得洗脚，连鞋也懒得脱，就穿着这只鞋爬上床睡了一夜。参加工作独立生活后，他虽然学会了把脏衣服扔到水里过一遍，但每回衣服脏了都要过这么一遍水，他也不胜其烦。因而近年来，他终于找到了两个少洗衣服的绝妙办法。一是花两毛钱请人把最显脏的上衣领口翻个面缝好再穿；二是他发现好多学生有布票却没钱买衣服，于是灵机一动，便拿出那些穿过几次不愿再洗，或不易

039

再洗干净的衣服去跟学生换布票,再拿布票去买新衣。这样,学生不用花钱就可得到一件很不错的成衣,只要费力洗洗就行。而他则不用再费神洗濯就可以买到一件干净的新衣,只要多花点钱就行。正所谓你我两便,皆大欢喜。由此,自然不难想见袁老师的雅室风光了。

进得房来,果然一切都不出所料——宽敞明亮的房间里,除了一桌一床一只旧衣箱一把木椅和临时搬来的几张学生课凳之外,其他家具一无所有,整个房间显得空空荡荡;一只饭碗和一双筷子搁在衣箱上,牙缸脸盆牙膏肥皂盒都扔在进门的墙根地板上,旁边还乱七八糟地扔满了臭袜子和换下没洗的脏衣服;一张单人床上一边高一边低地挂着一顶小小的学生蚊帐,帐顶上布满了灰尘;桌上床上横七竖八地扔满了书籍,可见每天夜里,房主人就是把自己埋在这些书本中间睡觉的。看到这番场景,她不由得会心微笑了一下。

曹胖公事前曾吩咐袁隆平把房间收拾收拾,但袁隆平除去外面加搬了几张小方凳来之外,竟什么东西都没检点好。因而曹胖公不免有点担心邓则皱眉头,见邓则脸上泛起了微笑,他一颗悬心才落了肚。于是,又是让茶,又是递橘子,又是剥柚子,殷勤有加。

邓则礼貌地点头谢过,先转身拿起脸盆去装水洗手。没想到一装上水,脸盆就像伢伢撒尿似的射出一线漏来。

"哎呀,袁老师您这脸盆怎么也漏了?"她不由自主地皱起眉头惊叫了一声。

"没关系,没关系,它只一边漏。你把水侧向不漏的那一边,它就不漏了。"袁隆平倒像是原谅别人的缺陷似的连说没关系。

曹胖公转脸狠狠地瞪了他一眼,他只得尴尬地嘿嘿一笑。

一会儿,邓则洗过手,走过来坐在桌子边,端起茶杯喝了一口茶,便随意问:"袁老师,好像刚听您说要回重庆过春节,怎么没去呀?"

"不错,我是说好要走的。可是,曹老师说要我留在这里趁便'逮住'你。"袁隆平竟又顺口泄露了曹胖公策划的天机。

邓则显然一时未能理解,因而瞪大眼睛疑惑地问:"什么?趁便'逮住'我?"

曹胖公见情势危急，不由得吓出了一身冷汗，还来不及再瞪上袁隆平一眼，便赶紧接上话头，故作轻松地哈哈笑了两声说："哈哈，邓则，你别听他胡说。我原是说，人家邓则毕业多年第一次回学校打球，你袁隆平还不留下来好好欣赏欣赏？而且，你巴掌拍响一点，毛巾、茶水递殷勤一点，说不定人家一高兴，当场就让你抱去把婚结了呢！"

"嘻嘻，老师们真会开玩笑，我还以为你们要把我'逮'去枪毙呢。"邓则也笑着说。

"不过，既然话已经说到这里来了，邓则，我倒真觉得不如干脆，你先和袁老师立刻就去办了手续。那样，袁老师再来为你和你队友们做球场服务也就方便多了。"曹胖公见气氛祥和，便又峰回路转，及时把底牌抖了出来。

"那……怕不行吧？我总得先请示我们领队呀，他要不同意呢？"邓则不无忧虑地说。

"那没关系的，李代举老师早跟你们领队说好了！"袁隆平忍不住兴奋地说。

"唉，'刚果布'，你就老实坐着吧。现在是班主任说话的时候，没你多嘴的份儿！"曹胖公终于忍无可忍地直骂了他一句，但随即又说："不过，他说的是真的！"

"可是，连我妈妈都还不知道呢！"邓则仍有点为难的样子。

"这有什么关系？我的父母不也不知道吗？"袁隆平竟又不由自主地插上了一句。

"不错，这回他说得很好！"曹胖公无可奈何地看着袁隆平摇了摇头，但随即又笑起来称赞他说，"现在的青年都是婚姻自主，双方父母随后报告，老人家还不一样得笑眯了眼？"

"既然这么说——这么说，那行就行吧。"邓则终于点了点头。

于是，就在这个瑞雪纷飞的日子里，新娘邓则穿着一身火红的球衣，踏着松软洁白的雪毯，走进了新郎袁隆平的洞房，带着象征纯洁的银白和象征兴旺的火红，给这个贫寒的小家，绘出了第一幅温馨幸福、美满祥和的动人图景。

同事们飞快地送来并帮助挂起了新蚊帐，缝好了新被面被单，铺好了新床单；女体育老师周琼珠还专门给新娘送上了一双绣着蝴蝶花的新平绒布鞋；曹胖公除参加同事们集体贺礼之外，还单独慷慨献上50元，买来糖果糕点招待大家。在校长的亲自主持下，一场简朴而热闹的婚礼，直闹到夜半更深才曲终人散。

"嘿嘿，真对不起啊，邓则。就这么匆匆忙忙地把你接进房来，连一件新衣、一双新鞋都没来得及给你买呢。"等客人散尽，袁隆平关上房门后，转身笑着温情地对新婚妻子抱歉地说。

"新衣新鞋我都不要。我也就有点奇怪，您为什么要这么着急呢？"新娘情不自禁地偎入新郎的怀抱，娇憨地说。

"这你还想不到吗？大家都怕我太'油榨'，久而久之使你不悦；特别是怕你看到我房间的窝囊场景后，回去会反悔。所以就⋯⋯"

"所以就赶紧在这里把我'逮住'，是吗？"

"是的，你不会为这个生气吧？"

"是的，我不生气，我很喜欢这样。不过，我还要问您，您真的这样害怕失去我吗？"新娘继续追问。其实，答案她已经能想到，但她还是乐意再听一遍，因为这将是一种何等令人心醉的享受啊！

"是的，我已经说过，你是上帝留给我的最后一块瑰宝和唯一的知音。失去了你，我就再也不会有爱了。"

"您能这样看待我，我感到很幸福。不过，您知道吗？爱情可不是靠一纸婚约所能'逮住'的啊！"

"我知道，我会天天着意培植她，我会干出很大的事业和成就来报答她的理解和爱。"

"那⋯⋯嫁给你，我真太幸运了⋯⋯"

"我也非常幸运，非常幸福⋯⋯"

灯熄了，这一对久被世俗眼光所抛弃的爱情孤旅，终于在甜蜜的拥吻中安详地感受到了爱的皈依，彼此都饮下了对方幸福的泪水。

一觉醒来，天已透亮。邓则轻轻"哎呀"了一声，连忙挣离新郎的怀抱，就要翻身起床。袁隆平似醒非醒地睁开眼瞟了一眼窗子，又把她一把揽进了怀里，口里梦呓般地喃喃："嗯，还早。今天上午你没有比赛，再睡一会儿。"

邓则犹豫了一下，还是挣开说："不行，还是起吧。起床太晚了，影响多不好。"

"嘻嘻，你这人怎么什么都怕影响？现在我们都是夫妻了，你还怕？"袁隆平不禁被她逗笑了，于是也就跟着她坐起穿衣。

"俗话说，人言可畏嘛。所以影响很重要，我们得事事注意才对呢。"虽说结婚才一夜，她已经很自然地开始使用"我们"这个概念来思考问题了。是的，现在他们的心灵和血肉都已融合在一起了，无论什么事都不再是一个人的了。说着，她又像是想起了什么新问题，忽然侧着头天真地问："哎，你说我以后在外面该怎样叫你呢？"

"你就叫我亲亲哥哥嘛！我最喜欢听啦。"袁隆平故意逗趣说。

"嗯——你坏！"邓则撒娇地在新郎胸口轻轻捶了一下，接着催问，"你正经说嘛。我真感到为难呢。要说像别人一样叫你袁隆平吧，可你那老师的形象又总在我心里抹不去，我总觉得有点叫不出口；要说还叫你袁老师吧，可你已经是我的老公了。"

"你真是一个无事愁啊，这也用得着伤脑筋吗？想怎么叫就怎么叫好啦。"袁隆平忍不住又抱过新娘亲了一下，接着说，"不过，你那个名字，我倒真想给你改一改。你看，你那个'则'字多不好听，没准儿人家还听成个'贼'呢！"

"那你说怎么改呢？"新娘歪着头问。

"我想你还是叫'邓哲'好了。'哲'字有聪明的意思，还有博大精深的意思。才能见识超越寻常的人叫作'哲人'，自然知识和社会知识的概括和总和叫哲学。你还算聪明，能从'油榨'的外衣里看出'白马王子'的骨相，你还懂得事事处处注意影响，差不多就该算是一个'哲人'了。"袁隆平亦庄亦谐地赞美着他的新娘，深情无限地说。

"你这完全是情人眼里出西施啊！有你这样吹捧自己老婆的吗？真是厚颜

无耻。"邓则虽口里否定，但心里其实很欢喜，故而笑骂过后，就接着说，"不过，这个'哲'字的意思确实太好了，我很喜欢用这个名字。今后就算是用这个名字自勉吧！"

于是，邓则便摇身变成了邓哲。

早餐时间，新郎新娘双双来到学校食堂各端回了一份钵子饭。

1964年，虽说饥荒已经过去，但离温饱少说也还得再走二十年的艰难历程。因而，学校食堂的钵子饭米粒发黄，干硬粗糙，大锅菜缺油少盐，寡淡无味。于是，袁隆平边吃边开玩笑说："你跟着我第一顿饭就亏惨了。要是到城里运动会上去吃运动员伙食，那比这里少说也要强十倍。"

"这我有充分的思想准备。不过，我希望不要永远这样，下一步就看你的杂交水稻了。"

"说起杂交水稻，我倒记起昨天晚上我还做了一个梦呢。我梦见我种出了一片杂交水稻，它们一株株长得跟高粱一样高大粗壮，稻穗像扫帚一样长，谷粒像花生米一样大。我还牵着你的手坐在稻荫底下乘凉呢。"袁隆平神往地说。

"可是，醒来之后却带着老婆去吃钵子饭，这大概就叫一枕黄粱再现吧？"邓哲取笑他说。

"但是，你放心，'面包会有的，牛奶也会有的，一切都会有的'。不过，当年列宁承诺的是红色革命的成功，可我今天承诺的是绿色革命的成功。"

"哎呀，看你瞎说到哪儿去了！"邓哲听他漫不经心地把自己和革命领袖相提并论，还扯出个什么绿色革命的奇谈怪论来，登时就吓得汗流浃背，急忙用手去堵他的嘴，说，"你怎么敢把自己和列宁扯到一块儿？人家要红色革命，你竟要绿色革命，这不是跟革命领袖唱对台戏吗？你简直是不要命了！"

"嘿嘿，我还真没想那么多呢。绿色革命是近年来国际上对水稻半矮秆化的一个称谓，所以我觉得我搞杂交水稻也是绿色革命。它在我们中国可以与红色革命相辅相成呢！"袁隆平自知"冒昧失言"，但还是不由自主地辩解说。

"国际上的奇谈怪论多着呢，《人民日报》上没见登的就不能瞎说。"

"《人民日报》我都没看呢，学校组织读报，我就桌面上放一张报纸，桌斗里藏一本专业书,样子像是看报,实际上是看书。"

"怪不得反右那年人家说你走白专道路呢,你这样不讲政治多危险呀!尤其是说话不注意,俗话说,祸从口出啊。"

"我就这点做不好。记得大前年,我在学校遗传学教研组讨论问题时,谈起农业'八字宪法'。我说'八字宪法'只说到'水、肥、土、种、密、保、管、工',可是作物生长与时令节气关系极为密切,所以还应该加一个'时'字。没想到旁边一位女老师当即就批评我说,'八字宪法'是毛主席制定的,谁敢随便加字减字?"袁隆平连连摇头说,"可我哪知那是毛主席制定的呢?我真有点后悔不该说啊。"

"哎呀呀!"邓哲有点无可奈何地摇着头说,"今后,除了专业话题,凡是你不十分了解的问题,你就别说,好不好?你要再乱说,看我不拿根针把你的嘴巴缝起来!"

二、大海捞针

盛夏的午间,骄阳当顶。正是早稻扬花时节,安江农校的水稻试验田里,袁隆平光着一颗脑袋,肩上斜挎着一个标本夹,右手一个镊子,左手一只放大镜,正在一朵一朵地观察着水稻的颖花。他那高高卷起的裤腿上溅满了星星点点的泥浆;上身的白衬衫已被汗水浸透,变得黄渍斑驳;额上脸上,津津的汗水还在一个劲儿地往外渗,并不断汇聚成珠,在明晃晃的阳光下,亮晶晶地往下滚落。他不时用衣袖胡乱擦一把脸,接着又专注地沉入了放大镜下的微观世界。除了那满田满野正开得洋洋洒洒的稻花,对他来说,世间其他的一切仿佛都已不再存在。

"哎,你快上岸,到那边树荫下去歇一会儿吧!我给你送凉茶来了。"忽然,田岸上传来一声亲切的呼唤。

袁隆平这才抬起头，转过脸，看见邓哲正撑着一把黑阳伞，提着一只茶壶从田塍上走来，便关切地说："哎，这么大热天，你就别再往这儿跑啦！"

"可我是你老婆呀！你每天中午毒日头底下跑到田里来晒，我怎么能安心待在家里呢？"邓哲心疼地说，"再说，我还想跟你学学这码子知识呢。你要教会了我，我不就可以夫唱妇随，来给你打打下手吗？比如，你现在就可以跟我讲讲你正在干什么啦。"

"哦，这里头可就大有学问啦！我现在是在这稻花的海洋里寻找一种雄性不育的花朵。这雄性不育的稻花嘛——怎么跟你说呢？打个比方吧，它们就好比是一对'怨妇'和'病夫'。那丈夫有病，不能交配和生育，他的妻子能不怨他吗？"一沾上学术问题，袁隆平便谈兴大发。

"你别逗我吧！水稻中也有什么'怨妇'和'病夫'吗？"邓哲怀疑地问。

"当然有哇，植物、动物和人类在生殖和遗传方面有许多相似之处呢！不过，水稻是自花授粉作物。与人和动物不同的是，它是雌雄同体，也就是同一朵花里面既有雌蕊，也有雄蕊，就像是一个人同时兼有男女两种生殖器官和生殖功能。当两种生殖器官和功能都很健全时，它们就进行自我交配繁殖纯种后代。但纯种后代一般都不如杂种后代优秀，因而过去，搞杂交育种的人就要人为地摘除试验稻上每一朵花中的雄蕊，使这些稻花变成一些'寡妇'，然后拿另一个品种的雄蕊花粉去给它们进行人工授精，从而获得若干比较优秀的杂交种子。但水稻的颖花很小，用人工的办法摘除雄蕊，一个人一整天也摘不了几穗。因此，用这种办法就不可能获得足够多的杂交种子去供给农民生产之用。但我们可以设想，就像人类中存在男性生殖疾病一样，水稻中也应该会有天然雄性不育的患者。当稻花中的雄蕊丧失生殖能力，成为'病夫'时，长在同一朵花里同时成了'怨妇'的健康雌蕊便会自动去搞'婚外恋'，从而与别的健康'男人'结合并产下杂交后代。美国玉米和高粱的杂交技术，就是首先通过发现天然雄性不育株而打开突破口的。如果我们也能在水稻中找到这种'病夫''怨妇'式的雄性不育株，并繁殖出许多雄性不育的后代来，那以后就可以毫不费力地培育出任意多的优质杂交稻种。你想想吧，对于一个搞杂交育种的人来说，找到水稻中的这种'怨妇'和'病夫',意义是多么重大啊!"袁隆平津津有味、无限神往地讲解说。

"那您都在稻田里泡了好几年了,怎么还总是找不到呢?"邓哲好奇地追问。

"唉……这就正说明这项工作的难做啊!"袁隆平不无感慨地说,"文献只指出,植物中存在天然雄性不育情况。但它们的发生概率有多高,尤其是具体到水稻上,占有多大比例,则无人知晓。我现在纯粹是在碰运气,谁知什么时候它们能幸运地碰到我的鼻子底下来呢?"

对于袁隆平来说,这确实是一个连年来一直吊在他心尖上的悬念。实际上,问题的难度还不仅仅在于对水稻中这种'男性病'的发生概率心里没底,更为难办的是,这种水稻"病夫",它到底是"阳痿"呢,还是"生殖器畸形",抑或是"病精"?它在外观上又有着一副怎样的病容?这一切他也全不知道。

自从人类发明文字以来,全世界所有的传世文献上都还没有这项记载。

因此,在预期将来的某一天,将可能由他自己来为世界填补上这项记录之前,他只能完全凭空地通过对一朵朵水稻颖花的仔细观察比较,来捕捉自己想象之中的"病夫"——亦即失去生育能力的雄蕊所可能表现出来的某种病容,并把那些被疑为"病夫"的稻穗样本摘下,带回实验室去进行显微镜辨析和化验测定;同时,在田间的相关稻株上做好标记,再在留下继续生长的稻穗上套上羊皮纸袋进行隔离,最后观察其能否自交结实。只有套袋隔离后不能自交结实的,才能被认定为真正的雄性不育稻株。

这已经是 1964 年夏天了。实际上,自从 1961 年断定自己发现天然杂交稻的那天起,他就意识到了天然雄性不育水稻的存在,随后通过研究文献,又明确了植物雄性不育现象存在的普遍性,以及美国杂交玉米和杂交高粱的选育经过,他便更进一步坚定了一定要找到水稻雄性不育株的决心和信心。然而,这种搜寻工作,毕竟有如大海捞针,而且不知道那针的样子。以至于一连捞了三年,至今还没见针的影子。

因而,连深知他脾性的邓哲都忍不住明知故问:"你这样长年累月地大海捞针，还总也捞不着，难道就不感到厌烦吗？"

"我怎么能厌烦呢？这是我的天职呀！我都向你承诺了'面包会有的'，我还向许多人吹了牛皮，说要消灭饥荒呢。再说，这还是一项从来没人做过的工作哩，你不知道它是多么神秘、多么新奇、多么勾人魂魄！你可以预感到，只要能深入不懈地追究下去，你就可能成为一名第一个告诉世界一个秘密的人。能向全世界首次揭示一个秘密的人，就是科学研究的成功者。如果能有幸当上这么一名成功者，那该是多么巨大的幸福啊？"袁隆平挥袖抹了一把汗，简直像是在描绘热恋中的情人一般深情而又充满诗意地对他的妻子吐露自己的心声。

"哎呀，叫你这么一说，连我的魂都被你勾了。干脆，我现在就下田跟你学吧。"邓哲说着，就把遮阳伞收起，和水壶一块放在田塍上，就势卷起裤腿，脱了鞋袜，赤脚踩进泥田，深一脚浅一脚地来到了袁隆平的身边。

"也行，也行，你有这份雅兴我也很乐意。"袁隆平伸手扶了她一把，忍不住又在她脸上热辣辣地吻了一下，亲了她一脸的汗。

"哎呀，你看你，白天敞野的，叫人看到影响多不好！"邓哲惊惶地四顾了一下，又抬手抹了一下脸上的汗，娇嗔道。

"哈哈，让人看吧！我们给人演一场活电影多好啊！"袁隆平乐呵呵地大笑起来，接着，便认真地把放大镜交到妻子的手里，然后手把手地教她说，"你看，这水稻每一穗稻穗上都有100多朵颖花。这些颖花就是未来的谷壳，水稻开花就是颖花张开，里面的花蕊就会伸出来。你再看，它们跟人不一样，人都是女的打扮漂亮，男的不大讲究。但这稻花的雌蕊很小又难看；而雄蕊却壮观漂亮，蕊上布满了鲜黄色的花粉，一有风吹草动，花粉就会洒落到雌蕊上，雌蕊就会受孕，从而繁殖出后代。现在，我已经摸清了，凡是这种丰满漂亮、布满了鲜黄色花粉的雄蕊，都是正常可育的。而我们要特别留心寻找的目标，就是那些雄蕊不正常的稻株。中午是水稻开花最盛的时候，也就是我们寻找不正常雄蕊的最佳时机。所以，不管日头多火辣，我们都必须出门下田。"

"科研需要，必须受罪，那是没办法的啊。不过，我还是希望你戴上一顶草帽。要不，万一日头把你这'木脑壳'晒爆了，那我就成一株'怨妇稻'或'寡妇稻'了，还用得着到别处去找？"邓哲心疼地看着热汗滚滚的丈夫，动情地说。

"哈哈，看样子，我讲这一课你还真听懂了。"袁隆平见她准确地反用了刚才的比拟，高兴得哈哈大笑。接着说："不过，观察稻花在强光下效果最好。戴草帽会遮光，影响观察，所以我不会接受你的奉劝。万一晒爆了脑壳，你可以当风流寡妇；但我的雄性机能很强健，是不是？所以，只要活着，我就不会叫你当'怨妇'。"

又有十天过去了，早稻扬花已接近尾声。整整十天没下雨，火辣辣的日头晒得土路上滴水冒烟，连稻田里的水都烫脚。邓哲的脸上已经晒脱了一层皮，小腿肚被稻叶划出一道道血痕，又被禾田里的毒水一泡，皮肤上便生出了许多红疹子，又痛又痒，难受极了。自从那天被丈夫引诱下田起，她已跟随袁隆平连续作业一星期了。她很快学会了工作方法，每天拿一只放大镜，下到水田里挨个儿检查稻穗，每隔一定距离取一株盛花稻为观察对象，每株检查一穗，每天检查数百穗。发现与正常稻花略有差异的雄蕊，就摘取一穗稻穗夹进标本夹，用圆珠笔编上号，准备带回实验室做进一步研究，然后在该稻株的其他稻穗上套上羊皮纸袋，再在整株稻子上系一根白布条，布条上也写上同一号码予以标记。如此千篇一律，循环往复，以至无穷。

一开始，她还感到很新奇，很好玩似的，一会儿高叫，哈哈，我找到一名"怨妇"啦；一会儿又叫，快来看啦，我又发现一名"病夫"啦。但一连被袁隆平否定几回她的所谓惊人发现后，她就感到这工作实在太单调乏味、前景渺茫、收获无望了。

不久，她就感到脖子发梗，腰酸膝软，脸上火辣辣地痛。她连忙跑到田边的一棵苦楝树下喝了几口凉茶，歇了一口气。看着丈夫那兴致勃勃、永不疲倦的样子，她不忍心叫他扫兴，于是一直坚持陪着他挺了下来。然而，到了第七天，刚下田作业一个多小时，她就感到一股灼热的气浪带着水田泛起的浓重泥腥味直冲肺腑，顿觉胸口发闷，头脑发涨，眼前发花，汗流浃背，眩晕作呕，一阵天旋地转，再也支持不住了。她只虚弱地叫了一声"隆平——"便摇摇晃晃地要往田里倒去。

袁隆平回首一惊，急忙蹿上几步，一把将脸色煞白、冷汗满额的妻子架住，背起她就往田边那棵苦楝树下跑。他很明白，妻子这是中暑虚脱。他自己已有过多次这样的经验了，因而倒能做到临危不乱，应付自如。他首先让妻子平躺在苦楝树下的草地上，为她紧急掐捏了一阵人中和鼻梁；接着从标本袋里掏出一瓶十滴水，拔去瓶塞，把药液倒进妻子嘴里，再喂几口凉茶；然后，又给她推拿后颈、肩周以及各部关节，并予以全身按摩。

不久，邓哲就缓过气来，呼吸舒缓，脉搏增强，脸色也渐渐恢复红润。但她还感到脑门发紧，太阳穴隐隐作痛，浑身酸软无力。她努力挣扎了一下想要坐起，但没有成功，于是又无力地躺下了。一会儿，袁隆平又给她喂了一包人丹，然后跪在一旁深情地抚摩着她的头发和前额，心疼地说："看把你拖累成这样，我心里真难过。"

看着丈夫那歉疚的目光，想起自己才干了七天，就几乎全身散了架，而丈夫却长年累月地光着个脑袋在野地里日晒雨淋，中了暑也只有自个儿挣扎到树荫里来，喝一瓶十滴水或吞一包人丹，倒在草地上歇一口气；真要有个三长两短，人死了都没人知道啊！其寂寞凄苦之状，要不身入其境，谁人能以想象？没有任何人要求他、逼迫他这样干，没有任何可靠的现实利益亟待他以如此紧迫而巨大的付出去换回，也没有任何人给予他一言半语的表扬和慰问，他完全是心甘情愿地奔着一个遥不可及的、海市蜃楼般的梦影而不辞艰辛、苦苦跋涉啊！

"我们回家吧，隆平。我们都别这样干了，我真害怕你会死在一个梦的引诱下。那梦，它是一个狐狸精啊！它会吸干你的精血，劳尽你的神气。它会害我成为一名寡妇啊……"邓哲说着说着，胸中不禁泛起一阵酸楚，顿时泪如雨下，泣不成声。

看着妻子那悲怆伤感的神色，袁隆平也不由得心酸了。不错，自己确实是跋涉在一片梦境的引诱之下，谁也无法保证那梦境一定能够实现；那么，自己就完全有可能一无所获地累死在这追梦的艰辛历程中。这个可悲下场，是任何一个把自己的人生赌在一个梦想上的追梦者都必须面对的。

但是，人能没有梦想吗？世界能缺少为梦想而奋斗的人吗？如果世界上全都是清一色的聪明人，没有一个人愿为一个无法确定收成的梦想去白费力气，那么，这世界将会显得多么呆板而缺乏生气啊！再说，世界上有哪一项重大发明创造，是它的发明者在确定地把握了它必定成功之后才动手去做的呢？

所以，他的心酸，倒并不是因为自己可能落得那个一无所获而累死的下场，而是万一自己真的落到这个下场，他还会害苦了另外一个人——这便是他亲爱的妻子。可是，他既不肯英雄气短，放弃追求，那也就注定了不能儿女情长，泯灭心志。唯一的抉择是，以实际行动带动妻子勇敢坚挺起来，以一个豁达愉悦的心境和自己一道继续同奔那大有希望而又一时前景难卜的追梦之路——大不过苦一辈子罢了！怎么过，还不是人生几十年？

于是，他无限深情地看着妻子的眼睛，用衣袖轻轻地擦去妻子脸上的泪水，摇了摇头说："不，亲爱的。我不会累死，我的身体好得很。我们才刚刚起步呢，怎么就能畏缩不前呢？北方人说，天上不会掉馅饼；外国人说，世上没有不花钱的早餐，都是说收获是必须付出代价的。我的信条是：成功＝知识＋汗水＋灵感＋机遇。知识和灵感我们已经有了，现在就差汗水和机遇。但是机遇只宠惠有心人，也可以说机遇就在汗水中。所以我们必须得多流汗，没有汗水，哪儿来成功？"

"可是，领导又没有安排我们来做这个工作，谁也不会把这当成一件正经事，我们这样累死累活值得吗？"

"凡是我们自己爱干的事，就不能等领导安排了再干，而要干得让领导乐于按我们的想法来为我们做出安排。嘻嘻，我就最喜欢指挥领导，而不愿事事听领导指挥。再说，我们干的是造福人类的大事，即使领导不支持，我们单枪匹马用业余时间也要搞下去。"

还有什么可说的呢？这就是她的黑不溜秋的"白马王子"啊！他是一个随和得跟谁都可以嘻嘻哈哈抱着在地上打滚的人，可他又完全是一个思维奇特、我行我素的齐天大圣。你看他在他如此深爱的妻子的眼泪面前，都能坚定不移地锚定他的事业目标而不为所动,这完全是一种办大事者的性格、气魄和意志啊!

做一个办大事者的妻子,你就准备吃苦吧!他要去大闹天宫,你还能指望他整日里娇着你、惯着你、宠着你?相反,你只能以比他更加大气磅礴的胸怀,去包揽他的一切喜怒哀乐,给他鼓劲,替他疗伤,为他提供一个安全可靠的后勤保障基地和一片安身立命的精神家园。如果一个男人着意要用他的整个生命去培植他的事业,那么,作为一个决意跟随他终生的女人,最有意义的事情,便莫过于用整个生命去培养她的男人。

当然,一个名为邓哲的女人,深深地明白这一点,并有足够的勇气和魄力来做到这一切。于是,她便泪眼婆娑地对她那风趣而又刚毅的男人点了点头说:"放心吧,即使我帮不上你,最起码我也不会拖累你。我希望你能永远感觉到,我是一个你无论在感情上还是在事业上都离不开、少不了的人。"

"啊,我的宝贝。你真了不起!你太伟大了!这我就放心了。喏,你好好躺着,等会儿如果能坐起,你就自己爬起来喝点凉茶。我这里又要下田了,你不会怨我无情吧?"虽说把一个生病的妻子孤单地撇在草地上实在难免心疼,但他还是硬着头皮一咬牙说出了这良久难以启齿的打算。

"你去吧。但是,你一定要自我保重,每隔半小时到这树荫下来歇口气。我不做'怨妇',更不想做'寡妇'。你答应我吗?"她点头说着,眼里又禁不住溢出了两行泪水,不是为自己的被撇,而是为男人的苦行。

袁隆平"嗯"了一声,他不敢再看妻子的泪眼,终于把心一横,起身走向了稻田。

不过,这一回,他还不到半小时就又回到了树荫下,笑吟吟地对已然坐起的爱妻神秘地说:"宝贝,你猜我给你带来了什么?"

"什么?你真的找到了一名'寡妇'吗?"邓哲敏锐地猜测说。

"哈哈,不是'寡妇',是一名'怨妇'。她有丈夫,但那丈夫是蔫儿的,一个真正的'病夫'!"袁隆平抑制不住兴奋地打开标本夹说,"你看,这是一些多么奇异的雄蕊呀,它们一个个瘦弱寡白,花药不开裂,振动不散粉。这样的雄蕊，已基本上可以肯定是不能生育的。"

"啊，真的！哈哈，是真的！"邓哲拿起放大镜认真看了一阵，也不由得笑逐颜开，激动得一跃而起，身体的不适一下子就飞到了九霄云外。

"哈哈哈哈，今年真是幸运啊！刚过春节我就逮住了你；现在刚过夏至，我们又逮住了'怨妇'稻。哈哈哈哈，机遇终于被我们碰上了。"袁隆平高兴得眉飞色舞，手舞足蹈地对妻子说，"快，邓哲宝贝，快拿笔记上，这是今年的第16个野勘日，勘察到的第6400穗稻穗，终于发现了第一株天然雄性不育水稻。发现时间：1964年7月5日午后2:25分。发现地点：安江农校水稻试验田。水稻品种：洞庭早籼。"

当夜，安江农校的实验室里灯火明亮。袁隆平将白天取回的稻穗标本插在一个水杯中，并用镊子从稻穗上镊下一些花药，放置在显微镜下的载玻片上，再用镊子将花药压碎，调好焦距，仔细观察。邓哲紧依在他一旁跟着观察。

"哈哈，你来看啊，宝贝。这些不开裂的雄蕊花药里，花粉数量好少啊，而且绝大部分发育不全。这就像是男人的病精，精子少而且奇形怪状。这已进一步表明了它是不能生育的。"袁隆平一边说，一边让开位置，叫邓哲过去观察。

"哈哈，是真的，跟正常花粉明显不同。"邓哲对着显微镜看了一阵，也高兴地说，"啊，我们终于找对了，我们的苦总算没有白吃啊！"

"好吧，下面让我们来做最后一项试验。"袁隆平说着取过一根吸管，放进旁边一只盛着碘化钾溶液的玻璃皿中，吸了一点碘化钾溶液滴在载玻片上的花粉上，然后又从显微镜中仔细观察，良久，仍不见花粉和溶液发生任何化学反应。于是，他接着兴奋地说："你看，正常的花粉，很快会在碘化钾液中发生蓝色反应，可这些花粉却毫无反应，这表明它的化学性质也与正常花粉不一样。现在，我们已经可以科学地结论，我们在中国第一个发现了水稻天然雄性不育株。"

"那下一步我们该做什么呢？"邓哲也欣喜地问。她对整个研究的未来进程还不十分了解。

"我们现在的发现，还过于偶然和单薄，不足以用它来勾画一幅科学蓝图。

因此，下一步，我们还要争取找到更多一些的'病夫'。对它们的病态、病因进行比较分类和科学统计，总结出规律。同时，还要对这些'怨妇'进行人工杂交繁殖试验，观察它们的遗传特性，并进行统计分析。在这个基础上，我们就可以向世界宣告我们的发现，并阐明这个发现的科学意义，甚至提出一项关于利用水稻杂种优势的技术问题的研究计划。我们就将成为世界上第一个拿出一项事关全人类生存需要的新颖科学设计的人。"袁隆平喜形于色地说。

"那有把握吗？"邓哲犹疑地问。

"毫无疑问。天然雄性不育水稻有一就会有二，只要找到六七株，就可进行比较分析和科学测算。现在，我心里比以往任何时候都踏实。"袁隆平信心十足地说。

"可是眼看早稻扬花期就要过去了。"邓哲有点着急地说。

"不要紧，还有明年呢。做这件事，既要有只争朝夕的精神，又要有耐心。"袁隆平坚毅地说。

1965年，"知识+汗水+灵感+机遇"，终于成全了袁隆平的第一份心愿。当年，他和爱妻一道，又在安江农校试验农场和周边生产队的稻田里，历经又一度脱皮和数度中暑，通过对8500多穗、加上去年总计达14000多穗扬花期稻穗的仔细观察，新找到了5株、加去年总共6株天然雄性不育水稻。经测算，他得出水稻天然雄性不育的发生概率为大约三千分之一。其不育情况可分为三种类型，即无花粉型、花粉败育型和花粉退化型。

这是人类第一次得知水稻的这一生殖病态特性，也是世界植物学史上即将新添的又一项前无古人的科学纪录。

"隆平，告诉你一个好消息。"就在袁隆平归纳出天然雄性不育水稻的三种类型的当天夜里，邓哲忽然神秘兮兮地微笑着对丈夫说。

"哈哈，你还有什么比我们破解水稻雄性不育之谜更令人惊喜的消息吗？"袁隆平不信地笑着摇头说。

"哼，你连这都想不到，你就是这样粗心！"邓哲撒娇地嘟起嘴说，"你怕是要准备做爸爸了呢。"

"哈哈，是吗？这可真是双喜临门啊！"袁隆平兴奋地说，"这就表明我这个雄蕊是可育的啦，我们的杂交比水稻还容易成功呢。"

"看你尽胡说，我们能说是杂交吗？"邓哲故作不满地娇嗔说。

"过去的人都害怕说杂交，被人叫作'杂种'是一种耻辱。其实每一对夫妇，只要隔离五代血缘，基本上就可以说是杂交了。孟德尔遗传学认为，每一个孩子只能接受他们父母各一半的遗传物质。传到第六代子孙，就只剩七十四分之一的共同血统了。你我祖上恐怕五百年前都不是一家，我们身上连十万分之一的血缘都可能没有呢。这还不算杂交？"袁隆平又像是讨论学术问题似的，引经据典地说，"不过，跟我们现在侍弄的水稻一样，我们也还只能算是品种之间的杂交，而不是亚种之间的，更不是远缘的杂交。但我们的孩子还是会非常聪明健壮的。"

"那……你看我们需要做点什么准备吗？"邓哲依偎到正在伏案阅读的丈夫肩上，轻声问道。

"明天需要买60只大钵子，我们去年找到的雄性不育株马上要繁殖第三代。今年找到的也要马上人工杂交一部分，并准备翻秋繁殖第二代。"袁隆平毫不假思索地脱口而出。

"唉……我也是对牛弹琴啊，跟一个做梦都想着杂交水稻的人，怎么谈得成家务？"邓哲在丈夫的脑门上点了一指头，无可奈何地自嘲说。当然，她原谅了丈夫——他是一个专门为水稻的孕产探索新门道的人，他不可能懂得怎样为人类的孕产做准备。关于为自身孕产做什么准备的问题，还是留着明天去向母亲请教吧。

不过，提起买钵子，那倒是一个需要讨论的问题。因为丈夫是一个几乎完全不会理财而又大手大脚乱花惯了钱的"白马王子"，过去他每月70多元工资一个人生活，乱吃乱用一点还关系不大。但现在成了家，自己还带着母亲和一个侄儿，因而孩子还没出生，一家就已经四口了，明年再生下一个孩子，就是五口。夫妻俩合起来每月总共不过110块钱的收入，还要陆续添置一些家具来装备这个原本一穷二白的新家。这样一来,不仅没有什么积蓄,而且连日常用度都显得非常紧张。去年,为栽培天然雄性不育水稻的 F1 代和繁殖 F2 代,已经花费 50 多元买了 20 只大钵子,弄得一连几个月全家连计划供应的几斤猪肉和鸡蛋都没钱买。现在要再买 60 只大钵子,就又要花费百余元,可现在家里总共还不到 200 元积蓄呢。

原来总说豁出一番心血和汗水,如能搞成一项惠及天下的科学研究,那也不失为人生一大快事。没想到这么一项为天下谋福利的研究,现在还要落到由自己家里花钱来搞,这不能不使她感到有点惶惑。尤其是鉴于目前的家庭情况,即使不考虑眼下孕妇的特殊需要,总还得考虑一下明年产妇和孩子的问题吧。

于是,作为这个家庭的"财政总长",她不得不提出异议说:"我们还是不再买钵子吧。我们到学校的试验田里去杂交繁育行吗?"

"不行,现在还不到田间繁育的时候。田间环境太杂,会影响试验结果的准确性。"袁隆平毫无余地地否定说。

"那你到学校去讨点钱吧,我们搞科研也不是为个人啦!"邓哲虽也知道,这项研究并不是学校安排的正式科研项目,而纯粹是一种个人爱好的业余玩意儿,在有成果之前,人们大都只把这当成个猴把戏看,要想学校给钱支持,那是不大可能的。但她也没有别的办法,只好开口试探说。

"那也不行,我最怕向人开口要钱,好几年前我向马副校长的老婆童会计借过一次钱,结果她不仅没借给我,还把我骂了一通,说你这样一次吃 20 份冰激凌、两个月丢一件新衣服的人,谁有钱借给你呀!弄得我很没面子。此后,我发誓再也不向人开口要钱了。"袁隆平沮丧地说。

邓哲实在舍不得把可怜的积蓄全部扔到一些钵子上去,但她又是深明丈夫志趣之所在的人。试验需要,一个不买看来也行不通。于是,她又提出个折中办法说:"那我们少买一些,再买 20 只,怎么样?"

"那怎么行?太少了不顶事,这你都不知道?亏你还是个学农学的呢!"袁隆平竟一口咬定,不依不饶。

邓哲再也经受不住委屈了。心想,这个男人,竟然对于自己的家人、孕妻和未来的孩子一概不管不顾，其心何忍啊！他只知科研需要，而毫不考虑家庭境况和经济承受能力，这个家难道是我一个人的吗？但是，她是一个生性温良的女人，心里再恼火，她也不会疾言厉色、恣意发泄。她只是默默地垂下两行眼泪，无声地打开橱屉，取出一张195元的存款折，轻轻地放到丈夫眼前说："这就是你的全部家当，你来管这个家吧。我反正跟着你过就是了……"

袁隆平一愣，这才意识到了问题的严重性。回头一想，是啊，一个女人，第一回把怀孕的惊喜和隐忧告诉丈夫，这个丈夫不仅不说一句要买点儿什么来犒劳和抚慰她的话，反而要把她为一家人（包括未来的孩子）省俭下来的几个钱，拿去买一大批与妻子的身心健康毫无关系的钵子。这种完全可以被认为是怪僻的行为，哪个妻子能够忍受？平心而论，一个女人，能够接受和容纳他这样一个整日里疯疯魔魔，执着于一场常人不为的"猴子把戏"的丈夫就算不错了，更何况她还能热心参加进来，跟着脱皮流汗，忍受中暑的痛苦；同时，还操心受累、省吃俭用替他管着一个家，使他能够无牵无挂一心沉醉于事业之中。这是何等的识见和胸怀！亏待了这样一位贤妻，真是天理难容啊！

于是，他站起身，一手拿起存款折，一手拉住妻子的手，把存折重新放在妻子手中，讪笑着，歉疚地对妻子说："真对不起，我委屈你了。我知道你这个'财政部部长'的难处了。这件事我不会再为难你，你放心，我会想到办法的。我一辈子感激你对这个家的操劳，我是一个不称职的丈夫，你要自己注意保重。"

毕竟是彼此知心贴肺的恩爱夫妻，丈夫的一句道歉、一句慰问，就把妻子的一个心结解开了。邓哲也有点难为情似的破涕为笑，并温顺地偎进丈夫的怀抱，轻轻地说："你是不是觉得我有点小气？"

"不，是我对你珍重不够，体谅不够。家庭生活也不能不考虑，我要自省。"袁隆平真诚地说。

结果，第二天，他就通过几个当地学生找到了一个专门烧制陶缸陶钵的窑厂。他发动学生到那窑厂的废品堆里，翻拣出了整整一板车缺了口的、毛了边的、没上好釉的，但并不漏水的大钵子，拉回学校，一起摆在住房后面的一块空地上。终于，在学生们的帮助下，没花一分钱，争日夺时的盆栽繁殖试验终于得以热火朝天地开展起来了。

到 1965 年秋收时，连续两年的盆栽繁殖试验结果显示，天然雄性不育稻株的人工杂交结实率可高达百分之八十甚至百分之九十以上；经杂交繁殖出来的后代，有相当部分继续保持了其母系亲本的雄性不育特性。这就表明：第一，水稻的雄性不育特性可以遗传，利用其遗传效应，完全有可能通过少量的天然雄性不育植株，培育出一个庞大的雄性不育系；第二，利用水稻雄性不育系进行人工杂交制种，可以预期获得很高的产量和效益。

这是两个非常鼓舞人心的实验证据，它已经把过去袁隆平脑子里那个由灵感触发出来的利用水稻杂种优势的理念，放到了坚实的现实基础之上。灵感没有错，通往理念之路已豁然显现在眼前。

三、第一篇科学论文

现在，已经有充分的理由向世界宣告这一科学的发现了。世界科技领域是一个激烈竞争的领域，每一学术门类中，都可能有为数不多的科研人员在追逐着同一科研目标，往往会有几个人同时获得同一研究结果的情况发生，但科学世界只承认第一个宣布的科研成果为创见、发明或创造，晚宣布一天，就会成为步人后尘的明日黄花。

当时整个国家的格局是相对封闭，通过进京查阅国家科研部门进口的部分国际科技期刊，使袁隆平大略地知道了他的国际对手。1958 年，日本东北大学的胜尾清教授曾报道，他发现中国的红芒野生稻与日本的藤坂 5 号水稻杂交，能导致其产生雄性不育。此后便一直未再见消息，可见最起码，日本的水稻杂交研究正处于微妙时期。现在，自己的发现已比胜尾清更为全面深刻，从争学术第一的角度考虑，及时报道，事不宜迟。

然而，袁隆平所追逐的目标，从一开始就不仅仅是获得一个科学发现，而是要依据这个发现来创建一个能为人类驱除饥荒的应用型系统工程。他决意在这个科学发现的基础上，紧接着勾画出这个系统工程的蓝图，而后再将这个发现和这幅蓝图融合在一起公之于世。于是，自1965年入冬开始，他便绞尽脑汁展开了他的玄思妙想，着手进行这项系统工程的具体设计。

"首先需要解决的一个问题是，必须由少量的天然雄性不育株，繁育出一个可以扩展到任意大的不育系。这一点，从初步试验和遗传学理论来看，似乎都已证明并不是不可能的。问题就在于，真正具有实用价值的不育系，必须得保证是百分之百的雄性不育，亦即必须是纯粹的'怨妇'或'母稻'。而实验表明，并不是任何一个常规品种的水稻与已经找到的天然'母稻'杂交，都能繁殖出百分之百的雄性不育后代。因此，要想获得世代相传的、百分之百的纯粹'母稻'——雄性不育系，还必须找到若干个能与特定的'母稻'杂交出百分之百雄性不育后代的常规水稻品种。如果将这些还有待于发现的、将能使雄性不育水稻世世代代百分之百地保持雄性不育特性的常规水稻命名为保持系。那么，也就是说，要使不育系能以百分之百的纯度世代相传，就必须找到保持系……"

整个十月下旬，他就沉浸在这些关于杂交水稻育种工程技术问题的演绎和推理之中。他的书桌上凌乱地摆满了信笔涂鸦的各种灵感记录和图形符号的稿纸，以及统计表格和参考书籍。他给学生讲课时，也会不知不觉扯进一大堆杂交水稻的话题。连吃饭也常常走神，夹起萝卜白菜老往鼻孔里送。吓得邓哲时常摸着他的额头，看他是否发了高烧，以致昏热糊涂，可却总是一摸他就会醒过神来，"哈哈"一笑说，妈的，真叫人入迷，然后，又接着没日没夜地继续推演琢磨他的工程技术设计。

"第二个问题是，既然不育系和保持系杂交，所繁殖出来的后代全都是纯粹的'母稻'，那就不能直接使用这种种子进行大田生产，因为用它育出的稻子将不能自交结实，农民不可能在大田里给每一棵稻子进行人工授粉。所以，要想获得大量能投入大田生产的F1代种子，还必须找到若干特别的常规品种水稻，使之与不育系杂交后，能结出百分之百恢复雄性可育和自交结实功能的

F1代种子。可拟将这些同样有待于发现的、具有使不育系恢复可育功能的水稻命名为恢复系。这样,就可以每年拿一部分不育系与保持系杂交,用以延续不育系后代;拿另一部分不育系与恢复系杂交,用以制备大田生产所需的恢复了雄性活力,因而可以自交结实的F1代种子,使农民在不必采取任何复杂的技术措施的情况下,就能应用这些种子进行大田生产。"

"因此,必须实现了不育系、保持系、恢复系,这样三个系列的配套,才能最终实现水稻F1代杂种优势的利用。"

"哈哈,对了。三系配套!"终于,在一个清冷宁静的冷月飞霜之夜,经过半宿苦思之后,刚刚宽衣熄灯钻进被窝,他却突觉眼前豁然一亮,脑子里"噔"的一下就蹦出了一幅完整的蓝图。他"呼"的一声又钻出被窝,顺手拉亮电灯,一个猴滚"哧溜"下床,抑制不住兴奋地摇醒正在熟睡的妻子,一迭声地打着哈哈又蹦又跳地说:"啊,我成功啦!邓哲宝贝,快来看,我的蓝图出来了!"

"哎呀!不穿衣服要感冒的呀,你这只傻猴!"邓哲被丈夫摇醒,莫名其妙地拥着被子坐起,揉了揉惺忪睡眼,这才发现丈夫竟然只穿着短裤背心,光着胳膊腿在床前手舞足蹈。于是,她一面着急地惊叫起来,一面把丈夫刚脱在床上的毛衣毛裤顺手拿起就往他身上扔。

袁隆平就势套上毛衣裤子,又喜不自胜地坐回到书桌前的椅子上,抽出一张白纸,拿起铅笔,"唰唰"几笔,就画出了一份系统工程设计草图:

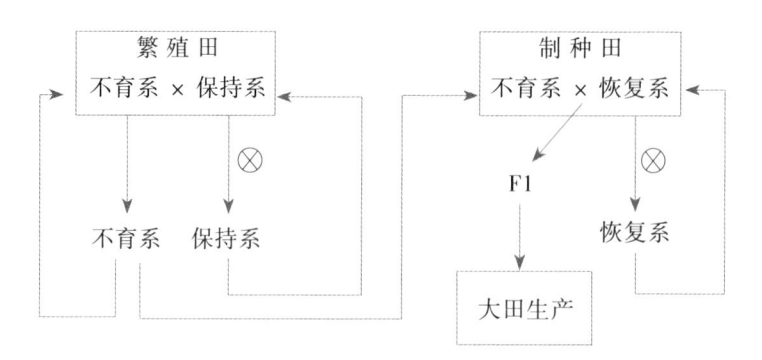

```
┌─────────────┐          ┌─────────────┐
│   繁 殖 田   │          │   制 种 田   │
│ 不育系 × 保持系│          │ 不育系 × 恢复系│
└─────────────┘          └─────────────┘
       │ ⊗                      │ ⊗
       ▼                        ▼
   不育系  保持系              F1    恢复系
                                │
                                ▼
                             大田生产
```

然后,他把草图举到拥被而坐的妻子面前,绘声绘色地讲解说:"你看,左边这一方块是繁殖田,我们把特定的不育系和保持系一起栽在这里,不育系就会和保持系的花粉杂交，从而繁殖出大量新一代不育系种子，而保持系除了提供花粉和与不育系杂交之外，它还能自交结实，繁殖下一代种子。到了下一代，我们再拿出一小部分不育系种子和保持系种子栽种在一块，继续繁殖不育系和保持系种子；而拿出大部分不育系种子放到右边这块田里来，和恢复系栽种在一起，我们把右边这块田叫作制种田，那么，不育系就会和恢复系杂交，从而配制出恢复雄性可育和自交结实功能的F1代种子，这些种子就可以提供给农民用于大田生产；而恢复系除了提供花粉和与不育系杂交之外，它还可以自交繁殖下一代种子。如此年年循环往复，就可以源源不断地配制出任意多的具有很大增产优势的F1代种子给农民播种。这是一幅多么美妙的图景啊！哈哈——"

还没等妻子做出反应，他又转身伏案，一边抽纸扶笔，"唰唰"地勾画出另一幅草图，一边说："设不育系为A，保持系为B，恢复系为R，F1为杂交一代，那么，它们的生产应用关系和程序还可以用这样一幅简图来表示。"

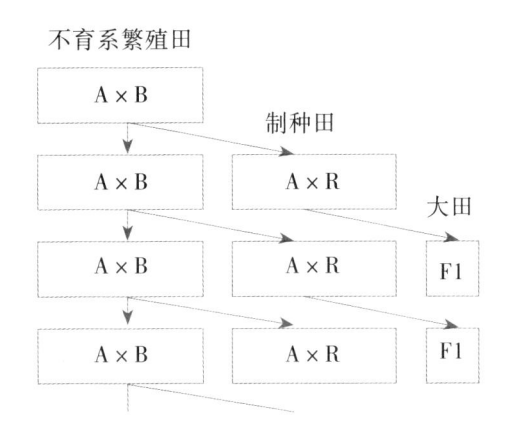

```
不育系繁殖田
┌─────────┐
│  A × B  │
└────┬────┘      制种田
     │      ┌─────────┐
     ▼      │         │
┌─────────┐ │  A × R  │
│  A × B  │─┴────┬────┘     大田
└────┬────┘      │      ┌──────┐
     │           ▼      │      │
┌─────────┐ ┌─────────┐ │  F1  │
│  A × B  │─│  A × R  │─┴──────┘
└────┬────┘ └────┬────┘     
     │           │      ┌──────┐
     ▼           ▼      │  F1  │
┌─────────┐ ┌─────────┐ └──────┘
│  A × B  │─│  A × R  │
└────┬────┘ └─────────┘
     │
```

说罢，他把这第二幅草图也递到了妻子手里，还兴致勃勃地想再做一番说明。

"不必再讲了，我能看懂。看来，你这想法是不错，但毕竟还是纸上谈兵。所以我看你现在还是不要高兴得太早，只怕今后要把它变成现实，困难还多着呢！"邓哲制止了他的谈兴，略略吹了点凉风，接着打了个哈欠说，"来歇了吧，好留点精神走以后的路。"

061

"不！今日夜里我是再也睡不着了。我要立即写出研究报告，最起码，要在国内抢个第一。虽说是纸上谈兵，但从理论探索的角度来看，这已经是一份很重要的研究成果了。它还是今后的试验依据、研究纲领和行动指南呢。你可别小看它！"袁隆平执着地说，"噢，不过，现在你可以接着安眠了。祝你做个好梦！"

说完，他按着妻子的肩膀，让她重新睡去，又俯身吻了她一下，接着，便在桌前的椅子上坐了下来，摊开稿纸，拿起了笔。

> 水稻具有杂种优势现象，尤以籼粳杂种更为突出，但因人工杂交制种困难，到现在为止尚未能利用。显然，要想利用水稻的杂种优势，首先必须解决大量生产杂种的制种技术。从晚近作物杂种优势育种的研究趋势和实际成果来看，解决这个问题的有效途径，首推利用雄性不孕性。

虽说已是深夜，夜寒如刺，房间里既无暖气又没生火炉，他却觉得周身热血沸腾，精神亢奋，浑不觉冷，毫无倦意。他胸有成竹，文思泉涌，摇动笔杆，顷刻之间，就开门见山地写下了这一段底气十足、见识非凡的开篇语。

接着，他介绍了天然雄性不育稻株的寻找过程和初步研究结果，其中包括一张正常水稻与天然雄性不育水稻的颖花对比照片和三组数据统计表格。最后他在结论中明确指出自己的发现和试验研究，在国内尚未见报道。而根据这个发现和初步研究结果，他满怀信心地认为，实现不育系、保持系和恢复系三系配套完全有可能获得成功。

看看天已破晓，他画上全篇文稿的最后一个句号，站起来活动了一下冻僵的身子和手脚，又捧起稿子从头到尾通读了一遍，自我感觉论点新颖，论据充分，论证有力；行文简洁流畅，文笔朴实干练，语言明确精当，不失为一篇历经心血和汗水凝成之作，完全可以拿到中国最高水平的学术刊物上去露露锋芒。只是他当时还不知道，这篇论文不仅将在国内首开一片崭新的科研天地，而且是世界上第一篇设计运用三系配套办法解决水稻杂交制种难题的科学论文呢！

这篇论文的价值很快就被世人发现了。1966年2月28日，中国科学院院刊《科学通报》第17卷第4期发表了这篇论文。随即，国家科委九局局长赵石英在本局干部熊衍衡的推荐下，郑重地阅读了这篇报告，认为袁隆平的这项研究，已经走在了世界领先地位，将对粮食生产产生重大影响。并热情洋溢地以国家科委九局的名义，给湖南省科委和安江农校各写了一纸公函，责成他们大力支持袁隆平的研究工作。

20世纪五六十年代，中国科学院有两份全国最权威的综合性自然科学期刊。一份是吴有训主管的《中国科学》；一份是竺可桢主管的《科学通报》。《中国科学》为月刊，用中、英、法、德、俄五种语种出版，主要作为中国科学界对外交流的一个窗口，向世界展示中国的最高科研新成果。但该刊物一般不接受作者的论文原稿，而是从全国各学术期刊上选载已经发表的优秀论文或报告。《科学通报》则为半月刊，主要在国内发行，最快速地展示国内的高水平科研新成果，也少量报道一点国际的最新科技信息。实际上它就是中科院唯一发表科研论文或报告原稿的最高综合性学术期刊。

就连中国科学院的专门研究人员，也不一定人人都可轻而易举地得到在这个阵地上一显身手的机会。然而，深居于千古蛮荒之地的湘西山沟的中专教师袁隆平，拿起笔来写的生平第一篇论文，就瞄准了这块中国科学界最显赫的阵地，而且一举成功。其胆识和功底可想而知。

1966年3月，他收到了中国科学院寄来的这份期刊和50元稿费。与自己所付出的劳动相比，50元稿费实在可怜之至，然而这本登载着中华水稻王国的一个崭新希望的杂志却重若九鼎。手捧着这份沉甸甸的学术成果，他的心里不能不暗暗地生出几分犹如齐天大圣勇闯了一趟天宫归来一样的喜悦。然而，他没有声张，没有宣扬，一件完全可以在这偏僻的小小校园引起一场轰动的重大历史性事件，就在这当事者的一丝窃喜中了无痕迹地悄然滑过。而载着北京高层机关的关注之情的国家科委九局的信函，则暂时还没有从北京发出，天意和人意一致以低调处理了一片新的科研天地的开基。

第三章

大难不死

一、师徒之间

1966年5月1日，三十六岁的袁隆平终于升格当了爸爸。五一国际劳动节，本来就是一个大喜的日子，现在又加上一个宝贝儿子呱呱落地，且母子平安，健康吉祥，更是喜上加喜。不过，他只在家里喜滋滋地忙了小半天，就又急匆匆地要往试验田里跑。

"隆平，今日五一劳动节不是放一天假吗？家里又有产妇、婴儿，你这当爸爸的就不能在家照应一天吗？"岳母大人忍不住带着责备的口气说。

"妈，家里就全拜托您啦。现在她们母子平安，该要的东西您全都准备好了，我在家里也插不上手，还不如去看看试验秧苗。回头，您老人家有什么安排，我再来听候调遣就是了。"袁隆平带着歉意说。

"妈，您就让他看秧苗去吧，那些秧苗也是他的儿女呢。"邓哲在床上听到母亲和丈夫的对话，忍不住插言了。她最清楚丈夫的精神世界，到了关键季节，一天不见禾苗，他的精神就要蔫儿去三分；一周不见禾苗，他准得憋出病来。

"不行，就你把他惯得跟个'白马王子'似的，整日里在外面'拈花惹草'，家里好像是个旅店。连老婆生了孩子都要往外跑！"颇有文化曾当过小学教师的岳母其实也很了解自己的女婿，但她还是故意半开玩笑半生气地数落。

"妈，您老人家这才真叫溺爱女儿呢。我在外面'拈花惹草'，连您女儿都不吃醋，您老倒先酸起来了。"袁隆平也逗趣说。

"你可别太得意了，你要花花草草太过分了，我和我妈管不住你，还有组织管着你呢！"邓哲也打趣说。

"放心吧，有妈老人家一双眼睛就足够管的了，还用得着烦劳组织！"

老太太终于忍不住"扑哧"一声笑了，说："好吧，今天，看在我小外孙的面上，就放你一马。可你也得先给孩子取个名再走吧？"

"今天是五一国际劳动节，就叫他'五一'吧，既省心，又有纪念意义。再说，也符合我们家的取名传统。我在兄弟姊妹中排行第二，小名就叫'二毛'，我哥哥叫'大毛'，其余类推。因此，我的孩子今后也不分男女，都按'五一''五二'……类推就是了。"袁隆平明明是为了省心，却引经据典地讲出了一番理论。

"唉……'五一'就'五一'吧。不过，这哪像是个中国人的名字啊，亏你还是个知识分子呢！这完全是马虎了事嘛。"岳母嘟囔着，总算勉强接受了。眨眼间，女婿就已溜得不见了踪影。于是，她又接着嘟囔了一声说："唉……这孩子，说起下试验田，硬是跑得比兔子还快！"

安江农校试验园前的一片空地上，摆满了近百只盆盆钵钵。盆钵里，一株株水稻秧苗长得青翠茁壮。一名小青年正用一把木勺往盆钵里添水。他叫尹华奇，当年二十三岁，湖南洞口县人，是由袁隆平担任班主任的农作物23班的学生。他是一名学校特招的"社来社去"（不包分配）的学生，因而比同届的一般中专生年龄要大一些，也更懂事。他的求知欲特别旺盛，除课堂学习格外用功之外，还总是兴致勃勃地热心参加各种课外试验。从去年起，他就一直在课外跟随袁老师学习水稻杂交技术，给老师当助手。他不辞劳苦，学得认真，干得来劲，因而深得袁老师喜爱。

"尹华奇，你跟袁老师学这杂交水稻技术有用吗？"傍午时分，另一名小青年从后面的试验果园里来到这片盆钵场地，他看着满脸汗珠的尹华奇兴致盎然地问。他叫李必湖，是农作物24班的学生，二十一岁，沅陵县人，也是"社来社去"不包分配的，因而学习自觉性特别强。眼看今年就要毕业了，总想多掌握一些实用技术，将来回乡好一显身手。袁隆平老师虽不是他们的班主任，但教了他们遗传育种课。作物遗传育种的知识，对于他们这些两年制的社来社去学生来说，不仅理论显得有点儿深奥，立竿见影的收效似乎也不那么明显。但袁老师这个人和他那套与众不同的试验，倒是使他非常感兴趣。

尹华奇听到问话，抬起头来抹了一把汗，见是同届同学李必湖，便兴奋地回答说："眼前看来是没什么用，但听袁老师讲起来，将来那用处可了不得。这是科学实验啊，袁老师写的这个论文都上了中国科学院的学报呢！"

"我也想跟袁老师学学，可我又不是你们班的学生，不知袁老师会同意吗？"李必湖说。

"那你问问袁老师不就得了？我看他会同意的，袁老师从不保守。他就怕你没兴趣，学不进去，不怕你学得多。"

说话间，便见袁老师正打着一双赤脚，一身泥斑，一只裤脚高，一只裤脚低地从试验田那边往这片盆钵走来。

"袁老师，听说您今天升级当了爸爸，怎么还有空下田呢？"等袁隆平走近，李必湖首先俏皮地跟老师开玩笑说。

"哈哈，是李必湖啊。你师母说，这田里和盆盆钵钵里的秧苗也是我的'儿女'呢，所以我得两边兼顾呀。"袁隆平乐呵呵地回答。

"袁老师，我也想和尹华奇一样当您的助手，一块儿帮您照看照看这些'儿女'，好吗？"李必湖趁着老师高兴，也兴冲冲地提出了自己的请求。

"跟我当助手，你要能吃得苦才行啊。你看尹华奇，到了关键季节，连星期天都没的休息呢。"袁隆平严肃地说。

"实话说吧，袁老师，您说的这'吃苦'，在城里人看来确实是苦，但在我们乡间农民看来就不算什么了。我到学校读书才知道有星期天，在家里种田时，就根本没有什么星期几的概念。我在乡下耕种几年，什么苦没吃过呀？"李必湖竟轻松地说。

"好，看样子，你还真是个好样的！不过，你还要有兴趣才行，必须始终觉得干这事儿很好玩。否则，即使这事儿不算是世界上最苦最累的，你也会干得不耐烦。因为我们这试验，还不知要干到何时才能成功呢。"袁隆平进一步要求说。

"就怕再过两个月一毕业，我们就没有资格跟您了，哪里还轮得到我们不耐烦？您不干这个也照样拿工资，干了这个也不能多拿一分钱工资，可您都还在一直坚持干,我们还有什么可说的?"李必湖诚恳地说。

"这么说,你还真有决心,那你就和尹华奇一块儿干吧。"袁隆平终于表示了同意,说罢,便弯腰观察起了钵里的水稻秧苗。

"按照您的要求,我已经给所有的钵子都加了一遍水,您看好吗?"尹华奇两脸晒得黑里透红。他一面撩起衬衣前襟擦着脸上的汗,一面信步走近袁老师说。

"很好,很好,你辛苦了,秧苗全都长得不错。这些种子粒粒来之不易,可得格外珍惜啊。损失一根秧苗,就是丢失一分成功概率呢!"袁隆平真像是爱抚自己的儿女一般深情地轻轻抚摸着秧苗的叶梢说。

"袁老师,那我们现在试验的目的是什么呢?"李必湖急不可待地问。

"这个问题,我已经跟尹华奇讲过,具体的你让尹华奇给你讲。我只扼要地重复一下,这些秧苗都是我和你师母找到的天然雄性不育水稻的后代,我们现在要用各种不同品种的正常水稻去和它们分别进行可能是成千上万次的杂交。这种杂交,我们把它叫作'测交',因为这是一种测试,看看有哪些品种的常规水稻能使我们的不育株后代保持不育,以及分别能在多大的程度上使它们保持不育。最后,我们最少要找到一个能够使它们百分之百保持不育的常规水稻品种,也就是保持系。同时,我们也要注意观察,看看有哪些品种的水稻能使不育株的后代恢复雄性可育,以及分别能在多大的程度上使它们恢复可育。最后,也要找到最少是一个能够使它们百分之百恢复可育的正常水稻品种,也就是恢复系。这就是我们目前试验的目的。"虽说是扼要,袁隆平还是讲了一大通,仍觉得意犹未尽。

"我也还有个问题不明白,为什么水稻会发生雄性不育现象呢?为什么雄性不育还会遗传呢?"尹华奇也提问说。

"哈哈,尹华奇你这是给老师出难题啊。你知道吗?你这问题现在世界上还没有一个人能给予准确的答复。水稻和所有植物雄性不育的发生和遗传机理都是一个非常复杂的问题,还有待于我们的下一代,甚至更下一代的人去研究解答,我们现在都是只知其然而不知其所以然。但我们不能等到所有的问题都有了答案才去行动,比如我们知道针灸可以治病,但我们至今并不知道针灸的解剖学原理。我们可以先用其然,然后去究其所以然。

"但是,这并不是说我们可以不要理论依据,我们大体还是要有一个理论框架。"说到这里,他朝尹华奇努了一下嘴。尹华奇便按照他的示意,把一个搁在空钵子上准备随时记录试验数据用的公文夹和铅笔拿过来递给了他。然后,他接着说:

"美国科学家希尔斯于1947年最先提出,植物的雄性不育可分为核不育、质不育和核质互作不育三种类型。后来1956年,另一位美国科学家爱德华逊根据实验证据,又将希尔斯的三种类型归纳为两大类型:

"一种是核不育型。这种雄性不育是由细胞核里的一对隐性不育基因控制的,与细胞质无关。"说到这里,他打开公文夹,拿起铅笔,一边用图文演示,一边接着说,"假设不育细胞核的那对隐性不育基因为rr,正常水稻细胞核的可育基因为RR,那么当用正常水稻去跟它杂交后,它的F1代的细胞核基因型就变成了Rr,也就是掺进了一半的可育基因,因而变成可育;F2代则会发生3:1的分离;用公式表示即为:

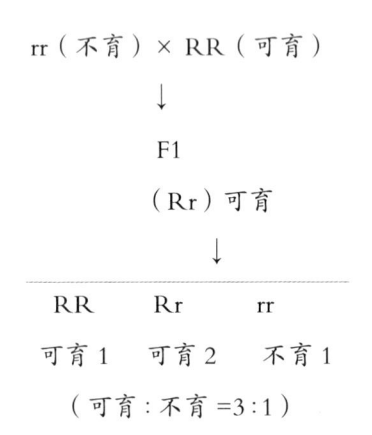

$$rr(不育) \times RR(可育)$$
$$\downarrow$$
$$F1$$
$$(Rr)可育$$
$$\downarrow$$

RR	Rr	rr
可育1	可育2	不育1

(可育:不育=3:1)

"而当用Rr型的F1代去跟它交配时,它的后代会发生一半为rr,另一半为Rr,即1:1的分离。用公式表示就是:

$$rr \times Rr \rightarrow \begin{cases} Rr \text{ 可育 } 1 \\ rr \text{ 不育 } 1 \end{cases} \text{（可育：不育=1：1）}$$

"也就是说，这种类型的不育系，很容易找到它的恢复系，但无论如何都找不到保持系。因此，这种类型的不育系无法实现三系配套。对于我们目前的设计来说，它暂时还是无用的。

"另一类是核质互作型。这种不育型是由细胞质和细胞核基因共同控制的。即只有当细胞质和细胞核中的育性控制基因都是不育基因时，它才能保持不育，只要其细胞质或细胞核中有一个可育基因，它就成为可育。设细胞质不育基因为S，细胞质可育基因为N；细胞核不育基因仍为rr，细胞核可育基因仍为RR，则该不育系的基因型应为S（rr），即细胞质和细胞核都不育。用这种不育系去跟可育系杂交，就会出现五种遗传效应：

1. S（rr）不育 ×N（rr）可育→S（rr）不育
2. S（rr）不育 ×N（RR）可育→S（Rr）可育
3. S（rr）不育 ×N（Rr）可育→S（Rr）可育 +S（rr）不育
4. S（rr）不育 ×S（RR）可育→S（Rr）可育
5. S（rr）不育 ×S（Rr）可育→S（Rr）可育 +S（rr）不育

"从这五种遗传效应中可以看出，当用细胞质可育，而细胞核不育的N（rr）基因型水稻去与不育系S（rr）杂交时，由于父母本的细胞核基因同为不育，杂交后核基因不变；而可育系父本的细胞质N又不能遗传，在换代过程中被全部替换成了不育的细胞质S，因而它们的F1代便会百分之百地保持不育系S（rr）的基因型态。这样，凡是细胞质可育，而细胞核不育的N（rr）基因型水稻，便全都是不育系S（rr）的保持系。而N（RR）和S（RR）则可以使不育系S（rr）全部变成可育的S（Rr），即凡是基因型为N（RR）和S（RR）的水稻，便全都是不育系 S（rr）的恢复系。

"由此可知，只有核质互作型不育系水稻，才能既找得到保持系，又找得到恢复系，可以实现三系配套。现在，我们的试验就是依据这个理论，用广泛测交和多次回交等办法，来依次验证我们所找到的6株水稻天然不育株分别属于什么类型，并从中找到核质互作型，进而找到保持系和恢复系。"

讲完这些，他接过尹华奇递上的一把铝壶，咕噜咕噜地喝了几口水，然后放下铝壶，合上公文夹，幽默地问："欸，你们二位听懂了没有？"

尹华奇和李必湖互相对望了一眼，接着便一齐会心地笑了起来，同时又犹疑地摇了摇头。然后尹华奇首先说："说没听懂嘛，又好像懂了一点。说懂了嘛，又实在还有点迷糊，真的连自己都不知到底是懂了还是没懂。"

李必湖也接着说："看起来，这水稻的遗传方式跟数学里头的排列组合似的，但比排列组合还更迷惑人。"

"哈哈，你们能听懂到这个程度就很不错了。李必湖也说得很好，水稻的杂交遗传确实就是一系列遗传基因按照其天然的内在规律所重新进行的排列组合。唉……可惜你们的文化基础还差了一点，否则，凭你们这专业领悟能力，都够得上硕士水平了！"袁隆平高兴地夸奖他的两个学生说。

这时候，值班工友敲响了开饭钟，该吃中午饭了。袁隆平便把公文夹交给尹华奇说："你们回头把我写在里头的那些遗传公式抄到笔记本上，再好好温习温习，慢慢就能透彻理解。好啦，吃饭去吧。"

二、"黑帮"惊魂

进入6月，真正意义上的夏天开始了，天气变得闷热起来。水稻进入打苞孕穗期，安江农校掩映在一片墨绿色的稻海里。看样子，开春以来的风调雨顺，已为今年的早稻丰收奠定了良好的基础。然而，沉闷的空气却使人慵懒烦躁，心绪不宁。

邓哲已坐完月子开始出门活动了。一日黄昏，她和母亲、侄儿吃过晚饭还不见袁隆平回家，便抱着刚满月的小五一来到校园里。当她走到教学楼前往日的宣传栏时，眼前的情景不禁令她大吃一惊。原来一个月不出门，学校已经发生了惊天动地的变化——自1966年5月16日开始，一场名为"无产阶级文化大革命"的政治运动，很快便波及了960万平方公里国土的每一个角落。纵是处于千古蛮荒之地的安江农校也即刻便被卷入了灾难的旋涡。原本清新悦目的宣传栏，如今已贴满了乌七八糟的大字报。还有宣传栏里贴不下的，转而贴在教学楼前廊的墙壁上。还有"炮打""火烧"某某某，以及"砸烂×××的狗头"之类的大幅标语。内中被"打"、被"烧"、被"砸"者的名字，全是学校各科权威老师的大名，有的名字上还打上了大红"×"。

"向资产阶级知识分子袁隆平猛烈开火！"

终于，她的眼光触到了一条触目惊心的大字报标题。这张大字报说袁隆平卖弄资产阶级的清高，走向脱离政治、脱离群众、脱离实际的"三脱离"道路云云。刚刚看毕，旁边又一条标题跃入眼帘。

"袁隆平鼓吹成名成家是资产阶级思想的集中体现！"

她已无心再细看内容，慌忙举目浏览大字标题，只见批判袁隆平的大字报竟然多不胜数。

"袁隆平引诱贫下中农子女走白专道路我们坚决不答应！"

"不许袁隆平贩卖孟德尔－摩尔根的资产阶级反动学说！"

"袁隆平篡改毛主席亲自制定的农业八字宪法罪该万死！"

"打倒篡改毛主席指示的现行反革命分子袁隆平！"

"彻底砸烂袁隆平的资产阶级盆盆钵钵！"

……

"糟糕！那些栽种着珍贵的水稻不育株的盆盆钵钵，可是袁隆平的命根子啊！"说实在的，这些大字报的批判，除了"篡改八字宪法"一条来得凶险之外，其余问题基本上都是反右时期的老调重弹，相信袁隆平并不会太在乎。但要是真的砸烂了那些"资产阶级盆盆钵钵",那可真不知袁隆平将会伤心成什么样子呢!邓哲触景生情,想到这里,内心不由得一阵发紧,还来不及先回家放下孩子,双脚便不由自主地迈开步子向那片盆栽试验场地赶去。

果然不出所料,落日余晖之下,但见试验场上一片狼藉,近百个盆钵全被砸得稀巴烂,污泥浊水满地横流,即将抽穗的雄性不育禾苗被踩躏得叶碎秆折,连苑都被踩烂了。满脸惨白的袁隆平两眼死灰,神情呆痴,一屁股坐在泥水里,手捏一茎残禾,呆呆地望着眼前这派惨境发愣,连妻子抱着婴儿来到跟前,他都无动于衷,像是没有看到。

"完了,全完了……"他喃喃地自语着。

"天哪!我的不育系呀,我的汗水、我的心血啊……"他沉痛地仰天长叹着。

"残忍啊,残忍啊……"他怨愤地悲呼着,两行泪水顺着脸颊潸然而下。

……

所谓男儿有泪不轻弹,袁隆平是个乐天派,更没有什么失败、挫折、痛苦和不幸能使他轻易掉下眼泪。然而,这近百钵水稻雄性不育株,不仅凝聚着他和妻子乃至尹华奇等部分学生多年的汗水和心血,它还寄托着一个中国乃至全人类的足食之梦。因而,此番遭到摧毁的,岂止是他袁隆平的一己之物?这是摧残科学,摧毁人类进步的理想啊!科学实验都成了罪过,为民补天的理想都要惨遭扑灭,活在这世界上还有什么意义?天哪,我还不如以死相抗,看能否唤醒这个疯狂世界的天理和良知……

邓哲看着丈夫那副凄惨悲凉的神色,心里一酸,眼眶就红了,但她强忍住了眼泪,她不愿在这种公开受辱的场合下,夫妻双双悲悲切切地哭成一团,让人笑话。关键时刻,女人的强大和理智在她身上充分地显示了出来。她没有惊慌,没有惶惑,甚至连一句多余的温情话都不想说,她要用冷静和理智来激活丈夫的意志力。于是,她一反往日的温柔驯良,以冷静得惊人的口气对丈夫说:

"隆平,起来吧,我们回家去。你看,你一个堂堂男子汉大丈夫,这样坐在泥水地里流泪发呆,叫人看见像个什么样子?"

袁隆平一惊,是呀,我这是在做什么?我这样下去,除了让那些懵懵懂懂地发誓要去砸碎一切"资产阶级坛坛罐罐"的狂热分子看一场笑话之外，还能有什么别的作用呢？说不定人家还正等着欣赏一个"资产阶级知识分子"被整得在泥巴地里打滚这场好把戏哩！不行，我既不能硬抗，也不能示弱，必须继续耐心地用"知识＋汗水＋灵感＋机遇"这个老信条，去静待机遇，争取成功。想到这里，他终于回过神来，长叹了一口气，慢慢地站立起来，说：

"你说得对，我不应该这样懦弱。不过，邓哲，我也不能不坦率地告诉你，批判我的大字报，其实早几天就上墙了，只是考虑到当时你还在坐月子，我不敢惊扰你，所以没跟你说。上一回反右，让我侥幸过了关；我以为只要有专长、有本领，又乐于为党为国家为人民作贡献，上级终归还是会赏识的；一个有知识、有本领能为国为民所用的实干家，总比一个光会喊口号的混子强呀。没想到这一次，人家说'宁要社会主义的草，也不要资本主义的苗'。我就是有再高深的学问、再大的本领，一旦戴上'资本主义'这顶帽子，人家也不会要了。这样看来，这一次我是在劫难逃了。现在，我得提醒你做好充分的思想准备。我很可能要劳改受管制，即使能有出头之日，也不知需要等待磨过多少苦难的岁月。你可得想好了，是否还要继续跟着我这个'反动派'一块儿倒霉受难？我过去的一名恋人就为了政治上的安全和上进，最终抛弃了我这个倒霉蛋，但我至今一点也不怪她。她完全有权利、有理由去追求她所希望得到的安全和幸福。因此，如果今天你也做出跟她一样的抉择的话，我也同样不会责怪你。我会十分真诚地理解你，祝福你远离苦难，找到幸运。"

"隆平，你这么说，就是把我瞧扁了。我也可以告诉你，别说我还爱着你，即使我不爱你了，我也不会在你最倒霉，最困难，最需要支撑、帮助和温暖的时刻离开你。根据大字报上批判你的内容，我看顶多不过给你戴上个'黑帮'帽子而已，即使是开除工作，遣送下乡劳动改造，我也跟你去。而且可以一边种田，一边继续试验。雄性不育禾苗没有了，还可以重新找到，我们还是有希望把杂交水稻搞成功的。"邓哲温情而又坚定地鼓励丈夫说。

晚霞开始消退，天在渐渐变黑。这当口儿，小五一可能是被野地里的长脚蚊子叮了，忽然在妈妈怀里舞着小手，蹬着小腿"哇哇"哭叫起来。邓哲连忙摇动着身子，轻轻地拍着褴褛，"咿咿呀呀"地念着摇篮曲说："哦——哦——小宝宝，不哭了，爸妈带宝宝回家家。"

袁隆平关切地凑近妻子，借着落霞的余晖，深情地瞧着儿子红嫩嫩的小脸蛋，忍不住凑过嘴去亲了亲。一股温馨的奶香和爱意立刻直入肺腑，并迅即发散至全身。可爱的小宝贝的灵气和妻子的铿锵话语一起撑直了他的腰杆和脊梁，鼓起了他迎接磨难、图存求成的无限勇气。他抖擞了一下精神，抬起衣袖擦干脸上的泪痕，温情地对妻子说："好吧，我们回家去。"

安江农校的教师宿舍建在校园中部的一片洼地里，长长的两溜平房，聚居着一二十户人家。袁隆平住在后排西头的第二套宅子里。外面天已经全黑透了，一厅两室的小套房，更显得狭小幽暗，客厅天花板正中吊下一只昏黄的电灯。岳母从厨房端出一碗香喷喷的酱拌面，放在厅中的小餐桌上。袁隆平从学校的集体浴室里洗完澡回来，见到岳母特意为自己准备的饭食，便对岳母说："妈，谢谢您费心了。其实我只要吃点现成的剩饭菜就行，以后您就别再给我开小灶了。"

"你是家里的顶梁柱呀。你要不吃好点儿，把身体搞垮了，这家不也全垮了？"老太太疼爱地絮叨说。

"您女儿才是家里的顶梁柱啊！连我都要靠她支撑呢。今天要不是您女儿，我说不定一气之下，真要跳进沅水去当了一个连《离骚》都赋不出的现代屈原哩。"

"你这是讲甚话啦，我怎么一点也听不懂？"老太太茫然地说。

"妈，他是说他今天差点被人气死了，因为有人骂他是'资产阶级反革命'，还把他的试验水稻全都给破坏了。他想去跳河，被我救回来了。"邓哲给母亲解释过后，又转脸对袁隆平一笑说："你就是跳进了沅水也死不了，我还没跟过来呢，你这个游泳冠军就忍心一个人去见龙王？"

"哎呀，那可悬乎啦！你这血气方刚的汉子，说什么也不能想到寻短见呀。你要在外面不顺心，尽管回家来消消气，可不能一时想不开。"老太太又忙不迭地劝导说。

"妈，您老说得不错。还是家好，老婆好啊！"袁隆平端起面条吃了一口，又转向邓哲说:"我跟你讲了那么多的'反动'话,你都不去检举立功,反倒还要保护我。可我在外面随意说一句八字宪法不够完备,还要加一个'时'字,事情都过去几年了,人家还不忘给你翻出来,说是篡改毛主席的最高指示,要搞什么'九字宪法',还是'现行反革命'行为。真是人心叵测,防不胜防啊。"

"所以要吸取祸从口出的教训啊!像你那'绿色革命'什么的,要是叫别人听到,那可更不得了啦。俗话说,'害人之心不可有,防人之心不可无';又说,'言多必失'。这都是前人经验的结晶,金玉良言,不可不信。"邓哲一面看着丈夫吃面条,一面絮絮地给丈夫指点着迷津。

不一会儿,袁隆平就吃完了面条,刚把碗筷送进厨房出来,就听见有人敲门。这当口儿,孩子又在房里哭了。邓哲连忙进房去哄孩子。袁隆平上前去开了厅门,便见两个年轻人彬彬有礼地问着"袁老师好",然后走了进来,原来他们竟是尹华奇和李必湖。

"哎呀,你们二位这时候怎么还敢到我家里来?真是胆大包天啦!"袁隆平颇感意外而又带着几分感动说,然后让他们就着餐桌旁的两只小方凳坐下。

"我们可都是响当当的贫下中农子弟,我们怕什么?"尹华奇、李必湖异口同声地说。

"'文化大革命'已经开展近月了,黔阳地委工作组也已经进驻学校多日,现在正在开展'揭、批、查'。我平日给学生散布了不少错误言论,给你们二位贩卖的'资产阶级'生物学理论更多些。可是,我这些天还一直没看到你们二位批判我的大字报。你们可得积极检举,这对你们年轻人的进步很重要,对我也是一个有力帮助呢。另外,今后没有什么必要的事,你们也别再到这里来了,毕竟我家的历史和现状都很复杂。"袁隆平刚刚接受过夫人的指点,虽然是自己亲近的学生,他也不得不先言不由衷地防上一手。

"袁老师,您这话就见外了。我们可不是那种忘恩负义的小人,也不是那些十六七岁懵懵懂懂的红卫兵小弟妹,我们都是诚实的成年农民啊。我们不管它是什么'无产阶级'还是'资产阶级'生物学,我们就认定您是在真心实意为老百姓谋饭吃。您的学问有大用场,我们就要学到底。"李必湖诚恳地说。

"李必湖说得有理。早几年，我们都饿得昏天黑地，差一点儿被饿死，至今我们家里人还食不果腹呢。我们深信您的试验必将成功，而且必将造福于天下。能跟着您沾上一点这项试验的边，就是我们最大的幸运了，我们怎么可能背叛您，对您落井下石呢？"尹华奇也真心实意地说。

"这么说，你们两个都没有去参加砸钵子？"袁隆平疑惑地盯着他的两名学生问。

两个学生在老师严肃的审视下对视了一下，然后忍不住嘻嘻地笑出声来。

"你们笑什么？"袁隆平更加疑惑了。

两个学生互相推让了一下，最后还是尹华奇先说："不瞒您说，袁老师，我们今晚正是特意来找您商量这件事情的。"

"是这样的，袁老师，昨天夜里，我们听到今天要砸您的盆盆钵钵的风声，心里就发毛，久久无法入睡。半夜过后，我们两个就偷偷爬起来，蹑手蹑脚来到盆栽试验场上，分别从无花粉、花粉败育和花粉退化三种类型中各选了一钵不育系禾苗，搬到学校后面的果园里，把它们藏在了园边的臭水沟里。我们怕搬多了反而暴露目标，所以不敢多搬。这样虽然少了些，但毕竟没有绝种啊，您说对不？"李必湖接着说。

"我们还考虑到，恐怕个把月后我们就要毕业回家了。万一我们走后，他们要把您打成个'黑帮'什么的，弄得您在学校搞不成试验的话，我们非常欢迎您带着种子到我们乡里来搞。我们再穷再苦，也要养好您。具体到我们俩哪个家里，由您决定。但无论您到哪里，我们两个都决定继续跟您当学徒。"尹华奇又补充道。

听着这番感彻肺腑的陈述，袁隆平不由得心头一热，眼眶又潮湿了。谁说天下没好人呢？这是两名多么诚实厚道、坚定可靠的年轻人啊！他们不仅抢救了正在进行的试验，争取了宝贵的科研时间(否则，整个试验起码又要倒退两年以上)，而且，更重要的是，他们明白无误地表达了全中国农民殷切企望科学救饥的心声。这心声，足以鼓舞他于万劫不复的灾难之中顽强地生存和奋斗下去，赴汤蹈火，在所不辞。他终于觉得再也没有理由怀疑眼前这两名好弟子了。于是，他不由得化悲为喜,笑逐颜开,无限感激地说:"谢谢你们!你们真是做得太好了,想得也太好了,这真是了不起的感天动地的义举啊!老师在这里向你们鞠躬了。"

袁隆平说着,真的站起,就要向他们弯下腰去,吓得两名学生连忙起立一把将他扶住。这时,邓哲也哄睡了孩子,从房里出来。他们的谈话,她已全听见了。因此,她一出来就笑着对两名师弟说:"小尹、小李,你们不好接受老师的鞠躬,那就让大姐我来鞠吧。你们这才真是救了袁老师的命啊。看到试验禾苗被捣毁,他的精神都要崩溃了。"

邓哲说着,真的毕恭毕敬地向两名师弟施下礼去。

"哎呀,邓大姐,您这不也是要折我们的寿吗?虽说按年龄和师从关系论,我们可以叫您大姐,但您毕竟还是师母呀!我们怎么敢受您的大礼?"李必湖又连忙扶住了邓哲说。

"好了,大家都不必客气,都请坐吧。"袁隆平兴奋地带头坐下说,"尹华奇、李必湖,你们两个来得很及时。看来,有些事情,我是得跟你们做些交代了。首先,我希望你们两个在任何情况下都要精诚团结,切磋交流,互学互帮;万一有了矛盾,要互相谦让,多想着对方的长处和好处,少计较别人的失误或不足,胸怀要开阔,度量要宏大,眼光要长远;你们要读读管仲和鲍叔牙的故事,只有像他们那样,友谊才能历久不衰。其次,按正常情况,你们下个月就要毕业,但现在搞运动,情况将会怎么变化谁也不知道。我的想法是不管怎样,不到万不得已,还是不要实行你们最后那个计划。你们也都不要急于回家去,你们还需要学习,可以先到学校实习农场当当农工,哪怕不给工资,只给饭吃都行。这样,一方面读书找资料方便,另一方面,即使我被打成了'黑帮',也还可以偷偷地指导你们继续试验。再次,万一我有了什么大的不测,你们千万不要放弃试验,一般性的问题,可以和你们的邓大姐商榷;她这几年跟着我耳濡目染也略有一些心得。重大问题,只要我不死,你们不管用什么形式,总还是可以见到我的。最后,你们自己也要注意保重,公开场合,我们暂时还是疏远一点好。虽说你们'根红苗正',不可能把你们打成'黑帮',但和我这样复杂的人显得太亲密,对你们的影响总归是不利的。你们要注意策略,不要做无谓的牺牲，你们看怎么样？"

"我们听从老师的指点，这么说，我们就努力争取留校吧，我们唯一的愿望就是能继续跟随您学习和试验。"两名学生不约而同地说。

"那就这样吧，你们回去休息。待会儿，我再悄悄去果园里看看那三株不育禾苗，为免目标太大，你们就不要去了。反正沿着那条水沟，我自己就能找到。"袁隆平说。

于是，尹华奇、李必湖起立告辞而去。袁隆平送走学生，像劫后余生般长长地舒了一口气。他一屁股瘫在靠背椅上，脸上挂着疲惫的笑容，眼望着天花板，像是自言自语，又像是对邓哲说："唉……总算是天无绝人之路，世界上还是有好人啊！家也好，老婆也好，学生也好。俗话说，人生得一知己足矣，我还不止得一知己呢！看来，在人缘上，我该知足了。邓哲，你呢？你嫁给我这样一个危险人物也感到满足吗？你真的不后悔吗？"

"我还感到有点超预期呢！我原来只指望有个叫我看着还不算太讨厌，而他又能对我负责的人就行，没想到这会儿竟找了一个不光对老婆对家庭负责，还要对全中国对全人类负责的人。就凭这一点，我跟着你吃苦受累也值得。"邓哲肯定地说。

"哈哈，这么说，我就可以放心去当'黑帮'，进'牛棚'了。"袁隆平不由得朗声笑了起来，接着又精神一振，站起来说，"那好，请妈妈关照一下儿子，让我们夫妻双双去果园里看望看望那几个可怜的'儿女'吧。"

夜深了，一弯残月低垂在西边天际，安江农校后面的果园里树影幢幢，萤火虫在一人高的低空中起落纷飞，各种鸣虫在草木暗影里不知疲倦地合奏着一曲由大自然谱写的夏夜进行曲，老鼠在野地里扑噜扑噜地窜来窜去，毒蛇在草丛中窸窸窣窣地爬行。袁隆平夫妇正悄无声息地穿越这片天籁，沿着园边的一条臭水沟一路往下寻觅。袁隆平手里拿着一根竹枝，在前面小心地打草惊蛇，邓哲紧随在后。不一会儿，他们终于看到了那三钵不育系禾苗。它们在淡淡的月光下宁静地矗立在水沟里，安然舒展着腰肢，摇曳着墨绿色的剑叶，甜丝丝地接受着星月的辉映、熏风的轻拂和夜露的滋润，似乎一点也不知刚刚险遭过一场多大的灾殃，更不知日后身边还隐伏着多少凶险和危机。只有辛勤培育着它们的人，才知道这个荒谬的世界给大自然和人类自身制造了多少无端的灾难和忧患，并为它们的死里逃生而感到莫大的欣慰。

科学实验本是堂堂正正的事业，而此时此刻，在这个树影幢幢的果园里，却完全变成了一项偷偷摸摸的地下活动。看过这三个浑然不知人事之叵测、时势之多艰的"娇儿女"，袁隆平两口子抬起头，在昏蒙的夜光中，四目对视了片刻，欣慰之余，脸上又同时泛起一丝无奈的苦笑。

不日，在黔阳地委工作组的张罗下，安江农校很快就揪出了七个"黑帮"分子。其中多数是学校各科的"资产阶级"小权威，或是出身不好的老"运动员"。李国文本是全校最早摘帽的"右派分子"，这回又重进了"黑帮"队伍。李代举反右时和袁隆平一样侥幸"漏网"，这一回竟有幸当上了"牛鬼蛇神"组长。

"文化大革命"是场史无前例的运动，所以措施也来得格外厉害。过去反右派时，"右派分子"都可以住在家里，而这一回，谁一被打成"黑帮"，谁就得立即搬到学校牛棚旁边的一间大杂房里去集体居住，白天接受批斗或被赶到田里做苦役，夜里接受看管。李代举手下已经有了六名"黑兄弟"，可大房间里却摆上了十多张床铺，预示着他的队伍还将日益发展壮大。人是最害怕孤独的动物，有的人活到一百岁，还要找个老伴儿，当"右派"、当"黑帮"也要人多才热闹。否则，别人都是"红帮"，就你一个人是"黑帮"，那是很可怕的；但假如全校革命师生中，有51%的人当上了"黑帮"，那么，当"黑帮"就不仅不会感到难受，反而可能会感到相当安泰了。李代举也有这种说来实在不算什么太反常的心理。因此，他也很希望自己的队伍不断发展壮大；当然，要发展，首先就会有第八个。那第八个会是谁呢？从一般迹象来看，很可能会是袁隆平。因为袁隆平事实上已经是安江农校遗传育种学科里的超级权威了，而且，揭批他的大字报已经铺天盖地。

果然，第二天，工作组分管"黑帮"事项的老张同志便单独找到他神秘地说：

"李代举,你再做一块牌子,钉在第八张床上。你们这里明天就要增加一个人。"

"那……请问,能知道他……他是谁吗?"李代举试探着问。

"你是组长,我先告诉你吧,他就是袁隆平。你暂时不要公开,悄悄地做好牌子钉上就行,等明天他一来,就填上名字。"老张同志又故意神秘地举目四顾了一下,这才压低嗓子小声地对着李代举的耳朵说。

"行,行。"李代举连忙点头答应,只等老张同志一走,他转眼就悄悄跟李国文说:"老李,果然要打袁隆平的'黑帮'了,工作组老张要我在给他准备的床铺上钉牌子,袁隆平进来,咱才够热闹呢!"

"看你那样子,要打袁隆平的'黑帮'了,你好像还挺高兴?是不是手下兵多了,你这'黑帮司令'才当得过瘾?"李国文小声揶揄他说。

"那当然。我这'黑帮司令'老领着你们几个'老运动员'有什么意思?咱要增加新生力量。"李代举一笑说。

"李代举你这是阴暗心理啊。当'黑帮'可是受苦受难的勾当,你怎么能指望满世界的人都来跟着你受罪?"李国文说。

"满世界的人都受苦受难,大家也就都不会觉得受苦受难了。这就像吃大锅饭一样,其实大家都吃得清汤寡水、又穷又苦,可既然大家都这么吃,苦反而变成甜了。"李代举玩世不恭地说。

"李代举啊李代举,我要把你检举出去,可得立一个大功!你这可是彻头彻尾的反动言论,比袁隆平篡改八字宪法还有更大的主观故意性呢。"李国文说。

"你老兄要是一个能够出卖朋友的人,我才不会跟你讲呢!"李代举信任地说。

就在这当口儿,袁隆平正挑着一担粪箕去牛棚里给试验田积肥。路过"黑帮"房前时,他似乎是情不自禁地用低沉的嗓音哼起了一首英文歌:

    Gone are the days when my heart was young and gay.

    Gone are my friends from the cotton fields away.

    Gone from the earth to a better land I know.

I hear their gentle voices calling old black Joe.

I'm coming, I'm coming, for my head is bending low.

I hear those gentle voices calling old black Joe.

李代举不懂英语，笑着对李国文说："你看，袁隆平这小子还有心思唱歌。他明天就要进'黑帮'队伍了，还要当我的部下呢！"

"你懂个屁，袁隆平这正是在特意告诉我们，他就要跟着我们进牛棚了！"懂得英语的李国文说，"他唱的是美国民歌《老黑奴》，这是一首控诉美国南方黑奴制度的歌，所以他敢公开地哼出来。但这歌词对今天的他和我们来说，象征意义真是强极了。你想听听它的大意吗？"

"那你快说来听听。"李代举急切地说。

"这歌词的大意是：我的青春已一去不复返，我的朋友也从棉田离去了，他们离开地球上了天堂，我听到一个柔和的声音正在叫着我，我连忙回答'我来了，我来了'，我已经弯腰驼背了，我听到一个柔和的声音正在叫着我……"

李国文翻译完毕，两人默然低头不语。良久，李代举才长叹了一声说："哎呀，这首歌真叫人揪心哪！经他这么一唱，我反倒真希望他别跟着我们进来了。上面毕竟不会把51%的人打成'黑帮'，就是袁隆平进来了，我们终归还是孤独的、可怕的一小撮呀。"

当日吃过晚饭，一名戴着红袖箍的红卫兵突然敲响了袁隆平的家门。虽说早已有了进牛棚的思想准备，但当这一正式征候乍一出现时，袁隆平一家人还是一齐吓了一跳。

"小同学，是要批斗我吗？"袁隆平首先镇静下来，试探地问。

"好像是听说今天晚上要开你的批斗会，但现在工作组王组长要我来叫你到他办公室去一下。王组长没说做什么，我也不知道是不是与开批斗会有关。"这学生伢子毕竟还不老练，竟一股脑儿就实话直说了。

"要先带上洗漱用品呢，还是斗完后回来再拿了去牛棚？"袁隆平进一步问。

"这我可不知道，反正王组长没叫拿，你就别拿吧。"学生伢子倒敢做主。

于是，袁隆平和邓哲四目对视了一会儿，彼此心照不宣地点了点头。然后，袁隆平便平静地转身跟着这学生伢子出了门。然而，刚一出门，这"红小将"就说："你自己去啊，工作组老张同志还要我临时去布置批斗会的会场呢。"

于是，袁隆平便自己一个人去。刚走出家属院，又碰上曹胖公。曹胖公忙把袁隆平拉到僻静处，悄声说："我正要去你家找你呢！我听说今夜要批斗你，我心里非常着急。你要挺住啊！邓哲这边你放心，我是她的班主任，我会教导她决不跟你离婚。"

曹胖公这种时候显然是冒着危险，特意来给他传递消息的。尽管教导邓哲不要离婚有点儿多余，但他的诚心还是把袁隆平深深地感动了。

"延科兄，谢谢你的好心。我进牛棚之后，家里还真要拜托你多关照呢。"袁隆平万分感激地说，"咱们这就分手吧，外面人多眼杂，叫人看到准给你添麻烦。"

两位老朋友紧紧地握了一下手便又匆匆离开了。袁隆平来到王组长办公室时，王组长正在等着他。

"王组长，您找我有事吗？"袁隆平特别镇静了一下，但仍不免有点胆怯地问。要知道，这毕竟是一个历来被踩在社会政治底层的小人物，面临着人生历程中从未经受过的第一场巨大的政治灾难。这位王组长，虽说不过是地委机关的一名小处长，但他是代表组织来指导学校的运动的，那地位可就显赫了，能不叫人诚惶诚恐，敬畏如神？

"哈哈，是老袁来啦。好，好，好，我正在等你哩，请坐，请坐。"令人意外的是，王组长竟异常客气地接待了他，一见面就笑呵呵地跟他握手问好，给他倒茶让座。倒弄得袁隆平心里更像十五个吊桶打水——七上八下，不知他的葫芦里到底卖的什么药。

"王组长，您是不是要给我谈关于晚上开批斗会的事？"袁隆平索性自己把窗纸捅破，以便尽快结束这令人难挨的"候斩"时光。

"批斗会？哦……那是原先的计划，现在跟你无关了。"王组长先是一愣，然后又一笑说，"你怎么知道要开你的批斗会？"

"我是从您派去叫我的那个学生口里问出来的。"袁隆平得到形势缓解的信息,胆子更壮了一点儿,说话也流畅多了。

"哦……小毛孩简直乱弹琴。好了,我们不谈这个。"王组长还是平和爽朗地笑着说,"我想请教一下,那个叫作什么孟德尔-摩尔根的学说是怎么回事?"

"哦,说请教我可不敢当。我就简单地说一下吧,孟德尔是19世纪的奥地利人,摩尔根是本世纪初的美国人,他们分别是当今世界经典遗传学的奠基者和巅峰状态的创新发展者。过去苏联说他们的学说是资产阶级的反动学说,但是自从1956年苏联最大的伪科学家李森科罪行暴露被撤职以来,现在世界遗传学界已经再没有人怀疑他们的学说的科学性了。我国1956年制定的十二年科技发展规划,也列入了按照他们的学说开展的科研项目。其实,他们两个都不是资产者。孟德尔是一个修道士,小时候家里很穷,连书都读不起,他没有受过正规教育,知识全是自学的,他的遗传学研究也是在修道院当园丁的时候业余搞的。摩尔根作为一名美国教授,顶多不过算个中产阶级而已。"袁隆平解释说。

"哦……这就好,那这个学说还可以讲嘛,怎么说是宣扬资产阶级学说呢?真是乱弹琴!"王组长表示很理解地说。不过,他接着又问,"那还有个什么'九字宪法'的问题是怎么回事呢?"

"唉……这个事就是我的错了。我不知道农业'八字宪法'是谁制定的,所以我是说要加一个'时'字。我罪该万死,但我不是故意的,我也没有说过要搞什么'九字宪法',那都是别人附会的。我只是希望贫下中农多打粮食,种田方方面面的因素都要注意到。"袁隆平一听这问题,精神又紧张了,这是足以置他于死地的一个癌瘤啊。他想这王组长真是一只会耍弄老鼠的笑面猫,他明明要吃你,却故意先放你一马,跟你和颜悦色地讲些开心话;等你刚一想溜,他又一爪子扑过来。跟这样的人谈话,还不如立马被人拉上刑场一枪崩了痛快。

可是,接下来的局面却似乎并没有那么严重,只见王组长仍然和颜悦色地说:"你没有说要搞'九字宪法'就好,人难免有说错话的时候。听说你平日不听广播不看报,不学习政治,一心只钻专业,你看,这就很有害呀。要不,怎么会连'八字宪法'都不知道?这话还好是你说的哩,要在别人,说不知'八字宪法'是谁制定的，都不会有人相信。

"所以呀，老袁，今后政治还是要关心哪。当然，你自己也看到了，还有许多大字报反映你的成名成家等问题，这都说明你头脑里的小资产阶级思想意识还是相当浓厚的啊。要有学习到老，改造到老的决心和意志才行哦。"

"多谢指教，多谢指教，我是有许多小资产阶级思想意识，我决心今后改正。"袁隆平听到王组长竟然表示了谅解他的所谓"九字宪法"问题的态度，还似乎把他的一切问题都定位在小资产阶级思想的层面上，一时不禁如蒙大赦。因为照当时的口径，小资产阶级思想属于人民内部矛盾，而人民内部矛盾就意味着不至于打"黑帮"了，所以，只要你说是小资产阶级思想，那我就不妨全都认账得了；反正全中国大凡有个初中以上文化水平的知识分子，个个都认定自己有小资产阶级思想呢。

"嗯，你这个态度很好，今后就照你自己说的去做。"王组长已有了要结束前一段谈话的意思，接着把话锋一转，说，"我今天找你来，主要是想请你给工作组选一块晚稻试验田，还要请你当技术参谋。你现在试验的田块是哪一丘？"

"大垅六号，不过水肥条件要差一点。"袁隆平心里总算是一块石头完全落了地。原来，王组长是真的要赦免他，不仅把他算在人民内部，而且要延为座上宾，这简直有点使他大喜过望了。

"行，差一点就差一点，就选你那一丘吧。"王组长爽快地说，"另外，听说你还写了一篇关于水稻杂交问题的论文，发表在中国科学院的《科学通报》上，是吗？"

"是的，今年2月才发表，这都是小资产阶级成名成家思想作怪，我以后再也不写了。"袁隆平以为王组长又在善意地指出他的缺点，希望他今后改正，连忙表示接受。

"嗯，不能这样说，你还要多写。前一段时间，砸掉你的盆栽试验禾苗是不对的，你的试验是为了增产粮食，很有价值，很有前途。"王组长给予了充分肯定。末了，他又直视着袁隆平的眼睛，意味深长地笑着说："今后你不必每天夜里偷偷摸摸往果园跑了，你可以把你藏着的禾苗端出来继续公开试验。

政治学习的时候,你也可以适当请假去进行试验,革命和科研可以两不误嘛。"

袁隆平听了不禁吓了一跳,原来工作组对他的行踪掌握得竟是如此之清楚,而王组长却又开明得简直令人难以置信。这种不可思议的矛盾现象,简直把他完全弄糊涂了。回到家里,他和邓哲讨论了大半夜都没有搞清一个所以然。直到一年后,袁隆平又偶然碰到早已被宣布为执行"资产阶级反动路线"而撤出了学校工作组组长的老王,那老王才以完全平等的身份告诉他,原来,当时工作组本已确定了要把他作为农校的第八名"黑帮分子"揪出来,并派了人秘密监视他的行踪。但就在这时,国家科委来了一份公函,称赞袁隆平的论文水平很高,责成学校大力支持袁的水稻雄性不育研究云云。工作组的人还从来没见过这种国家高层机关向基层单位褒荐人才和责成支持具体项目研究的函件,便拿了这函件去给当时的地委书记孙旭涛看,请示对袁隆平这个人该怎么办。孙旭涛看过公函,当即表示这样的人才一定要好好保护。于是,工作组态度便来了个180度的大转弯,这才有了那场戏剧性的变化。这当然都是后话了。

且说第二天一早,袁隆平便又挑了粪箕去牛棚给试验田积肥。王组长把自己的试验田选作了整个工作组的试验田,这可不是一件小事,自己必须以加倍的努力来报答组织的信任。路过昨天还料定自己免不了就要进去的"黑帮屋"时,他忍不住向里面投去了深深同情的一瞥,没想到这一瞥竟瞥见曹胖公正红肿着两只眼睛,拿着一只牙缸出来打水刷牙。原来,工作组在把他排除出"黑帮"队列的同时,又把曹胖公列了进去顶替。昨天傍晚,曹胖公刚和他分手回家不久,就被"红卫兵小将"抓去批斗了一场,当即就被送进了"黑帮屋"。可怜曹胖公,在此之前连一张大字报都没有,刚刚还在同情和操心别人的灾祸,完全没料到自己竟会突然蒙此大难,因而当场就被斗哭了。

连李代举都感到惊奇不已——这才怪呀!说好要做袁隆平的牌子,怎么送进来个曹胖公?

想起昨天曹胖公许诺要照顾自己家属的话,袁隆平的心都颤了。他特意在"黑帮屋"门前住了一下脚,等曹胖公抬头见到他时,他迅速和曹胖公对视了一眼,接着赶紧轻声说:"家里请放心,我会去关照他们的。"

三、再遭劫难

"文化大革命"就像一只万花筒，又像一盏走马灯，各种花样层出不穷。所幸的是，许多人都知道，不管怎么"革命"，没有饭吃，终归还是不行；没有饭吃，连"革命样板戏"也唱不响。

粮食问题如此之重大，以至引起各级领导的高度重视，应该说是袁隆平自从选定杂交水稻作为自己的终身研究项目以来，所获得的最大幸运。

1966年6月，在获得国家科委来函的特别保护之后，他叫尹华奇、李必湖把死里逃生的三钵不育株从臭水沟里端出来，在光天化日之下，为它们进行了测交，夏收时三个类型各收获了数百粒种子。而这时，天下正开始大乱。

1967年3月，天下已经乱成了一锅粥，而湖南省科委仍根据国家科委另一份函件的指示，派人到安江农校了解情况后，即决定将"水稻雄性不育"正式列入省级科研项目，并暂拨给研究经费600元，以后再逐年增加，由袁隆平即时开始制订研究计划。湖南省农业厅同时批准袁隆平的请求，将尹华奇、李必湖两名本来应该回乡种田的"社来社去"毕业生留在学校，给袁隆平做科研助手，暂定每人每月发18元生活费，由农业厅拨付。当年6月，袁隆平起草的研究计划获得省科委批准，由袁隆平领衔，尹华奇、李必湖为助手的安江农校水稻雄性不育科研小组正式成立。从此，水稻雄性不育研究由个人业余"打野鸡"的状态，正式进入国家立项进行专业研究的阶段。袁隆平终于用他那道新颖而重大的研究课题的神奇魔力，于有意无意之间，将从中央到地方的一系列国家机构及其负责同志"拉下了水"，使他们一个个成了自己的保护伞和靠山。

他是一个承认领导权威的自由主义者，由于爱好自由自主，他从来不愿遵照领导的安排去干这干那，他只坚持要干自己爱干的事情；又由于明知要使自己爱干的事情能够干得下去，就必须得到领导的保护和支持，他也就乐于尊重领导，以便获得保护和支持。而从领导的角度来看，他虽然自由散漫，不入常轨，但他从不觊觎政权，又常有本事干出专业奇迹，足可以为领导生色而对领导的权力地位却没有丝毫威胁。因而，他们也就乐于拿出一副大度风范来宽容他的自由散漫和政治上的迷糊，并保护和支持他那有益无害的专业创举。实际上，他的这种思想和为人，很好地适应了中国的政治生态环境，所以，他从不需要主动刻意地去求取领导的保护和支持，他只要在自己爱好的专业领域拿出高水平的创举，这些保护和支持就会很自然地汇集到他的头上和背后，使他能够一回又一回有惊无险地摆脱厄运，化险为夷，甚至心想事成。

到 1968 年春，袁隆平和李必湖、尹华奇师徒三人从毁灭的边沿抢救出来的三株雄性不育水稻，已经发展到足以栽满两三分田的不育株群体了。其中的无花粉型不育株种子，去年冬天袁隆平就派尹华奇带到广东雷州半岛的徐闻县加速繁殖去了。今年 4 月 30 日，他和李必湖在学校的中古盘 7 号田里栽下了两分田的花粉败育型和花粉退化型不育株秧苗，其中包括 70 多个不同的测交品系，他们分别把写着各个品类名称的小木牌插在旁边，予以标志。经过半个月的精心培育和管理，禾苗已长到尺余高，每株已长出 3~5 个分蘖。试验材料越来越丰富了，形势非常喜人。

外界，造反派正在激烈地进行着夺权战斗，学校也"革命战斗"团体林立。

也有人来邀袁隆平"入伙"，加入"革命战斗行列"；至于引诱李必湖、尹华奇两个年轻人上阵厮杀的"革命战斗"组织就更多了。尤其是李必湖，他找了个同班同学谈恋爱。那恋人思想活跃，能歌善舞，原是学校的文艺骨干。"文革"中，自然免不了要加入一个"革命战斗"组织，并有声有色地开展活动。看着心爱的姑娘臂戴红袖箍，慷慨激昂地发表着宣言，节奏铿锵地表演着革命歌舞，到处宣传毛泽东思想，小伙子难免有点儿动心。

"袁老师，我们能加入革命群众组织吗？"有一日，李必湖趁和袁老师一块儿在试验田里耘禾时试探地问。

"我在学校读书的时候，有人邀我加入'三青团'，我就坚持不参加。那时候'三青团'也是很风光的啊，但要是那时候我取得了那份风光，现在我就是死路一条了。可我那时鄙弃了那份风光,因而,现在我虽被认为家庭出身不好,但我本人却历史清白。年轻人,加入什么组织可得慎重啊。"袁隆平用切身事例开导说。

"照这么说,我还是不参加好。"李必湖听话地说。

"其实,你已经参加一个组织了,这个组织就叫'水稻雄性不育科研小组'。这还是个政府正式注册的,有科研经费、有生活费发的组织呢!你连这样有利的组织都参加了,还在乎一个什么群众组织?我们还是踏踏实实来为人民做点真正有益的事情吧。那些轰轰烈烈的勾当,让别人去搞。"袁隆平继续开导说,"嘿嘿,不过,我这又有点引导你走白专道路之嫌了。"

"您引导得好,袁老师。我也不是很想参加,只是因为许多同学来拉我,所以我一时有点犹豫。"李必湖坦诚地说,"最终,我还是听老师的,踏踏实实干正事好。"

"那就好,要是你和尹华奇两个都跑了,我还真的很棘手呢。我们这也是一个'战斗'集体呀,要是没有你们,我就成'光杆司令'了。如今多少年轻人都跟疯了似的,想夺权当政治家,谁愿跟着个'臭老九'天天吃苦受累去种水稻?我还再到哪儿去找你们这么亲密的'战友'呢?"袁隆平不无感慨地说。

"袁老师放心,我们深知我们工作的重要意义。我们早已经发过誓,永不背叛老师,更不会抛弃老师为我们开辟的事业天地。"李必湖说。

"怎样对待老师还只是为人问题,怎样对待事业,可关系到你们自己的前途和命运呢,我没有权力干涉你们对前途的选择。从我个人来说,我还是觉得当一个纯粹的'科学人'对我最合适。"袁隆平说。

"很感谢老师对我们两个弟子的栽培和提挈,我们会珍惜这份来之不易的工作的。"李必湖感激地说。

"不要说感谢,我们是'战友'啊!互相帮助是应该的。我对你们最大的愿望是,将来你们能站在我的肩膀上,攀上更高的科学新境界。"

"嘿嘿,袁老师,这我可没信心啊,我们的文化功底太浅了。"

"所以你们要抓紧攻下文化基础关呀,比如,搞我们这一行,你一定得懂外文，最通用的是英文。你们现在就得开始学，当然只好由我来给你们启蒙了。"袁隆平关切地说，"这样吧，现在禾苗生长期，田间管理的主要工作也做完了。你好久没回家了，从明天开始，抓紧10天左右时间回家去看看父母，等你回校那时候，尹华奇差不多也从广东回来了。那时，我就给你们开课。"

"谢谢老师，谢谢老师！"李必湖一迭声地谢个没完。

"哈哈，刚说了不要谢，你又来了。"袁隆平愉快地笑了起来，笑毕，他又弯下腰，深情无限地用手掌轻轻抚摩着青翠的雄性不育水稻叶梢说："你看，它们长得多么清秀！多么漂亮！再过个把月，就要扬花招亲啦。"

师徒俩一边耘禾，一边聊着。傍午，禾耘完了。他们又用手扶正了标志牌子，这才拿起工具，夹起苗情记录夹，一步三回头地离去。

1968年5月19日，天气晴好。吃过早饭，袁隆平满怀歉意地对邓哲说："真对不起，今天是星期天，本该陪你去街上逛逛商店的，可是这些天李必湖回家去了……"

"你别假惺惺地装样子，快去吧，我知道你的心都吊在那些'小寡妇'身上啦，你就去照拂它们吧！你不是常说'知足常乐'吗？我有你晚上作陪就满足了。"邓哲幽默地说。

"嗬，袁隆平你倒好哇，还真的在外面养起小寡妇啦！我女儿有这个大度，我可是容不得这种事！你今天最好给我说明白，你到底打算把我女儿和你的两个儿子怎样摆布！"没想到岳母老太太竟把女儿的幽默当成了真话，当场就从厨房走出给袁隆平发起难来。

"妈呀，我已经跟您女儿商量好了，还是由您女儿当正妻，让那些'小寡妇'分别做侧室。将来遗产也全由正室的子女，也就是您的外孙继承，这您该满意了吧？"袁隆平干脆把玩笑开到底。

"那你犯法，《婚姻法》规定一夫一妻，你以为我不知道？你还想三妻四妾复古啊！"老太太愤慨地说。

"要是这样不行，那我就只有把您女儿休了。毕竟那些'小寡妇'都比您女儿年轻漂亮呀!"袁隆平仍然嬉皮笑脸地说。

"哎呀,你这不是成心要气死我吗?你这个没良心的,你这是欺负我们邓家无人啦……"老太太心一酸,不由得老泪纵横,捶胸顿足地大放起了悲声。

两口子立刻知道玩笑开过头了,连忙一齐上前把老人扶在椅子上坐下。邓哲一面掏出手帕为母亲擦泪,一面解释说:"妈,他这是跟您开玩笑呢。他哪里养得起三妻四妾呀,莫说钱少,光精力他就不行,他每天累得连一个女人都对付不了呢。我说的他那'小寡妇',是说他搞试验栽的雄性不育水稻,也就是 些公花病了死了的'母禾'。"

"就是,就是,您女儿管得我紧着呢,您老人家以为她真有那样大度呀?"袁隆平也一边给老人捶着背,一边诙谐地说。

听完这番解释,又感受到女儿女婿如此孝顺,老人又忍不住"扑哧"一声破涕为笑了,说:"短命鬼,这不是成心作弄亲娘吗?"

"哎呀,谢天谢地,妈老人家总算是个爽快人,风潮一下就过去了。看样子,我现在该可以去亲'小寡妇'了。我的二儿子已经出生两个多月,他的名字叫'五二'。妈,我连还没出生的老三的名字都早已帮您起好了,您老人家再没别的事了吧?"袁隆平逗趣说。

"少饶舌,你快给我滚吧!"邓哲也"扑哧"一笑说。

于是袁隆平骑上自行车一"滚",便"滚"到了中古盘7号试验田边。然而,试验田里的景象却令他大吃一惊。昨天傍晚还好好的两分田的雄性不育禾苗,只过了一夜,就一蔸不剩全部不翼而飞了,试验田里只留下一些乱七八糟的脚印。第一回大难不死之后,又经过两年多的努力,好不容易重新培育出来的这批珍贵的试验材料,又一次惨遭不测。

天哪!这可是省里立项的试验哪,都有人敢如此肆意破坏,这个无法无天的世界啊……

袁隆平只觉得脑袋"嗡"的一声,思维便丧失了,脑子里一阵麻木,两眼发直,浑身发抖,手脚冰凉。他欲哭无泪,欲呼无声,欲动无力,像是处在一场噩梦中,眼睁睁看着魔鬼伸来的利爪和张着的就要吃人的血盆大口,想要逃跑却怎么也迈不开步，想要抵抗却怎么也举不动手，唯有紧闭双眼，硬起头皮，心惊肉跳地等着恶魔那凶猛的最后一扑……

凶残的打击，又一次把他击倒在泥泞的田塍上。他在泥地里呆坐良久，才回过一口气来，带着一屁股污泥，开始四处寻找被拔禾苗的下落。可是，远远近近寻遍了整个农场及附近农民的田地，也没见一根禾苗的踪迹，只好跌跌撞撞地跑回学校向有关组织报了案。

然而，这时整个社会正处于一派纷乱之中，公检法已被砸烂，各级党政组织全面瘫痪，学校两派争斗，只有一批进驻学校的"工人宣传队"队员在那里居中斡旋，维持残局，谁也没有心思和精力来认真处理这桩"区区小事"。

无奈之下，袁隆平只得自己继续到处寻觅禾苗踪迹，试图找回失去的宝贝。5月21日，也就是事发后的第三天，他在试验田附近的一口水井边经过时，偶然发现水面上漂浮着几根禾苗。捞起一看，一共5株，正是自己珍贵的水稻雄性不育株。他顾不得多想，"扑通"一声就跳进了井里，试图再捞起一些。他是游泳冠军，水性很好。但水井的直径太小，再好的水上功夫也施展不开。水井又很深，若潜入井底转不过身来，必死无疑。无奈，他只得又攀着井沿爬上岸来，回校重新请求有关负责人，借来一台抽水机。等把井水抽干，终于发现带着一坨坨泥巴的雄性不育禾苗全都沉在井底，但捞起时已全部沤烂。禾苗的去向总算有了下落，但造成的损失已无法弥补。所幸浮上水面的五根单株一息尚存，袁隆平只好如获至宝地将它们捧回家，重新栽在试验盆里，一切又得从头做起。

说来这本是一件很好破的案子，因为案犯在田里和田岸上都留下了脚印；而情况又已清楚地表明，案犯作案的目的，既不是谋财也不是害命，而纯粹是破坏袁隆平的试验，阻止他的成功，因而嫌疑人的排查范围也就可以缩得很小——只有熟悉袁隆平并知道他的试验性质，而又对他或他的试验抱有深深的嫉恨心理的人，才会去干这种劳神费力而毫无实利可言的勾当。只要稍费点精力，便可使真相大白，但就是这样一个简单明了的破坏科研案，在那纷乱无序的年头竟被糊弄成了一件永久的悬案，至今仍是一个谜。

事情如此也就罢了，更为严重的是，紧接着又传出风声，说据分析，"5•18

毁禾案",实际上是袁隆平自身所为。因为袁隆平是个"科研骗子",他以科研为名,骗取荣誉和国家钱财;现已用去国家几千块钱,自知试验搞不下去了,骑虎难下,无法向上级交代,所以自己把禾苗毁掉,以便嫁祸于人。恰在这时,省里一位常规水稻育种专家来到学校,发表意见时认为水稻是自花授粉作物,自交不退化,杂交无优势,因此,研究水稻杂交没有前途。

好了,现在既有传闻的疑点,又有上级专家的意见为佐证,杂交水稻研究没有前途,袁隆平经过多年试验,也没见成功,哪有什么一项研究一连搞得几年都不成功的道理?显然他本人也已确知成功无望了,故而自毁假"成果",以求下台,这种可能性无疑是非常大的。于是案子峰回路转,最后矛头反而指向了袁隆平自己。

掌管校政的"工宣队"和不久后成立的"革委会"领导,显然相信了这一判断,但他们又都没有得到直接证据,也就不好贸然给人定罪。但言谈间,却难免流露出一些讥笑讽刺和挖苦,并明确表示学校不再支持这项据说是"连三岁小孩都会玩的把戏"。"水稻雄性不育科研小组"由一时的宠儿变成了被一些人指戳物议的"私生野种",袁隆平则在一些人的眼里变成了比"臭老九"还臭的"科研骗子"。虽然科研项目并没被宣布取消,科研活动实际上却又被打回了个人自发、挣扎进行的状况。拖到翌年6月,"革委会"干脆一道命令,将袁隆平和刚刚被宣布"解放"的曹胖公等一行十数人,抽调到溆浦县低庄煤矿去"宣传毛泽东思想"。

袁隆平心里非常清楚,把他抽调去煤矿,无异于解散"水稻雄性不育科研小组",并禁止他继续进行试验研究。如果说摧毁他的禾苗是当头打了他一闷棍,而散布他是"科研骗子"自毁禾苗的谣言又在背后捅了他一刀的话,那么,现在变相禁止他继续进行试验研究,便无异于是用一根软绳套住他的脖子。打一闷棍,又捅一刀子,虽说已是非常沉重的伤害,但他并不想屈服。他已经受过打击和中伤,更承受过冷遇和嘲笑,人生的历程已经把他磨炼得坚韧不拔。打一闷棍,他晕厥一阵之后,爬起来还可以再干;捅一刀子,他失血感染过后,还可以力图恢复,而且他有一个很好的素质,那就是不记伤痛,只要能继续自己热爱的工作，哪怕浑身伤痕累累，他照样活得嘻嘻哈哈，活蹦乱跳。

可是，这一回脖子被套上了绳索，可就毫无办法了。他不得不服从调配，中止个人研究。这虽然使他感到十分痛心，但他知道自己不能挣扎，越挣扎，绳索就会拉得越紧，他不由得深深地感到了所谓"龙游浅水遭虾戏，虎落平原被犬欺"的困厄。"成功＝知识＋汗水＋灵感＋机遇"，没有机遇，别说成功，有时连过程都难以为继。回想自己这些年来的水稻雄性不育研究，虽说历程艰难，成果有限，但研究的步伐能够迈到今天，其中不也包含着一系列的机遇吗？要不是《科学通报》的某位编辑先生看中了那篇论文，要不是刚好赶在"文革"前夕把那篇论文发表了出来，要不是又那么凑巧地被国家科委有关负责同志看到了那篇论文，并又引起了那么高度的重视，竟直接将公函发到了基层单位，那你袁隆平的整个命运就将完全是另一种样子。这一系列的机遇，显然全都是可遇而不可求的，因此机遇只能等待。当然，等待不等于束手待毙，你还可以凭借尚能利用的生存空间和工作阵地，维持最低限度的运转，并为可能到来的下一轮机遇做好发展的准备。

这么思索着，他把两名弟子召到跟前，说："我不得不离开你们一段时间了，今后还允不允许我从事专业研究，我也不知道，估计是不会允许了。但是'水稻雄性不育科研小组'并没有被撤销。当然,这并不是因为校'革委会'不想撤销，而是因为这个小组是省里组建的，他们没有权力撤销。而只要科研小组没撤销，你们就有理由光明正大地继续进行试验。如果你们不相信我是'科研骗子'的话，那么我希望你们不要因为我的调离而散伙，你们应该继续利用小组的名义坚持试验，具体怎么搞，我还会利用业余时间来指导你们。我是不会放弃这项研究的，我的心和我的业余时间是别人掠夺不了的。我不在校的时候，你们有问题，可以到溆浦县低庄煤矿来找我。"

"不行，袁老师。我们不能离开您，研究试验也不能离开您。我们才不会相信那些攻击污蔑您的鬼话哩，我们决心跟您干到底，不获成功，决不罢休！"尹华奇、李必湖异口同声地说。

"你们信任我，我很感激。但是调不调离我，可由不得我们做主啊。我还是学校的教师,归学校管着呢。"袁隆平苦笑了一下,无奈地说。

"他妈的,我们要跟他们'革委会'的人讲理去。"李必湖气愤地说。

"他们要不讲理,就砸了他们的桌子!"尹华奇也怒不可遏地说。

"你们可千万别去干这种蠢事!胳膊拧不过大腿,个人拗不过组织啊。再说,你们两个连正都还没转呢,搞坏了关系,对你们可十分不利啊。形势不利时,你们要学会忍耐。"袁隆平连忙制止说。

"那我们就给省'革委会'和国家科委上书,您是省里指定挂帅领导杂交水稻研究的,校'革委会'既然无权撤销我们的科研小组,当然也就没有权力把您调走。"两名弟子仍然不服。

"可按常规人的各项组织关系在哪个单位,就得归哪个单位管,就连我们的科研项目和经费,省里也是委托学校管的呢。所以,这事省里会不会直接干预还没把握,你们可得慎重考虑。"袁隆平仍不无担心,但他也没有再断然反对。他当然也希望省里能直接出面来解脱他所面临的科研困境,可他还担心画虎不成反类犬,那事情就更糟了。因此,他还是婉言劝导说:"最起码,我还是要先服从学校的调配。所以,当我不在身边的时候,你们两个一是不要莽撞乱来,二是一定要团结一心,坚持把试验干下去。"

"那好吧,袁老师。既这么说,您就先放心下煤矿去吧。反正我们也都是成年人了,有些事情,我们自会处理。我们做了什么,我们自己负责。"李必湖说。

"学问上的事,我们会随时去请教的。"尹华奇接着说。

"很好,这我就放心了,我头上这顶'科研骗子'的帽子也就摘除有望了,哈哈……"袁隆平说罢,竟欣慰地笑了起来。他那从不记伤痛、从不把烦恼久埋在心间的开朗性格,使他又一次在逆境和困厄面前显示了自己的强大和从容,并深深地感染着他的两名弟子。

只过两个月,袁隆平就被调回来了。原来,还是初生牛犊不怕虎,袁隆平刚下到煤矿,尹华奇、李必湖就毫不犹豫地给湖南省科委、农业厅和国家科委又是发电报又是写信,反映杂交水稻科研工作所遇到的严重困境,请求上级责成安江农校将袁隆平调回，以便该项重要科研工作得以继续进行。

湖南省科委和农业厅对此非常重视，当即派人到学校了解了情况，证明尹、李二人反映的情况属实。经研究，考虑到该科研项目事关重大，继续放在基层单位研究，各方面关系难以协调，干脆决定将该项研究收上来交由湖南省农业科学院具体主管，在农科院属下成立一个"湖南省水稻雄性不育科研协作组"，由农科院出一政治思想过硬、组织领导能力强的得力干部任组长，抽调袁隆平携带其原有的两名助手，前来担任业务主持，另从有关单位抽调若干精粹科技人员进来参加协作研究。以此来比较彻底地解决袁隆平的科研环境问题，同时充实科研力量，加快研究进度。

刚刚回家，就要远行了。邓哲一边细心地给他收拾着行囊，一边问："去长沙搞研究，条件会比这里好吗？"

"具体条件如何，还很难说。但可以肯定，在省农科院里，不会有人毁掉我的试验禾苗，也不会有人说我是'科研骗子'，光是这个条件，就值得我去追求了。"袁隆平不无感慨地说，"不过，矛盾总是处处都有的。省里早就有某些权威专家一口咬定'杂交水稻研究没有前途'，并说我'读书不多，竟然连自花授粉作物自交不退化，杂交无优势的基本常识都不懂'呢。现在我就要在他们眼皮底下开展试验研究，他们心里能痛快吗？这就是一名水平相当的基层科技人员要想出头，所必然要面对的两难处境呀。你置身基层吧，就难免显得鹤立鸡群，有些人看着你直通上层，红红火火，他就要嫉恨你，千方百计暗算你。你要是跻身高层吧，人家又看不起你，以为你山沟里一个小知识分子能有多少学问？因此，落到了我们这种身份，在拿出重大成果之前，你就别对科研条件抱什么过高的指望吧！只要相对好一点，就行了。"

"那你可得注意和那些持反对意见的权威专家相处啊，要是人家又弄得你无法立足，难道你还能逃到北京去不成？"

"这你倒可以放心，权威专家他无非说我学问不足，不相信我罢了，何至于使什么小手腕暗中颠覆我？大学问家毕竟有他们做人的体统，玩鬼蜮伎俩一般来说不是他们的所好。只要我能拿出成果来，他们中的大多数人最终还是会承认我的。因此，我宁愿到一个强手林立的地方去暂时受人藐视，而不愿在一个鹤立鸡群的环境中遭人嫉恨。"袁隆平说。

"看起来，你这也算是大智若愚吧？平日里总见你一副没心没肺傻呵呵的样子，没想到你还对什么人都心知肚明呢。"邓哲真心佩服，然后又关切地说，"不过，这回离家远了，时间又长，身体可得自己注意。冰棒不要一次吃十几根了，那会伤胃。甜食也别吃太多，那容易坏牙。"

"那我爱吃的都被你禁止了，我还吃什么呢？"

"吃你不爱吃的，一个人什么都吃，什么都不吃过头，那才有利于养生。你可得听话，不能任性啊！"

"你这么说话好像是我母亲似的。"

"婆娘，婆娘，半是老婆半是娘嘛，这就是你们男人的福啊，女人哪有人这样婆婆妈妈地来关心？"

"可一个有出息的男人，他关心女人都在大处。他不会在现有的小窝窝里天天给你嘘寒问暖，他会把你不断引向更为广阔的新境界，带进新的生活层面。有的女人不懂事，就巴不得把老公吊在裤腰带上，天天缠着老公给她揉揉肩、捶捶背、摸个痛、搔个痒、擦擦地、洗洗碗、端个茶、倒个水，把个小窝窝收拾得光鲜鲜的、暖融融的，把她美得甜丝丝的，而她自己又没有什么创造和开拓新生活的能力，那就得活活地把本来可能大有作为的老公给扼杀了。"袁隆平似乎颇有深意般地高谈阔论。

"那你觉得我是哪一种女人呢？"邓哲也满含深意地反问道。

"那还用问？我的爱妻当然是世界上顶聪明那一类的！"袁隆平诡黠地一笑说。

"你这是着意吹捧，心口不一啊！你都对我那么不放心地讲了一大通的道理，还说我是顶聪明的呢。哼！"邓哲说着，故作不满地"哼"了一声，表示抗议。

"哈哈，这么说来，你倒真是顶聪明的了！说实话，从今以后，我可能每年难得有几天时间在家里待了。我们结婚以来，还很少长时间分离过。虽说我平日在家里也没能帮你做什么，但毕竟有个男人在家，有个什么大事可以随叫随到，最起码，在心理上算是有个支撑吧！可是，我现在这一去，这个家就里里外外，从精神到物质，全都得由你来支撑了。由于这是我们家第一次出现这种情况，我不能不提醒你特别注意这种变化，好有个思想准备。总之，跟着我这种男人，你就得准备独自当家做主，吃大苦，耐大劳。当然，我也期望着能有大的成功，能给你大的回报。"袁隆平恳切地说。

"成功不成功还要看天意呢，所以我也并不在乎你的什么回报。我爱就爱了你这种心志、这种天性和你这个人本身，是苦是甜我都认了、包了。你如果一辈子成不了功，难道我就不跟你了？这就是缘和命哪！"邓哲也坚定地说。

"可要是我在外面真的花了心，不再爱你了怎么办呢？"袁隆平笑问。

"花心我可得劝你莫花，世界上那么多女人哪，你怎么爱得完？你又能承载得起多少女人的爱？不过，你要是真的认定了一个各方面都比我强的，愿意真心为你付出一切的，对你的身心、事业、家庭比我的帮助和贡献更大的，那么，你要我让位，我也就只好忍痛割爱，放心地把你让给她了。否则，我可是放心不下的啊！"邓哲很开通地说，"至于我自己，我任何时候都不缺乏独立生活的能力，我认命。"

"那你把我重新择偶的条件定得那么高，我怎么找得到呢？为免耽误工作，我还是只认定你一个好啰！"袁隆平亦真亦谐地说。

"你也别把话说得这么肯定，反正在你没有显贵的情况下，舍得拼命来跟我争夺你的女人，我估计是不会太多的，但一旦你显贵起来了，那就难说了。天下都是想摘桃子的人多，谁爱辛辛苦苦去种树？不过我不担心什么，在爱情婚姻问题上只能随缘。在你最困苦的时候我用爱情和生命温暖和撑持了你，如果真能使你成就大业，那么，即使你成功后真的抛弃了我，我也会感到自己很高尚，我也会心满意足的。"邓哲真诚地说。

"那我就把自己放到精神和道德的炉火上去烤，是不是？"袁隆平揭出邓哲的潜台词说。

"你的感受如何，那到时候就只有你自己知道了！"邓哲说。

"你这是在预先审判我啦！"

说罢，夫妻俩相视而笑，彼此的心意都再明白不过了。

第四章

柳暗花明

一、山重水复

美丽的云南元江县，位于北回归线的北侧。大雪一过，北国已是冰封雪冻，连亚热带区域内的湖南省都变得寒风瑟瑟、万物萧条了，然而，这里却仍然温暖如春。和煦的阳光普照着微温的黑土地，繁茂的热带植物枝叶葳蕤，密丛丛的芭蕉伸展着宽大的叶面迎风摇曳，苍翠的榕树吊着一挂挂气根，像岁月老人正捋着胡须漫话着沧桑，只有木棉光秃着脑袋，但它那挺拔的躯干、粗壮的枝丫，仍叫人感到雄姿勃发，充满生气。

1969年12月，袁隆平带着尹华奇、李必湖来到了这里，这是他们第一次以"湖南省水稻雄性不育科研协作组"的名义赴南方抢季节试验。他们借住在元江县农技站的一栋无人居住的空平房里，租用该站的若干水田加代繁殖他们的不育系。这时，袁隆平已经将他们的不育材料命名为C、D两个系统。C系统即由无花粉型不育株选育而来，D系统则由花粉败育和退化型不育株选育而来。C系统因前年冬被尹华奇带到广东加代繁殖，而幸运地逃过了去年5月18日的第二度毁苗之灾，现已有了较多种子；D系统则仅有去年从井水中捞起救活的几根单株繁殖出来的百余粒种子。

12月29日，他们把珍贵的稻种浸下了水。

1970年1月5日，浸透的稻种已进入催芽期。为了融洽客主关系，晚上，他们陪农技站的党支部书记老周打了一阵扑克，然后才分头安歇了。睡梦中，袁隆平感觉自己正坐在一辆摇摇晃晃的破车上，突然，车在一面悬岩边翻了，他被翻滚着的破车抛出车外，在一个无底深渊中飞速下坠……一惊醒来，犹觉冷汗浃背，顺手拉亮电灯，便见电灯、房子、床铺等一切真的都在摇晃，墙壁正在裂缝。他一骨碌滚下床，还没来得及发出一声惊叫，天花板上掉下的一大块石灰就"啪"的一声砸在他的头顶，纷纷扬扬的灰粉撒了他一脸一身，他顿觉脑袋一下钝痛,一股呛鼻的灰土味直扑喉管。"不好,地震!"一个恐怖的念头在脑际一闪,他便再也顾不得多想了,放开嗓子对分别睡在旁边两张床上的尹华奇、李必湖大叫:"快起来,往外跑,地震啦!"

这时,尹华奇、李必湖也已被震醒,滚身下床懵懵懂懂不知是怎么回事。听到老师叫喊,才答应一声上前拉了老师,一起跌跌撞撞地跑出了屋门。

屋外,大地也在震荡,叫人站立不稳。他们连忙蜷伏在地上,随着痉挛的大地一起颤抖。

"糟糕,我们的种谷还在屋里!"尹华奇突然惊叫起来。

"哎呀,我们去抢出来吧!"李必湖跟着叫道。

说着,两名小伙子跳起来就要往屋里冲。

"站住!蹲下不许动!"袁隆平猛吼一声,将他们按倒在地,这才又接着说,"种谷砸不坏,何苦去做无谓的牺牲?"

话音刚落,就听得"轰隆"一声,砖木结构的小平房整个倒塌了,眼前顿时一片漆黑。两个小伙子不由得在黑暗中后怕得连连咋舌:"好险哪,姜还是老的辣!要不是被老师按住,真的谷种没砸坏倒把人命丢了。"

一会儿,他们感到了暗夜里丝丝寒意的侵袭,这才发现原来刚刚跑出来时没来得及穿衣服,三个人全都是短裤背心,光胳膊光腿的,虽是南方热带边沿,仍不免冷出一身鸡皮疙瘩。袁隆平连手表也没来得及拿出来,两个学生还没有这项"装备",到处黑咕隆咚的,谁也不知是什么时候。不久,农技站党支部书记老周打着一支手电筒过来了,还好,他们自己住的房子没有倒塌,全农技站的人员都跑出来了,只有少数几个人受伤。大家看了一下党支书老周的手表,正是6日凌晨1点半。老周回头叫人给他们送来了几件衣服,寒夜总算对付过去了。

天亮后,余震仍然不断,大地不时跳动。据广播新闻才知1月6日凌晨,离元江150公里的峨山县发生了7.8级地震,受到波及的元江县地震烈度也在5.6级以上。站党支书老周叫人从毁墟里帮他们扒出谷种,翻出衣被行李和一应用品,然后遗憾地说:"你们赶快走吧,这里危险。城里乡下都倒了不少房子,水电设备也被破坏了，生活供应必然困难，你们留在这里是很难熬的。"

"谢谢您的关怀，老周。"袁隆平感激地说，"但是我们不打算走，我们的谷种都已经爆芽了，一走就全完了。这可不是一般的种子，它们粒粒都是金啊！"

于是，他们在农技站的水泥球场上用塑料薄膜搭起了一个窝棚，在水泥地上垫上稻草，稻草上铺上一张草席，便把家重新安顿了下来。粮食供应发生了困难，他们就向当地农民买香蕉和甘蔗吃。一天吃两顿，早餐吃香蕉或甘蔗，晚餐吃大米饭。香蕉很容易吃厌，每人吃过几十斤，就吃不下了。

幸好甘蔗能使人百吃不厌，这里的甘蔗又大又甜，喜好甜食的袁隆平早把夫人的谆谆"教导"丢到了九霄云外，一边吃，还一边盛赞云南人的甘蔗种得好，一定要带几根回去，让湖南人长长见识。可是，没吃几根，师徒三人便一齐口里起疱，痛苦不堪。请教当地群众，才知吃甘蔗也有诀窍——吃时，牙齿和口腔只能上下垂直运动，而不能像平常嚼东西一样使牙齿横向磨动，这样才能减少甘蔗渣对口腔内壁的摩擦，避免口里起疱。果然，按照这个办法，后来，连续三个月里，袁隆平吃了1500多公斤，两名学生各吃了2000多公斤甘蔗，口里再也没起过疱。

云南虽说是植物王国，随地撒一把种子就可以长出一片森林，但奇怪的是这样的好地方，市场上居然没有菜卖。不要说豆腐、肉类，连蔬菜也没有。当地群众的生活水平，看起来比三年困难时期好不了多少。师徒三人对此毫无思想准备，未能带点干菜、腌肉之类可久留的副食品，现在只好餐餐喝酱油辣椒汤。早春2月，火红的木棉花开了，于是，他们学着当地群众的办法，把那美丽的花朵摘来炒辣椒，总算有了一道连国宴厨师也做不出来的珍馐佳肴。

醉人的边地风光，纯朴的傣家朋友，地动山摇的奇遇，洁白的塑料窝棚，甜蜜的甘蔗和辣丝丝的木棉花酱油汤，交织成了四个多月难忘的"南繁"历程。5月初，沐浴着师生三人心血和汗水长大的又一代不育系种子终于成熟了。

然而，令人遗憾的是，通过这一轮试验，他们的C、D系不育系的繁殖不育率，不仅没有提高，反而由原有的70%下降到了60%多。自1964年发现第一棵不育株至今，在整整六年内，他们参照美国的"洋葱公式"，结合玉米、高粱杂交的经验，已经先后用1000多个品种的常规水稻，与最初找到的不育株及其后代进行了3000多个测交和回交等试验，却始终没有找到一个能使它们的不育系后代100%保持不育的水稻品种。这就表明，尽管他们百折不挠地付出了长达六年的心血和汗水，但是仍然还没有为自己的不育系找到一个真正有用的保持系。

对于袁隆平来说，能够继续拖延的时间已经不多了。因为，在他的对面，一开始就站着一个强劲的反对派，他们几乎无时无刻不在贬斥和诋毁着袁隆平的试验研究。出于对粮食问题的极端重视，从中央到地方的各级党政领导不得不充分调动各方面的积极性，利用一切可能的手段来提高粮食产量；同时，也由于反对派仅仅是说袁隆平不行，而并没有拿出一个更行的办法来证明自己到底比袁隆平高明多少。因此，至今各级领导们一直没有怎么理睬反对派的消极意见，而坚定地采取了支持袁隆平继续试验的态度。但是，随着时间的推移，如果继续迟迟拿不出成果，那就很难想象哪一位领导还会有耐心替你硬顶着一派权威意见的攻击，劳神费力又花钱地徒然支持着你那么一个遥遥无期的增产承诺。如果说过去的研究进展太慢，是因为屡次遭受人为破坏的话，那么，现在已经不再有人破坏了，研究组的地位还升了格，你为什么仍然不出成果呢？到那时，现在不被领导接受的权威意见就会在领导们的思维中占据上风，作为国家立项的试验研究就可能夭折。你袁隆平这个异想天开的"科研骗子"就将更大范围和更深程度地遭人白眼和指戳。当然，即使到了那种境地，按想象，他仍然可以回到安江农校去搞业余研究，但在中国办事，离开了党政支持，那实际上是不可想象的。

因而，袁隆平深深地知道自己所面临的局面的严重性。

"洋葱在天然不育株被发现后，很快就找到了保持系。为什么我们的水稻不育株都培育成系了，还总也找不到保持系呢？"两名小伙子也有点沉不住气了，忍不住焦急地问。对于他们两个来说，研究的成功与否，还不仅仅是一个声誉问题，更是一个直接影响饭碗的问题。因为当初把他们留给老师当助手，并不算是正式分配，也就是说，他们至今还没端上一个"铁饭碗"呢；如果研究组不幸因为没有成果而被撤销，那他们就只有回老家饿肚子去了。

"着急了吧，小伙子们，现在形势确实有点火烧眉毛了，我的紧迫感可一点不比你们轻哪！这也就是领导重视的感受啊！所以你说这领导重视吧，他可以给你改善环境，提供条件，不能不说是个好事；但是，你得到了这环境和条件，要是不能很快拿出相应的成果来，你就天天都是一只热锅上的蚂蚁，倒还远不如个人研究那样自由自在、不紧不慢、优哉游哉了。"袁隆平也深有感触地说，"好啦，现在，我们再来讨论理论问题吧。你们刚才说到的洋葱三系配套成功的理论模式是，假定它的不育基因型为$S(rr)$，也就是细胞质和细胞核都不育，那么，它必定能找到$N(rr)$的核不育品种作为它的保持系。我们过去一直参照'洋葱公式'，也就是假设我们的不育系是$S(rr)$基因型。但是，既然现在我们用了1000多个品种去与之测交，都没有找到它的保持系，那么就只有两个可能。一个是我们现有的不育系C系统和D系统都不是像洋葱那样核质互作的$S(rr)$基因型，而是根本就不可能找到保持系的核不育型，所以哪怕我们用的测交材料再多，也是白搭。另一个是，虽然我们的C系统和D系统是$S(rr)$基因型的，但由于我们所用来与之测交的材料，和它本身一样，全是农民正在使用的栽培稻品种，彼此之间亲缘关系太近，所以它们的基因型总是相同或相近，以致保持效果始终不理想。

"既然如此，那么，不管是属于哪一个原因，我们今后都必须跳出光在栽培稻里头兜圈子的老路子。我们不能吊死在一棵树上，要考虑到亲缘关系、生态关系，以及系统发育关系等各方面因素，开展多角度的测试。我现在设想，我们可以首先在亲缘关系上寻求突破，我们必须即速到与栽培稻亲缘关系很远的野生稻中去打开新天地。一是去野生稻中寻找新的可能是$S(rr)$基因型的不育材料，用以取代现有的可能不是$S(rr)$基因型的C系统和D系统；二是用可育的野生稻材料与现有的C系统和D系统测交，可能找到基因型为$N(rr)$的保持系。

"小伙子们，我们一定要抓住利用远缘野生稻这个新思路，这就是我们今后的主攻方向和试验研究重点。'一万年太久，只争朝夕'，现在正值这里的野生早稻成熟，我们必须立即去寻找一些野生稻种子，带回湖南去翻秋测交。抓紧行动吧！"

接下来，袁隆平给两名学生详细讲解了野生稻的起源、品种、分布和进化历程，以及已知分布在我国江南各省的各种野生稻的生长习性和外观特征。随后，在收获成熟的不育系之后，动身回家之前，他们专门拿出几天时间集中寻找野生稻，终于如愿找到了第一批云南野生稻种子。这才告别了饥饿贫穷而又热情好客的驻地干部群众，带着分别瘦了十几斤的疲惫身躯，归心似箭地踏上了归程。

二、找到"野败"

海南崖县（今三亚），素称天之涯、海之角。迎风起舞的椰树、漫地挺立的剑麻和油棕、郁郁葱葱的热带丛林和水天相接的辽阔海面构成了这里迷人的独特风光。这里没有春秋冬，火辣的骄阳和湿热的海风常年炙烤和温润着这片天涯宝地，永世不竭的光热资源迎来了一批又一批热心的开发者。

1970年秋，袁隆平带领李必湖、尹华奇来到了这里的南红农场，加速繁殖不育系和寻找保持系。当年6月，湖南省"革委会"领导华国锋在常德召开的全省农业科学技术经验交流大会上，对水稻雄性不育研究表示了极大的期望、极其热情的鼓励和支持；而当年春，他们从云南采集的野生稻种子在湖南翻秋后，因气候和光照条件的差异而全部不能抽穗，致使试验未能做成。这更使袁隆平感到压力沉重，时间紧迫。因此，今年他们南繁的日期比去年更早，选择的地点也更南更热了。途经广州时，袁隆平还特地到华南农学院生态室去讨得了几粒华南野生稻种子，准备在天涯海角重新开展野生稻与栽培稻的测交试验。

其实，说是领导重视和支持，也不过就是给了他们一个"湖南省水稻雄性不育科研协作组"的名义，再在精神上鼓了鼓劲而已，在关系到研究人员切身利益的物质方面，直到这时为止，省里并没有给提供什么特别优厚的条件。一年总共不到3000元的研究经费，两个助手每月18元的生活费和每人每天0.5元的出差补贴费，这就是他们当年所获得的全部优惠政策的物质注解。当年，就凭着这么一点物质支持和精神鼓励，他们便可以抛家不顾，紧紧地追赶着太阳，在北回归线两侧的中国江南大地上，像候鸟一样地南来北往，操劳奔波，一年三造连轴转，连喘一口气的工夫都没有。

"李必湖，你老婆刚生了孩子，我就把你领走了，她不会有意见吧？"到了驻地，袁隆平一边打开自带的铺盖，一边笑着问李必湖说。

"不瞒老师说，我老婆说我一结婚，连'蜜周'都还没过就长期在外跑，这样的男人顶好就不要成什么家！她还说，如果我'再不有所收敛'，下一步她可能就要考虑跟我说'再见'呢！"李必湖也一边铺着床，一边苦笑着说。

"哈哈，这么看来，还是我这没老婆的好哇。你看，我今年都二十八了，还是独来独往，无牵无挂，优哉游哉，快乐如仙。谁叫你二十五岁就去当什么爹呢？"尹华奇乐呵呵地取笑他的师弟说。

"哼哼，我看你怕是狐狸吃葡萄吧？早几天还刚说请我'发动群众'帮助物色一个对象呢！现在就说什么'无牵无挂''快乐如仙'，好像这一辈子都不准备'伺候'女人似的！"袁隆平嘲讽着揭他的老底说。

"嘿嘿，我这话是专门针对李必湖说的呀，对您袁老师当然得另有一个说法。俗话说，上下有别嘛！"尹华奇故意嬉皮笑脸地"狡辩"说。

"有一部小说中引用了一个典故，说婚姻就像一座'围城'，城里的人想冲出来，城外的人想冲进去。现在李必湖已经进了城还没想往外冲呢，你尹华奇能不想往里冲？"袁隆平笑着说。

"照您这么说，袁老师您已经是久在'围城'之中了，那您的感受又如何呢？"尹华奇追问说。

"嗯，照我看嘛，城还是该有一座啊。不过，你得善于解围，解围的办法全在于夫妻互爱和互谅。比如，李必湖你就必须明白，你那陈利群不愿你离家，首先是因为她爱你，她要不爱你，才不会跟你多啰唆呢。所以你也要以一切可能的方式回应她的爱，而不能以牙还牙形成对抗局面。其次是因为苦和累，所以你要体谅她，用一切可能的方式慰问和表扬她。同时，你要让她了解你工作的重大意义和这项事业将给你们共同的未来带来的美好前景，叫她跟你一道拿出信心和努力来争取。当然，我们也要在可能的情况下创造一些互相见面亲热亲热的机会。特别是像你们这样少夫少妻的，我能理解。将来我们可以把老婆带过来观观光，这样，她们就会满意了。即使不完全满意，她们也会更能容忍了。这'围城'的形势缓和了，你也就不会想往外冲了，你们说是不是？"袁隆平说。

"照您这么说，我老婆她不是真的要'休了'我啰？"李必湖开心地笑说，"那我就照您说的去试试看吧。"

"看李必湖这生怕出城的样子，想来这'围城'里头还是挺有味的呢！怪不得人人都说婚姻累，还人人都往里头钻哪。"尹华奇感慨地说。

"对于你尹华奇来说，就更是该往里钻的时候了。以我之见，一般男子三四十岁结婚比较合适。因为男人成熟得晚，一般三四十岁才开始真正懂点事，比较能够看准人。像李必湖这样，两个人都还是懵懵懂懂的，只知道好玩，结婚以后又互相发现对方并没有想象中那么完美，于是就要有一个比较烦人的磨合期。所以李必湖大可不必为你们小夫妻之间的一些摩擦感到恐惧和沮丧，你尹华奇则差不多可以比较成熟地'进城'了。"袁隆平说。

"哎呀，真没想到我们袁老师对婚姻家庭问题也有如此深刻的见解啊！那我可是还没'进城'就得了真传啦！等将来进了城，肯定会干得有声有色呢。"尹华奇俏皮地说。

言毕，师生三人一齐哈哈大笑。

这已是 10 月底了，师生三人在农场安顿下来，浸种催芽，播种育秧……又是一番忙碌。过后，袁隆平交代李必湖、尹华奇在等待出秧和秧苗成长这段时间，要抓紧在就近一带野外继续寻找野生稻。然后，他独自北上进京查阅资料，并与他素来尊敬的中国科学院遗传所和中国农业科学院等单位的老一辈专家学者探讨某些理论问题。

这时的袁隆平，自然还是一个无足轻重的小人物。虽然他已在《科学通报》上发表过一篇水平不俗的研究报告，并且在国家科委和湖南省党政组织的支持下，专心致志地进行了连续多年的专题试验研究。但他那篇科研报告还不足以使他在中国遗传育种学界取得一个引人注目的地位，在某些权威人士看来，他的那些试验研究不过是一些"异想天开的瞎打胡闹"。因此，他在北京十几天小心翼翼地汇报和请教，除了得到一些毁誉参半的批评或鼓励之外，并没有获得多少实质上的帮助和教益。其实，说来也不奇怪，尽管国际上作物杂交研究早已搞得如火如荼，硕果累累，但在中国，这一领域的研究几乎还是一片空白。部分高层专家既然自己都对此毫无兴趣，疏于研究，心里无数，他们当然也就不可能给你传授出多少真经了。说到底，就是当时的中国实在很难找到几个比袁隆平更全面而深刻地了解作物杂交领域最新进展情况的人。因此，他想要在学术界找到一位热心支持自己的研究，并能随时给予必要的理论指导的开明导师，便只能是竹篮打水——一场空了。

但是，高层科研机构比较完备的图书资料，却给他提供了颇为丰富的知识养料。尤其是在新近进口的各国重要科学期刊中，他又读到了许多颇有教益的、生动活泼的新思想、新理论和新见解。其中还有一条非常重要的信息，那就是琉球大学教授新城长友用粳稻品种钦苏拉—包罗Ⅱ为母本，与台中65杂交，育成BT型台中65不育系，同时把台中65不育系中的部分可育株经自交稳定育成了BT型不育系的同质恢复系，早在1968年就已经实现了粳型水稻的三系配套，只是由于其杂交组合F1代优势不明显，因而尚未能投入生产应用。

这真是一条惊人的信息，人家都已经实现三系配套了，我们的部分理论权威还在闭目塞听地把国内正在进行的同类试验斥责为"异想天开"，这真是多么可怕的落后和无知！

还好，他翻遍所有的最新期刊，都没有发现籼型水稻实现三系配套的报道。而他们所试验研究的则正是这个尚未见突破的籼型水稻杂交项目，但新城长友的研究成果还仅有理论价值,并没有走出实验室成为一项实用技术。这就表明,只要抓紧进行,以自己为代表的中国杂交水稻研究,仍有抢在世界之先,成为一项重大应用性生物学工程的希望。无论如何,形势都已是十分严峻,时不我待了!

就在这时,他收到两个学生发来的电报:"找到雄性不育野生稻。"他敏感地意识到这又是一个重要契机。时不我待!时不我待!他连票都没来得及买,就连夜爬上火车,直下广州,急转海南。到了驻地,他把提包一丢,连水都没喝一口,就叫两个学生带着下了试验田。

试验田里,一株正在扬花的野生稻已被移栽在一片广矮3784水稻的旁边。原来,这株被认为是雄性不育的野生稻,是李必湖和他们借住的南红农场的技术员冯克珊在离农场不远的一片沼泽地里找到的。他们当即把这株分蘖为三茎的野生稻连泥挖起,小心翼翼地搬回栽好,等待着老师回来做最后的鉴定。

袁隆平经观察后,又在三茎稻穗上各采集了一朵小花,回屋放在100倍显微镜下进行了检查,最终证实,这确实是一株十分难得的碘败型花粉败育的野生稻雄性不育株。这是在原有的C系统和D系统之外找到的又一个不育种质资源,是一个非常理想的远缘野生稻资源,它无疑是对现有试验范围的一次意义重大的突破,真是可喜可贺!

"小伙子们,干得好,干得好啊!"袁隆平兴奋得眉飞色舞,连连叫好。接着他又拍着两名学生的肩膀笑呵呵地说:"鉴于它是一株野生的碘败型花粉败育雄性不育株,我们就把它命名为'野败'吧。哈哈,'野败',我们的又一份瑰宝!但愿它是一株真正核质互作的S(rr)基因型不育株啊!"

"那我们今天晚餐来瓶酒庆贺一下吧!"尹华奇说。

"行!李必湖切腊肉,尹华奇去买瓶酒,把冯克珊也叫来,我们一起干一杯。"袁隆平手舞足蹈地说。

接着李必湖切好他们从湖南自带的腊肉,并烧着柴灶,袁隆平亲自掌厨,尹华奇买来白酒一瓶。不久,冯克珊来到,袁隆平已做好腊肉、白菜和萝卜三道大菜,尹华奇给四只粗瓷大碗分别倒好酒,四条汉子一齐举起大碗,由袁隆平提议："为'野败'的发现，干杯！"

挺有意味的是，省领导曾要求组织省内精粹科研力量进协作组协同袁隆平开展研究，然而，事实上，省内农学界有名的权威专家却没有一个有兴趣前来参加这项研究。1970年夏，省里曾召开了一个四五十名专家参加的杂交水稻科研座谈会，会上相信袁隆平的科研设想的人寥寥无几。一位被特意请来做学术指导的中国科学院学部委员，也在会上断言，"自花授粉作物自交不退化，杂交无优势，研究杂交水稻毫无意义"。袁隆平以杂交玉米和杂交高粱优势显著为例，与他进行激烈的争论，这位学部委员竟气得当场拂袖而去。直到1970年底，才有省农业厅贺家山原种场的周坤炉和湖南农学院的罗大年等不多几个初级科技人员正式进入协作组工作。其中周坤炉还是李必湖于1970年夏天刚在贺家山原种场带出的"徒弟"；罗大年虽然1962年就大学毕业，已在大学执教多年，但对杂交水稻的理论和实践也还缺乏研究。虽然这几位后来确实都被袁隆平培养成了中国农学界赫赫有名的高级专家，但在当年看来，他们实在还很难算得上是湖南省内最有实力的"精粹科研人员"。由此，也足以见出当年的袁隆平学术境况之凄清孤独了！

"袁老兄，我现在已经被调归你管了，你可得拿出几手真功夫来给我看看啰！"罗大年是新老部属中唯一不叫袁隆平"老师"的人。很明显，袁隆平不过是一个中专教师，而罗大年可是大学教师呢。他这话中的潜台词，袁隆平是再明白不过了。

"罗老弟，如果你是想学真功夫的话，我还是劝你老老实实地先从孟德尔的遗传法则学起，我的功夫就全都是在他老人家的理论基础上生长出来的。"袁隆平故意装糊涂，只把罗大年的态度当成谦虚来引导说。他知道罗大年上大学时，正赶上中国全面推行米丘林－李森科学说，经典生物学知识掌握有限。要搞杂交水稻研究，不光缺乏实践，连理论都得补课。

"孟德尔这种资产阶级学说有什么好学的？我们都是讲米丘林学说。"罗大年瘪了瘪嘴，不屑地说。这就是当时中国的怪现象，高层科研机构早已恢复了孟德尔-摩尔根遗传学的研究,而各农业大、中专院校却仍在专门讲授米丘林学说。

"你这么说,我就知道你不懂经典遗传学了。孟德尔是农作物杂交实验的老祖宗,你知不知道?这些基本常识,我们安江农校的中专生都懂得呢。这么着吧,我先给你透露一条3:1分离法则,孟德尔证明植物的杂交第二代会发生3:1的性状分离。现在我们的试验田里就有几片F2代的禾苗。我带你到田里去数,你要是数得跟孟德尔法则相符,你就信了我,今后好好跟着学;要是不符,你就不要再听了我的话,以后我听你指挥。怎么样?"袁隆平说。

"真有这么神?"罗大年竟然真的要去数。

于是,袁隆平带他来到一片试验田边,指着田里的禾苗说:"这一片就是,看到了吗?有两种明显高矮粗细不一的禾苗,这就叫分离现象。你下去数吧,记住,它们之间的比是3:1。"

罗大年下田分别数完两种不同植株后,上来默算了一下,先是点头说"错是不错",可随即又说:"不过,这很可能是一个偶然现象,你可别故意拿这个来糊弄我。"

"罗老弟,你这种科学认真的态度非常好,搞科研就得这样不为某些偶然现象所迷惑,我们是应该多数几片才行呢。"袁隆平一边表扬他,一边把他带到另一丘田边说,"这一片也是,你去数吧。"

罗大年果然又下田数了起来。数毕,他默然良久不语。

"这一片也相符,是吧?"袁隆平明知故问。

"……嗯。"罗大年终于很不情愿地点了点头,勉强发出了一声含糊的承认。

"那边还有一片呢,你要不要再数数?"袁隆平故作诚恳地问。

"嘿嘿,算了,算了……"罗大年虽然不得不服气了,但他却始终没有明确而爽快地说出一句服气的话来。

傍晚,大家一块儿来到海里游泳。罗大年忽然眼睛一亮,神气十足地笑着说:"袁老兄,游泳你可游不赢我,我是农学院的游泳冠军!"

"这我就最乐意跟你比试比试啰,不瞒你说,我也得过不少冠军呢!"袁隆平也兴致勃勃地指着大约200米外的一块礁石说,"这样吧,我们从这里起游,以那块礁石为终点,谁先爬上那块礁石算谁赢。我们请其他所有同志一起当裁判,怎么样?"

"可以,游什么姿势呢?"罗大年很在行地问。

"游蛙泳吧,我让你先游10米左右,然后我来追你,怎么样?"袁隆平故意逗他说。

"那不行!等下我赢了你还说是让我的,你可真狡猾啰。"罗大年胸有成竹地说。

"好吧,既然你这么较真,我们就认真来比一比。"袁隆平从容地说。

于是,李必湖、尹华奇等一应同伴共做裁判,齐呼一声"预备——开始!"两人便如蛟龙入海,"唰唰"地向那作为终点的礁石蹿去。起初百把米还势均力敌,游过半程之后,罗大年便慢慢显出力不从心的势头,距离终于越拉越大,最后竟以二三十米的差距不得不屈居第二。然而,他并不甘心,回来后又说:"这回吃了你的亏,蛙泳不是我的强项,我要跟你比自由泳。怎么样?"

自由泳更是袁隆平的拿手好戏,于是袁隆平又说:"这回我提议先让你游20米,你不会再反对了吧?"

罗大年忽闪着两只眼睛默想了一下,终于点头同意说:"嗯。"

于是,大家又齐呼一声"预备——开始!"罗大年一跃下水,就蒙着个脑袋,拼命挥动着胳膊,"哗哗"地领先而去。袁隆平成竹在胸,等罗大年游出20米开外,他也一跃而下,像一枚刚刚发射的鱼雷,贴着水面"呼呼"地向前蹿了过去,最后,还是赢了罗大年一二十米。

"你这个水平能当冠军,可见湖南农学院游泳人才之匮乏了。"袁隆平取笑说。

"嗯,游泳你是不错。"罗大年终于比较明确,但仍然很有限度地肯定了袁隆平的成绩说。

吃过晚饭,有的人开始打扑克。罗大年又找到袁隆平说:"袁老兄,我们来赛几盘象棋如何?"

袁隆平看着他那傻呵呵憨态可掬而又多少带着几分狡黠的样子，不免有点无奈地苦笑了一下说："罗大年，你硬是输不怕啊！你问问他们看，谁下象棋能下过我？"

"说不定我就能下过你呢。"罗大年狡黠地忽闪着眼睛说。

于是说好三盘两胜，双方摆下棋子，你来我往，杀了两三个钟头，最后竟真的给罗大年以 2:1 赢了。罗大年这才以完全肯定的语调说："怎么样？我还是有比你长的地方啊！"

看着他那踌躇满志的神色，袁隆平终于不得不由衷地赞叹说："不错，你小子是有某些过人之处。不过，你可得把这副至死要赢的劲头用到工作上去啊。"

罗大年也终于看出了袁隆平的容人之量、服人之智，和过人的真才实学，他虚心学习，刻苦训练，加上毕竟有大学毕业的文化基础，因而无论在理论还是实践上，后来都修炼出了很深的造诣，取得了骄人的业绩，在这批杂交水稻科技人员中成为第一批取得研究员资格者之一。

历史从又一个角度成全了袁隆平。中国遗传学界和农学界诸多权威人士对杂交水稻研究的不屑甚至鄙视，反倒使学术上孤独无依的袁隆平成了中国杂交水稻研究领域无人能与之比肩的唯一祖师和最高权威，日后在这一领域里成长起来的所有其他权威和非权威学者，无一不是他的徒子徒孙或他的学术思想和工程理论的遵行者或崇拜者。而有幸于 1971 年前后奔赴海南岛投入杂交水稻学习和研究的人员，则大都成了中国第一代成就卓著的杂交水稻专家，和这一事业的大小领导者，就像当年有幸参加红军上了井冈山，连放牛伢子和光头伙夫后来都当上了部长和将军。而袁隆平就是中国杂交水稻科研领域里的"打江山"者，他不怕孤立，不畏艰险，不辞劳苦，勇往直前，终于带出了自己的队伍，独创了必将永远打着袁隆平印记的杂交水稻工程理论和应用体系，以及足以供他终生自由驰骋的科研领地。

尽管农业和遗传学界多数高层学者对杂交水稻研究表示怀疑甚至反对，但出于对粮食增产的急切期盼，1971 年初，国家科委和农业部还是断然决定组织该科研项目的全国性协作攻关。当年3月下旬，正当"野败"的F1代"子女"抽穗的时候，湖南、广东、广西、江西、湖北、福建、辽宁、新疆等13个省、市、自治区的18个科研单位的50多名农业科技人员，先后来到袁隆平小组的驻地——海南三亚南红农场，并分别住在附近一带，前来参与研究。

说是"协作攻关"，其实各省所来的科技人员，对于杂交水稻研究的理论和试验却几乎全都从未接触过，要参加研究都得像罗大年一样从头学起；来自江西萍乡农科所的颜龙安、文友生和赣州农科所的伍仁山则干脆明确说是来跟班学习的，倒还使人感到比较实在。这无疑使袁隆平又一次面临着一个重大抉择——是封锁、独占现有技术和成果，还是无条件、无限度地传授扩散它们？

这时，"野败"的杂交F1代已表现出非常优越的雄性不育保持功能，寻找保持系突破在即。这份凝聚着师生三人整整八年心血和汗水的宝贵成果，迄今为止，还只有他们自己知道它的价值，要实行技术保密是非常容易做到的。按照国际学术界的通例，在这种情况下，是任何项目主持者都不可能容忍别人以"协作者"的名义横插进来分享成功的。一般守德的学者，也会自觉地不去掠人之美。然而，在当时的中国，根本就没有什么著作权、发明权、专利权该归谁谁谁享有的概念。除了对外国人之外，一般民用科技的发明创造新成果，谁都无须经过谁的允许，即可大咧咧地实行"拿来主义"。因此，当年的国家科委也就根本没有去考虑什么新老研究者之间的权利关系问题。即使是在这种情况下，如果袁隆平稍有一点私心的话，他也完全可以随便分发一些C系统和D系统的种子给新来的各省"协作者"跟在自己后面做做练习，而让自己的小组独自运用"野败"去夺取最后的成功。这样，他便既可像"阿庆嫂"一样把上下左右的关系处理得圆圆满满，又可独享成功的荣誉。

然而，就在这种求天下之功，还是谋一己之功的重要抉择关头，袁隆平几乎没有经过什么重大的思想斗争，就毫不犹豫地选择了前者。不管来自哪个省、市、自治区的，到了这里，就是一个中国团队。多一个人就多一份力量，多一分早日突破、早日成功的把握。无论谁最先试验成功，都是中国的成功。他没有忘记日本的、美国的、澳大利亚的、印度的，还有菲律宾……各国的竞争对手。时不我待，不容你小肚鸡肠，眼浅势利。往小了讲，是要为中国争得一项世界领先的科技声誉；往大了讲，是要为中国和世界驱除饥荒。两个目标无一不需要这个项目的学术带头人放开胸量，拿出大将风度，容纳五湖四海，催动千军万马，叱咤天下风云。就在那些政治权贵高喊着所谓"斗私批修"的口号，实际上却在背后干着争权夺利的丑恶勾当时，从来不把"斗私批修"挂在口上的区区小民袁隆平却真正向世界敞开了无私的胸怀。

"各位朋友，你们来得正是时候。要是早来，你们可能要跟着我们走不少弯路，吃许多苦头。现在，我们找到了'野败'，它的F1代正在扬花，其保持雄性不育的势头足以令人耳目一新。我已经直觉到，成功地找到它的保持系，并据以转育出新的不育系，离我们已只隔着一层纸窗，只要大家再轻轻一捅，成功就会出现在我们面前。

"当然，这并不是说，我们找到'野败'之前的工作都白做了，绝对不是的。通过过去八年的试验研究，我们搞清了水稻雄性不育的种类和许多基本原理；熟练地掌握了测交、回交，以及人工制保、制恢等各种杂交方法；摸索出并熟练地掌握了运用这些杂交方法繁殖不育系和寻找保持系、恢复系的一系列工作程序和技术要领；诞生了利用野生稻资源实行远缘杂交寻求突破的崭新思路。可以说，要是没有前八年的艰苦摸索，就不会有'野败'的发现，也就不会有今天峰回路转、柳暗花明的新局面。

"好啦，各位朋友，我们现在言归正传，我今天要给你们讲的正式课题是'水稻雄性不育系转育的基本方法'。

"按照经典遗传学理论，水稻雄性不育系的转育过程，实际上就是细胞核的置换，也就是染色体的代换过程。例如我们用'野败'做母本去与某种性状优良的正常水稻测交，如果它们的后代中有不育株出现，我们就选择不育度高，并具有父本性状的不育株做母本，回头再和它的'父亲'回交。每回交一代可获得父本染色体增加50%的若干个体，连续回交四代，就可能获得24条染色体全部是父本的个体。用图来表示，就是：

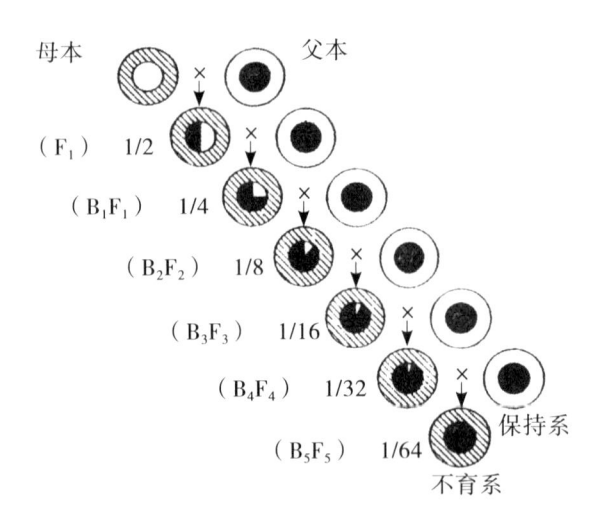

```
母本        父本
 ○    ×    ●
     (F₁)  1/2
            ◐   ×   ●
           (B₁F₁)  1/4
                   ◐   ×   ●
                  (B₂F₂)  1/8
                          ◐   ×   ●
                         (B₃F₃)  1/16
                                 ◐   ×   ●
                                (B₄F₄)  1/32
                                        ◐   ×   ●  保持系
                                       (B₅F₅)  1/64
                                               不育系
```

"图中表示母本细胞的圆圈的外圆阴影部分为细胞质，里面的小圆为细胞核；表示父本细胞的圆圈也一样，外圆为细胞质，里面的黑圆为细胞核。由于遗传规律决定了父本的细胞质基因不能遗传给后代，因此，后代的细胞质永远跟随母本不变。但是，父本的细胞核基因则每交配一次，都能在后代的细胞核中增加50%的分量，这样，连续回交几代之后，其后代的细胞核就全部被父本取代了。如果这时，它们的后代稳定地变成了100%的不育株，并且每棵不育株都能达到100%的不育度，那么，我们就可以肯定我们最初用来做母本的那个不育材料（如我们的'野败'）的基因型是S（rr）核质互作的；而被连续用来做父本的那个正常水稻品种的基因型则是N（rr），即细胞质可育、细胞核不育。那个被连续回交出来的、稳定地达到了100%不育标准的杂交后代，就是被我们成功地培育出来的可以正式用来制种的不育系，而那个连续父本，就是终于被我们找到的保持系。在这个基础上，我们再用培育出来的不育系去与另外一些正常品种的水稻测交，凡是能使它们的F1代100%地恢复雄性可育和自交结实能力的，我们就认定它是这一不育系的恢复系。最终，我们就这样实现了三系配套，用不育系与恢复系杂交配置的种子发育出的F1代，经严格验证，如果优势突出，增产效果明显，这个种子就可供给农民用于大田生产……"

……

为了使新来各省、市、自治区的科研人员迅速入门，尽快形成科研实力，并尽早取得试验成果，袁隆平在驻地农场借用了教室，架起黑板；一连二十几天，他白天把大家带到田间手把手地进行速成训练，晚上对大家进行速成理论教学，真正是一天等于一个月，收效十分显著。

4月，"野败"的又一代种子收获了。早在上月，袁隆平就已让他们参观了李必湖、尹华奇给"野败"进行杂交繁殖的全过程。现在，他又把为数不多的、十分宝贵的"野败"种子分送给各省朋友每人几粒，使他们能直接利用现有的成果，高起点切入课题，把练习过程变成有用的试验过程，边学边练边干，一步到位地正式进入了试验研究状态，争分夺秒、最大限度为大家赢得了研究时间和尽早成功的机会。广西农学院的张先程来得较迟，没有分到"野败"种子，袁隆平不惜把自己留下的几粒分给他一半；福建农学院的科研人员育秧失败，后续研究无法进行，急得猴蹦猴跳，袁隆平得知后，只好把自己所剩的最后一兜"野败"不育株挖出一半分蘖，亲自送到该院科研人员的试验田里。

事实很快就表明了，无私地向世界敞开胸怀，把成功的希望分给了全国各地每一个参研人员的袁隆平，同时也以其高尚的德行征服了"天下"。那些和罗大年一样，身份已和袁隆平彼此不相上下的外省科研人员，也无一不把袁隆平视为尊敬的良师益友，心甘情愿地自认是袁先生的徒弟，并且以此为荣。无须任何机构任命，袁隆平就这样自然而然地成为整个中国杂交水稻研究的总设计师和最高学术技术统帅的地位。在整个杂交水稻科研领域，也已经没有任何人能够动摇袁隆平的这一崇高学术地位。

1972年初冬，湖南长沙马坡岭，省农业科学院子弟小学的一间教室里，一班小学生正在齐声朗读课文：

秋天来了，天气凉了，一群群大雁往南飞，一会儿排成个"一"字，一会儿排成个"人"字……

正在教室外面路过的袁隆平和周坤炉听到读书声，不由得一齐举目望了一眼天空，蓝天白云之下，果然有数列雁阵横空而过，凛冽的霜风早已把各类落叶树木剃了光头，远远近近的田野里，只剩一片枯黄的禾苑。从满目衰微的天地之间收回视线后，他们又对视了一下，然后便会心地笑了。南繁的日子又来到了，他们这群"南飞之雁"也马上就要起飞了。

今年是一个十分关键的年头，自从去年袁隆平将"野败"种子分送给各省科研人员之后，去年夏秋和今年春夏各地参研人员已经增加到了100多人。人家分头利用"野败"材料与数百个品种的正常水稻总共进行了数千个测交试验。其中江西萍乡农科所的颜龙安按照袁隆平的技术方案，用10粒"野败"种子的后代与常规稻"珍汕97"进行测交和成对回交，已经于今年秋率先转育成了"珍汕97"不育系和保持系，实现了保持系"0"的重大突破。袁隆平本人亲自指导周坤炉转育的"二九南1号"不育系和保持系也已回交到了第三代，眼看成功在即，形势非常喜人。

"行装全都准备好了吗？"袁隆平问周坤炉。

"全都准备好了，连种谷我都浸过了，正绑在身上催芽呢，这可以争取好几天时间。"周坤炉一面回答，一面掀起棉衣，腰部露出一只湿漉漉的布包，打开布包一角，便见里面全是湿漉漉的种谷。

"哎呀，这是谁教你这么干的？"袁隆平惊问。

"我自己想到的，人的体温是36摄氏度，正好是种谷催芽的温度。我夜里还得抱着它睡觉呢！"周坤炉得意地笑着说。

"这个办法好是好，就是怕会伤身体啊。"袁隆平关切地说，"可别把人弄病了！"

"没事的，我年轻身体好。包管病不了，更死不掉！"周坤炉信心十足地说。

"那你就赶快到农学院去看看罗大年准备得怎么样了吧。"袁隆平交代说。

周坤炉答应离去后，袁隆平回到宿舍，在桌前坐下，铺纸提笔开始给妻子写信。他和农科院单身干部路遥合住一个单间，他的户口粮油、工作关系都还在安江农校，到这里工作属于上级临时调用。因而平日连香烟肥皂的供应票证都领不着，生活境况实在颇有几分凄凉；房间里也有欠收拾，书籍、衣被凌乱无序，可见离开老婆之后，他又恢复了"油榨"的本性，不过，他的心里却挂着一份温馨的家庭情感和难以释怀的家庭责任。

哲妻如晤：

  冷月飞霜，长空雁鸣。南繁之期又到，明天我们就要登车赶赴海南岛了。我已连续三年没和家人在一起新年团聚，共度春节，而且，看来今后每年也肯定都得如此，直到我们的理想实现，杂交水稻应用成功为止。在没有我的日子里，你一人又要上班工作，又要操持家务，照料孩子，辛苦程度可想而知。我空为人夫人父，未能稍尽职责，常常感到非常内疚……

信还没有写完，罗大年却主动找上门来了，一副愁眉苦脸的样子说："袁老兄，请你给我帮个忙吧。"

"你想要我帮什么忙呢？"袁隆平问。

"是这样的，去年，你不是看到我们教研室的佘桂英老师拿钱请我帮她到海南买4斤墨鱼干吗？我今年4月买好后托一个同事带回来，叫他交给佘老师。可是他却懵懵懂懂把那东西交给了我老婆，我老婆就把那东西收藏在家里。我直到前几天才知道，于是就把那墨鱼干偷偷拿去亲手交给了佘老师。谁知这事当日就被我老婆发现了，她跟我大吵大闹，硬说我把家里的东西偷去送给别的女人，肯定是有了什么什么名堂，更要命的是，她还要去找人家佘老师'算账'呢。我现在已经有口难辩了，你要是不去帮我证明是非，明天这南繁我就别想走了！"罗大年着急地说。

袁隆平听罢，不由得捧腹大笑，然后说："那你赶快回去，周坤炉到你家去了，这件事他也清楚，你就叫他做证吧！"

"哎呀，谢天谢地，好在许多人都知道。不过，你还是也同我去说明一下吧，证明人总是越多越好呀。"罗大年总算松了一口气说。

121

在大家的证明和调解之下,罗大年总算摆脱了困境;但由于他大智若愚,常常在一些无伤大雅的小事上闹出个把笑话,大家便给他起了个雅号,叫"罗呵呵"。

　　处理完这件事,第二天,袁隆平背着几把生烟叶来到了长沙火车站。李必湖、尹华奇、周坤炉、罗呵呵等一干人马都已到齐。他们按照分工,有的挑着腊肉火腿,有的挑着干菜黄豆,有的挑着铺盖行李,像是一群利用农闲时节结伴外出搞副业的农民。

　　"哎呀,袁老师,您怎么也吸这种生烟呀?"一个今年刚"入伙"的小伙子大惊小怪地问。

　　"我怎么不吸这种烟呢?这烟便宜,一块多钱一斤,我每月只要一斤,卷卷'喇叭筒',吸得很杀瘾呢!"袁隆平说。

　　"我还以为您起码该吸'大前门'呢!"小伙子感叹地说。

　　"我哪有钱吸'大前门'呀?我一家七口,全家每月收入不过百余元,不要吃饭吗?"袁隆平坦率地说。

　　一行人说笑着,随着赶车的人流拥进了站台,接着,所有的旅客都像攻占敌堡一样,英勇无比地向着车厢猛扑过去。袁隆平几次被人挤得从车门口掉落下来,还好几个年轻人率先轻装攻了进去,然后从车窗里把行李物品接应上车,最后,再回头到车门口伸手把袁隆平拉了上去。车厢里到处挤得水泄不通,烟味汗味脚臭味和各种食品味混在一起,熏得人作呕。这趟车长沙不是起点站,座位是别想有啦,几个小伙子把包着塑料布的床单和毯子等垫在过道的小块空地上,请袁隆平坐上当"软席"。大多数人只好挨挨挤挤地站在过道里,随着前进的列车左摇右晃。车上没有任何服务,就着自带的军用水壶里的白开水,啃揣在怀里的冷馒头和咸萝卜干,便成了他们的最佳就餐方式。这就是整个"文革"期间,也是袁隆平他们在长达十年的南繁岁月里南来北往乘坐火车的基本情状。

　　车到湛江已是终点,一行人下得车来,都想吃一点口味好些的东西了。有人突然提议说:"哎,今天让罗呵呵请客吧。今年袁老师派他到茂名当了一回顾问，得了整整300元顾问费呢，还不要让大家都沾点光？"

"没错，没错，罗呵呵早该主动请客了……"于是，大家七嘴八舌地表示赞同。

"我……我……哪有钱请客啰，我还没你们钱多呢！"罗呵呵有点不情愿地说。

"哈哈，你们就别难为人家老罗啦，他那300块钱早就上缴'国库'了，他老婆是'国务总理兼财政部部长'，不经报批，他哪敢请客？人家在家里都专门吃老婆的剩菜剩饭呢！你们谁有他可怜？"袁隆平故意跟罗呵呵逗趣说。

"你袁老兄老是夸大其词，我哪会吃老婆的剩饭剩菜呀？我不过是稍微有点儿'气管炎'罢了。可人家说，听老婆的令，服老婆的管，是男人的美德呢。"罗呵呵见所在多是知情人，事实无法遮掩，只好自我解嘲地说，"好吧，既然你们都这么小看我，那我倒是不能不拿出点雄风来给你们瞧瞧了。"

于是，罗呵呵果然雄赳赳、气昂昂地把一行10人带进站前的饭馆，给每人要了一碗虾油面，总共开支足足5元整。

不过，得承认，大家确实觉得这5毛钱一碗的面条吃得很解馋。别说是火车上憋这两天一夜，把人苦惨了，就是平时在家里和海南试验基地，也并不是每天都能吃到这样好的东西呀。那时，人们一天的伙食标准还不到五毛钱呢！

不日，队伍重新进驻三亚南红农场。周坤炉绑在身上的"二九南1号"不育系和保持系试验种子，经路上几天体温催芽完毕，当即被播进了试验田，将在这里进行第四轮回交。

江西首先突破不育系的消息，在各省南繁科技人员中不胫而走，给人们带来了重大的鼓舞，各省南繁试验组轮番把袁隆平请去指点迷津。由于籼稻不育系已初获突破，袁隆平及时指导大家调整研究方向，动员一部分省的研究人员跳过不育系研究，直接进入寻找恢复系的试验，另一部分转向粳稻杂交的研究，从而避免了千军万马重复同一层次试验的局面，全面加快籼稻三系配套的进度，并促进高纬度、高海拔地区的粳稻杂交研究，使未来杂交水稻的科技成果能迅速覆盖全国。广西农学院的张先程稍后率先找到籼稻恢复系，和辽宁省农科院的杨振玉后来率先突破粳稻三系配套技术和粳稻杂交优势关，无不源于此番及时调整。这已是后话了。

再说有一日，福建科研组的组长说好要来湖南组拜访，但袁隆平临时又被辽宁组拉走了。临走时，袁隆平特意交代负责管伙食的罗呵呵午餐多弄点菜，留福建朋友在组里吃饭，且千万不能收人家的饭钱。可是，福建朋友吃过饭后硬要交钱。罗呵呵口里说"不要交，不要交"，但看着人家掏钱，两只眼睛像长了钩子似的，巴不得赶快把钱钩过来。那福建人一眼就看穿了他的心思，于是把钱和粮票放在桌上就走。罗呵呵竟不等人家出门，就赶紧从桌上拿起钱和粮票来数。一数，粮票倒是一两不少，钱却少了5分。于是，他连忙追着那刚刚出门的福建朋友高叫："同志，还差5分钱哪！"没想到那福建朋友却以为是说他多交了5分钱，于是一边连连摇手回答着"不要啦，不要啦"，一边加快脚步一溜小跑飞也似的走了。

不多时，袁隆平回来，罗呵呵说："那福建人吃饭少交了我们5分钱，我喊他补交，他竟然一溜烟儿跑了！"

"唉……罗呵呵，你可真叫我不知该如何评判你了。"袁隆平被他弄得哭笑不得地说，"俗话说，'人情送白马，买卖争毫厘'，你比做买卖还无情呢！我们到别人那儿去，人家都不收我们的饭钱，人家来我们这儿做一回客，我们怎么能收人家的饭钱呢？我们湖南协作组连最珍贵的'野败'种子，都舍得无偿地送给参研的各省朋友，你却竟然追着去要人补交5分钱饭钱！这岂不是天大的笑话？好在人家没听懂你的意思，要不，这一回湖南人的面子就全被你丢光了。"

"你怎么知道他没听懂我的意思呢？"这一说，罗呵呵有点不好意思了，于是怯怯地问。

"我在路上碰到他，他说，你们那个老罗真认真，我多交5分钱伙食费，他都追着要退还给我！"袁隆平苦笑着说，"你可真是一个高级喜剧演员呢，连卓别林都不如你呀！倒也好，我们在这里连'革命样板戏'都看不上，要不是你给大家带来点欢乐，我们可全都得憋死了。"

正说着，尹华奇领了一名二十二三岁的漂亮姑娘进来，向袁隆平介绍说："袁老师，这就是我未来的那座'城堡'，她叫刘秀美，三亚当地人。她说她已经决定嫁给我了，连她的父母家人也都表示同意，所以我领她来正式拜见您。来日举行仪式，您就是证婚人了。"

"袁老师好！早就知道您的大名了，今天能见到您，真是太高兴了！"刘秀美也大大方方地向袁隆平问候说。

"哈哈，好啊！尹华奇你小子有眼力，这么漂亮而又文雅的海南姑娘都被你瞄准了，真是难得难得，可喜可贺啊！"袁隆平兴奋地说。

"这都是受了您的'攻城理论'的鼓舞激励啊！要不，我怎么敢在海南找婆娘呢？"尹华奇戏谑说。

"怪不得这段日子，你小子老是一个人单独往外溜啊，原来是出去'攻城'去了！这回你可是精神与物质双丰收呢，别人都只育了些谷种，可你连人种也一块儿给育了。"袁隆平也幽默地说。随后，他又转向刘秀美笑问："小刘同志，我们这样开开玩笑，你不在意吧？"

"没关系，袁老师，我觉得你们这些人都很幽默风趣，我很喜欢你们这样无拘无束的环境。您的'围城'理论，尹华奇也给我介绍过呢。我说，我们彼此都不应该成为对方的'围城'，我们应该努力创造一个使双方都能自由翱翔的家庭环境。"刘秀美很开明地说。

"有你这话，尹华奇就幸福了。不过，你嫁到湖南去也绝不会吃亏，湖南的男子汉个个都怕老婆呢。"袁隆平笑着说。刚说罢，他就发现了话中的漏洞，于是又赶紧补充了一句说："当然，毛主席他老人家可不包括在内啊！"

"照您这么说，那您也一定怕老婆啰？"刘秀美也禁不住抿着嘴"咯咯"地笑着说。

"我可是江西人啦，我们江西男人才不怕老婆呢！"袁隆平说。

"你别信，我们袁老师虽是江西人，可是，江西男人比湖南男人还更怕老婆呢！"尹华奇说。

"没错，没错，全国就数江西人最怕老婆，所以我们袁老师也就只敢在这外面吹吹牛皮。一回到家里，还不一样被师母训得一愣一愣的……"众湖南人见说，一齐来了劲头，于是嘻嘻哈哈一窝蜂地起哄起来。

袁隆平见状，不得不笑着摇头说："哎呀，看样子，还是不能得罪多数啊。打击面过大，连老师的面子都保不住呢！哈哈……"

1973年9月，在长沙马坡岭，袁隆平和周坤炉转育的"二九南1号"不育系经过连续三年共七代的测交和回交，10个株系共3000株试验稻，终于全部达到100%不育，且性状与父本完全一致的标准。由于袁隆平去年动员部分省提前进入恢复系研究，并提前提供部分性状尚未完全稳定的"二九南1号"不育系种子给大家做测交母本，致使广西农学院的张先程在南宁与周坤炉在长沙稳定育成不育系的同时，找到了"二九南1号"不育系的恢复系，使这个比江西晚一代育成的不育系后来居上，率先实现了三系配套，成为全国第一个投入生产应用的不育系。

因势利导地利用国家科委和农业部组织的全国协作攻关机会，高起点扩大试验面，全面提高成功概率的做法，至此已取得了显著收效。

十年的风雨兼程，十年的坎坷磨难，十年的艰辛血汗，终于把十年前在安江农校那个凄清的冷月飞霜之夜通宵不眠所勾勒出来的美妙蓝图，变成了一项实实在在的、即将在中国大地上掀起一场新的绿色革命的遗传育种学工程技术。某些反对者所谓的"三系，三系，三世也搞不成器"的预言破产了。

创新战胜了保守，勇锐战胜了平庸，发展战胜了停滞，理论活用战胜了经院学究。袁隆平终于长长地舒了一口气，悬在心里多年的一块石头总算落地了，现在可以挺起腰杆说话了。十年，整整十年哪！尽管他从来没有失去过党和政府的信任和支持，但是一方面，正因为领导重视，他的内心就不能不时刻感到一种额外的沉重压力和久久拿不出成果的焦虑。另一方面，面对学术界保守势力的攻击诋毁，他在未能拿出最初步成果的情况下，几乎根本没有说话的余地。尽管实际上他并没有比任何一位学术权威少读几本书，尽管他的胸中有的是生动活泼的知识和理论，尽管他对国际农作物遗传育种，尤其是杂交育种的最新进展了如指掌，但是，他位卑言微，没有影响，一句话，他还没有取得和权威们对等论理的资格。他只有一条出路，那就是用事实说话。有了事实，他才有说话的权利；有了事实，他才可能有稳立于不败之地的安定心境。为了寻找和拿出这个事实，十年来，他差不多是背负着一整座泰山在日晒雨淋的泥巴地里摸爬滚打哪！

"周坤炉，好小子，我们成功啦！你看，张先程来了电报，恢复系也找到了。现在三系配套已经实现了！哈哈——"袁隆平手舞足蹈地挥动着一份电报，对正在试验田里给"二九南1号"不育系进行人工授粉的周坤炉说。

试验田里，3000株不育株抽出的稻穗正张开着颖花，败育的雄蕊一个个蔫头耷脑，了无生气；唯有健旺的雌蕊羞羞答答地伸出柱头，等候着一场婚外艳遇的光临。"她们"那雌性十足的渴望，又一度从遗传调控的角度证明了人类的智慧和科学的力量。而站在"她们"身边的袁隆平，就是这智慧和力量的化身。

"哎呀，那太好啦！我们这里不育系和保持系还刚稳定，他就找到恢复系了，这可真是双喜临门啦。"周坤炉也不禁光着两只泥脚兴高采烈地跳了起来说，"那下个月您在国家科委和农业部召开的全国水稻科研会议上就可以扬眉吐气了。"

"是呀，是呀，都受了整整十年的理论压迫了！要再不取得发言权，都要被煎熬得吐血啦。"袁隆平不由得感慨万千。

这时，一个卖冰棒的女子骑自行车驮着一只冰棒箱一边叫卖，一边往这边驰来。袁隆平忙把她叫住，对周坤炉说："周坤炉，你跟着我转育成'二九南1号'不育系，也劳苦功高啊。我今天先用冰棒犒劳你一下，我自己吃10根，你吃20根，怎么样？"

"哎呀，您的胃肠不大好，可别再吃这么多冰棒啦，会伤胃呢。我是没问题啰，吃20根冰棒小菜一碟。"周坤炉说。

"哈哈，管它呢！今天我们高兴，尽情地吃一回！"袁隆平说完，便转身招呼那冰棒女郎："哎，妹子，把车搁好，等我们吃完了你再走。"

"嘿嘿，大叔，您真是个好主顾！我一天要能碰上10个您这样的消费者，日子就好过了。"冰棒女郎笑逐颜开地说。

"你这鬼妹子野心也太大了，每天能碰上一个就不错，哪里天天会有人像我们袁老师今天这样高兴！"周坤炉也逗趣说。

于是，师徒俩便傍着冰棒箱大吃起来。袁隆平一面吃，一面说："等下授完粉，你记着给张先程发份电报，祝贺他测配恢复系成功，请他再接再厉，扩大战果，力争多测出几个恢复系来。另外，你给江西的颜龙安也发份电报，他的'珍汕97'不育系还一直没找到恢复系，叫他赶快从来自菲律宾国际水稻所和东南亚一带的水稻品种中去寻找恢复系。"

"那我们自己下一步怎么办呢？"周坤炉问。

"我们也不能松劲啊！下一步，我们一方面也要继续抓紧用国际水稻所的IR24、IR26等IR系列品种，和很有希望的泰国品种'泰引1号'等，与我们的'二九南1号'不育系测交配组，迅速搞出几个强恢复系和强优势组合来投入粮食试生产。另一方面，我们还要继续力争用'野败'转育出更多的优良不育系来。只有当我们的水稻杂交技术在全国粮食生产中全面地发挥了作用，我们才能算是取得了真正的成功。"袁隆平冷静地说。

"没问题，袁老师。三系配套那么多的难关我们都闯过来了，现在就差一个优势组合了，还能难倒我们？"周坤炉信心十足地说。

"有信心就好，抓紧干吧！我以后要抓紧时间写一些论文，全国性的会议活动也可能会更多，你要学会更加主动和独立地开展试验研究啊。"袁隆平关切地看着他的弟子说。

三、优势转化

1973年10月，全国水稻科研会议在苏州召开。这次会议，全国水稻育种、栽培、植保等各方面的专家权威和代表性人物基本上都到场了。除了军事科研之外，"文化大革命"几乎砸烂了一切科研领域的"资产阶级坛坛罐罐"，唯独在田地里进行的粮食增产研究从未完全中断过，也唯有相当一部分农业专家还未被关进"牛棚"，反被视为有用人才而获得了继续工作的特权。

在这些农业专家中，袁隆平又是一个非常奇特的人物。在社会底层的造反派看来，他俨然是一个"资产阶级反动学术权威"，人们曾在运动之初愤怒地高呼"砸烂狗头"的口号，并真的砸烂了他的"资产阶级坛坛罐罐"，摧毁了他的试验禾苗。而在某些上层学术权威们看来，他又简直像是一个"不学无术的造反派"，他竟然无视权威，不听劝告，离经叛道，一意孤行，硬想弄个毫无意义的什么"劳什子"来向传统挑战。他哗众取宠，骗取声誉，劳师费钱，浪费国家人力物力；更为重要的是，这将搞坏学术风气，破坏科学严谨的论证规则。因而这就不能不引起这些权威专家的强烈不满甚至愤慨，致使他在学术界始终处于一种上不着天、下不着地的虚悬地位。他自然不情愿平平庸庸地处于一个中专教师那样的学术地位，他曾经屡次进京谦虚地向有关权威学者求教，其中不无请求承认、请求接纳的意思。但人家却始终看不上他，他成了一个学术界的流浪汉，几乎处处都是白眼和冷遇。他的研究虽然取得了上至中央领导，下至湖南省农业厅老厅长一批政界要员的大力支持，但作为一个自觉不问政治，唯愿以学者身份终生的人，光有政界的热情，并不足以使他的内心完全舒坦。作为一个学识不凡、底气十足、胸有成竹、敢作敢为的学者，他当然更希望能在本人所属的学科领域里说得上话，获得承认和尊重。说到底，他并不愿做一个仅仅被政治所看重而被学术界所轻视的人。因此，他急于要用事实、用真理的声音说话。

各位领导，各位专家学者：

我今天要向大家报告的题目是《利用"野败"选育三系的进展》。

水稻雄性不育课题的研究，自本人正式进入至今，已历时整整十年了。十年磨一剑，时间是显得长了一些，但科学规律的探求，毕竟不是变魔术。它必须得一点一点地撬开那扇阻挡着我们与预想结果见面的沉重的大门，最终才能眼前豁然开朗，喜见成功。其间的甘苦，在座的各位专家是可以想见的。

不过，不管怎样艰难曲折，今天，我总算可以在这里欣慰地向各位宣布，我们利用"野败"为原始材料，选育籼型水稻不育系、保持系和恢复系的试验已经成功。我国籼稻杂交的三系配套已正式实现。它预示着杂交水稻技术在我国水稻生产中获得全面应用并发挥显著的增产效益的时刻已是指日可待了。

……

袁隆平不紧不慢、不卑不亢地演讲着，接着，他详尽而欣喜地报告了利用"野败"选育三系的过程和有关原理、数据等，明确地阐述了三系配套成功和杂交水稻技术即将在中国获得广泛应用的必然性。

这可是中国科学界所获得的一个并不多见的、世界水平的重大成功啊！这可是温饱无着的中国人民和广大第三世界人民的福音啊！这可是一名不屈不挠的中国学者十年血汗结晶的铿锵一鸣啊！中国现代科技史上曾经有过几回这样激动人心的报告？

袁隆平深知自己报告的意义和分量，他等待着掌声的回报，他需要学界同人的认同和鼓励。他的成功已经顶着了天，他的心地却返回了纯真而稚气的童年——他希望"老师们"夸他一声"这孩子真能干"，并当场奖给他一朵小红花，使他能在"小同学们"面前获得一回由衷的骄傲和自豪。这就是当年的一位科技巨人从他的内心深处所发出的唯一的"自私的奢望"啊！

然而，掌声稀里哗啦，很不热烈。农学界诸位可敬的权威先生并不想让这名"调皮的学生"有太多骄傲和自豪的机会。

有人指出，杂交水稻三系配套，日本的新城长友教授早在1968年就搞成了，这不能算是首创。但是，他们没有说明新城长友搞的是粳稻，而袁隆平搞的是籼稻。

有人指出，三系配套成功，并不表明杂交水稻有优势，有前途。新城长友去年曾应邀访问过中国，据他自己承认，他的杂交水稻组合一直没有在试验中表现出明显的优势，故至今不能应用于生产。出于这个原因，菲律宾国际水稻研究所已把开展多年的杂交水稻研究项目取消，这说明杂交水稻研究前景无望已是不言而喻。

这倒是一条重要信息，可惜的是连新城长友这样的同行专家访华，袁隆平都没有资格跟他见面。否则，去年他们就应该有机会坐在一块儿尽情交谈，本来一定可以彼此获得良多的教益，而有资格和他交谈的中国专家却对杂交水稻毫无兴趣，所说竟全是消极无用的东西。难道把新城长友这样一位杂交水稻专家请到中国来跑一趟的唯一目的，就是要请他来证实杂交水稻的无用？

袁隆平真的困惑了，如此有益于国计民生的重大科研进展，都不能使素所尊敬的权威先生们脸上产生哪怕是一丝丝愉悦的表情，更不要说表扬和夸奖了，他们甚至吝啬到连一句廉价的肯定话都无法对你说出啊！整个一场会议，为他的报告而受到鼓舞，并衷心为他鼓掌喝彩的，仍然只有政界领导和他在海南岛上"收编"的各省协作组长。所谓在权威们面前扬眉吐气，不过是一个泡影，原来，三系配套这个"劳什子"竟是如此不值一提啊！

然而，苏州会议上毁誉参半的评判还不算是最坏的局面呢，更为严峻的情势还正在长沙等着他！

原来，为了验证杂交水稻的优势，袁隆平叫罗呵呵提前用尚未完全定型的不育系和恢复系，配制了一些试验性的杂交组合F1代种子，播种和栽培在长沙马坡岭的0.4亩试验田里，以观察其表现。初期和中期，试验稻长势非常喜人，估计单产起码可达500公斤以上。罗呵呵高兴得两脸放光，见人就吹那是一片性状超母本、超父本、超对照品种的"三超稻"。经他一宣传，弄得当时的省农科院赶紧上报，说是有片杂交水稻长得如何如何了不得云云。上级闻讯大喜，亲自前来视察后，又召集全省各地区生产组负责人和有关科技人员前来参观。没想到最后一验产，稻草倒比对照品种增产了一倍多，而稻谷却跟常规品种不相上下。

于是，本就反对杂交水稻研究的省内农学界权威人士便乘机嘲笑说："可惜人不吃草哇，要是人能吃草，杂交水稻这优势就太可观了！"

罗呵呵一时张口结舌，不知如何解释是好，只得默默地忍受了一顿臭骂，垂头丧气地走出了领导办公室。袁隆平从苏州一回来，罗呵呵就愁眉苦脸地找到他说："袁老兄，我们的杂交水稻研究怕要被取消了。人家都讥笑我们是'草包学士'，院领导的态度都动摇了呢！"

果然，第二天，袁隆平就被找去谈话了，内容同样是关于杂交水稻只长草不长谷的责问。

这真是又一个意想不到的变故啊，试验本身就是一种不可定论的东西，因而试验中出现预想不到的结果是完全正常的。试验者本来的目的也是在于观察其结果，并据以进行下一步的研究，而并不是就要把这个试验品种拿去推广应用。按说，这种本来就还不能明确说明什么问题的试验，是不宜组织过多外行人前来参观的。但领导们渴望推广杂交水稻增产过于迫切，竟把这种探索阶段的试验当成了推广试验来观摩，结果就把原本不是问题的问题闹大了，倒给反对者诋毁杂交水稻研究提供了一条口实。简直是阴差阳错，白日见鬼了！

但是问题既然出来了，不好好说明清楚，情势就危险了，农科院和省革委会的领导可是直接掌握着杂交水稻研究的生杀大权的呀！

"政委同志，实际上，我们这个试验并不是应用性的试验。我们只是想通过这个试验观察一下在某一种配组情况之下，杂交水稻是否有优势、优势有多大，以及其优势表现在哪些方面。然后，我们要根据试验结果，不断改变配组对象，取得多种结果来进行分析研究，最后才能找到适合于应用的最佳组合。因此，总的来讲，我们现在离杂交水稻的推广应用还有一点但并不是很大的距离。

"但是，这并不像有的同志所说的，这个试验已经表明了杂交水稻只能长草，而不能长谷。作物的杂种优势，可大体分为营养生长优势和生殖优势两大方面。所谓长草，就是营养生长优势的体现；所谓长谷，就是生殖优势的体现。一般来说，营养生长优势是生殖优势的前提和基础，如果首先没有营养生长优势，就根本谈不上什么生殖优势了。但有时，营养生长优势过旺，又会反过来影响生殖优势的发挥。对于以收获果实为目标的杂交水稻来说，我们要追求的应该是适当的营养生长优势和最大的生殖优势。现在罗大年同志的试验，已经十分清楚地表明了杂交水稻的优势是很显著的，当然，在这个配组中，优势还只体现在营养生长方面，但今后通过不断改变配组对象，我们就可以逐步把优势引导到生殖上来。

"总而言之，杂交水稻有没有优势，是一个根本的原则的问题；而杂交水稻在某一情况下优势有多大，以及主要表现在哪个方面则是一个技术问题。根本的原则问题是不可改变的，而技术问题却可以不断加以改进。所以，我认为，罗大年同志的这次试验是非常成功的，因为他已经从根本问题上证明了杂交水稻大有优势。至于长草还是长谷，我们可以通过进一步的试验来予以解决。

"当然，这件事，事先我们没给领导说明清楚，牛皮吹早了一点，又没有及时劝阻外行人前来参观，结果弄得领导处境很尴尬，很被动，这方面我们是有责任的。我今天代表我们杂交水稻科研协作组在这里向院、省领导检讨致歉。务请省、院领导继续大力支持这项已经胜利在望的研究，千万别使它功亏一篑啊！"

"照你这么说，杂交水稻还是有优势，并且最终肯定不会光长草，不长谷啰？"政委同志表情舒缓下来问。

"我可以100%打包票，并以我的人格担保，不出一年，就可以使杂交水稻的优势转移到生殖上，也就是长谷上来！"袁隆平胸有成竹、信心十足地保证说。

"噢，那就好。经你这样一解释，情况就明了了。谁说我们支持杂交水稻研究是'上当受骗''劳民伤财'呢？杂交水稻还是大有前途的嘛！没事，别担心领导变卦。你们放心好好干下去，不过，要尽快拿出可靠的成果；否则，不好说话。今后，没有确定的把握不要乱吹。"政委同志爽快地说。

几天之后，袁隆平就率队进驻海南岛试验基地。当年冬，他决定用"二九南1号"不育系与引自菲律宾国际水稻所的恢复系IR24配组，并亲自播种、育苗和杂交授粉，终于于1974年春，育成了中国第一个可投入大田生产应用的强优势组合"南优2号"。当年在安江农校做生产应用性试验，栽培面积达20多亩，用于中稻，亩产达628公斤；用于晚稻，亩产达511公斤；分别比常规水稻增产30%以上，扣除大田生产的条件因素，预期推广应用后，亩产仍可比常规稻平均增加20%以上；且一般常规水稻的草谷比为1:1，而"南优2号"杂交稻的草谷比为1:1.4。长草与长谷的问题也迎刃而解了。

四、突破制种关

杂交水稻生产应用性试验的结果，用无可辩驳的事实，确定无疑地向人们展示了杂交水稻完全可以大幅增产的辉煌前景。但是，这并不意味着杂交水稻投入大面积推广的问题就已全部解决。

杂交水稻能否进入大规模生产，还取决于能否及时和足量地为生产者提供经济合算的优质杂种。可是，由于不育系存在的一系列不利于繁殖的生态特性，致使袁隆平等人的试验制种，最初亩产只有5.5公斤。平均每公斤种子要达到73公斤普通稻谷的比价，也就是说，这种种子如果要进行经济核算的话，那么，它的价格应该是常规稻种的73倍。虽然杂交稻的用种量只需常规稻的20%，但是单位面积的种子成本还是要高于常规水稻70倍以上。如此昂贵的稻种，农民是不可能接受的。另外，按照这个制种产量计算，农民每栽种一亩杂交水稻，就要拿出近两分田来用于制种，如果杂交水稻增产20%，那么其增产效益正好被制种占去的耕地效益全部抵消，再加上种子成本的提高，栽种杂交水稻的总体效益反而比栽种常规水稻下降，推广杂交水稻便毫无意义了。

真像唐僧取经一样，九九八十一难，少过一道坎坎也到不了西天啊！过去，总以为杂交水稻的问题无非就是三系配套和优势高产。一旦三系配了套，而选育的组合又有高产优势，推广应用便是顺理成章的事了。没想到现在还遇到了一本经济账，而这笔经济账一算，制种产量能否过关的问题也就凸显出来了。

好像有人专门要跟杂交水稻过不去似的，一旦出现问题，立即又有人断言："水稻花粉量少、寿命短，雌蕊柱头小，且多数品种不外露，每日开花时间又短，这一系列不利于异花授粉的特性，注定了杂交水稻过不了制种关。即使三系配了套，又有显著高产优势，也无法在生产上大面积推广应用。"

很难理解这些人的思维和意图，你说他们是故意要跟袁隆平作对吧，他们与袁隆平之间又素来无冤无仇；你说他们是不学无术吧，他们又全是学富五车的专家权威，说出的意见头头是道；你说他们是不想粮食增产，不愿科学进步吧，他们自己又都在那里沿用着他们认定为正道的那一套路数辛辛苦苦地跋涉。那为什么一定要贬损别人的探索呢？而且可以肯定这种贬损丝毫不能给国家和自己带来任何益处。

不过，袁隆平现在已经真正地成熟了。他心里非常明白，现在，他唯一的敌人就是那道耸立在他面前、阻挡着杂交水稻走向大田生产的制种技术屏障。而那些坐在船上一次又一次断言他这个游泳者一定会淹死的先生，不管出于什么心思，总归还是人民内部矛盾。用不着多费心思去揣摩别人的心思了，他们的断言，已经不能对他构成什么威胁。他是否真的会在水里淹死，取决于他自身的体力和游泳技术，取决于他能不能越过那道阻碍着他继续前进的技术屏障。他无须高声争辩，愤然抗议，徒然浪费时间和精力。尽快地拿出事实，就能够说明一切。拿出事实，永远是他发言的最佳形式。

首先要考虑的是，最低限度需要多高的制种单产，才能开始使种子的生产者和消费者双方都有利可图，从而开始乐于接受杂交水稻。这仍然是一笔与科研本身毫无关系的纯粹的经济账，但是为了科技成果的转化应用，他还是不得不继续算下去。一条最简单的原理是，一方面要使种子的消费者（也就是使用杂交种子生产粮食的农民）乐于接受杂交种子，就必须使他的总体生产效益有显著的提高。据调查推测，纯收入提高的幅度最起码要达到15%以上才能产生足够的吸引力。另一方面，还要使种子的生产者（也就是按照技术规程制种的农民）也能达到同等的增收目标。按常规稻高产每亩400公斤计，杂交水稻必须在亩产增长20%、杂交种谷价格不超过常规种谷12倍的情况下，才可能获得纯收入增加15%的总体效益。那么，杂交制种的单产必须至少不低于40公斤，才能保证制种农民也获得同等的增收效益。因此，启动杂交水稻大面积种植所必须突破的制种单产最低指标便是40公斤。

其次要考虑的是，杂交制种有没有可能达到单产40公斤以上的科学依据。反对论者的论据是"花粉量少、寿命短……"这些不利因素都是客观存在的，确实不可忽视。按照杂交水稻种谷每千粒重26克推算，40公斤杂交稻种大约有154万粒，也就是说，母本结出这些果实，最少需要实际接受154万粒来自与它配组的父本的花粉。考虑到父本花粉可能有99%的飘散浪费，那么，在整个扬花期间，每亩制种田里的父本就必须能释放出不少于1.54亿粒花粉，才能实际育出154万粒即40公斤种子。有这个可能吗？据多年的观测，虽然单个的水稻花药花粉数量确实较玉米、高粱为少，但水稻的总颖花数多，就单位面积上可分布的花粉量来看，差别并不大。以"南优2号"为例，其父本每个花药有花粉600粒左右，每一个有效穗就有花粉36万粒，以亩栽父本1800蔸，发育7万有效穗计算，每亩即有花粉5300亿粒，在整个扬花期间，每平方米面积的空间内，总共可分布7.9亿粒花粉；且水稻花粉轻小光滑，传播距离最远可达40米，完全可以满足与父本混栽的三四万蔸，约发育20万有效穗的母本在其生理限度之内生产任意多种子的受粉需要，更别说区区40公斤了。

有了这层把握之后，心里就有底了，剩下的不过是技术问题而已，技术问题从来都难不倒他。早在"野败"发现之前，他就把水稻杂交的全部基本技术规程（包括制种的基本技术）从无到有地建立起来了，现在只是个充实提高的问题。

终于，通过观察，他很快就发现，杂交水稻制种产量的高低，与花粉数量（分布密度）虽然有关，但主要并不取决于花粉数量，而取决于父、母本扬花的时间能否一致（花期能否相遇）。由于杂交水稻是异花受粉，父、母本分别属于两个不同的品种，彼此的生长发育时间肯定会有一定差别，如果母本和父本的花期一早一晚，不能同时，那么，父本散发的花粉再多，也是白搭。毫无疑问，这就是问题的关键之所在！

昏黄的灯光下，袁隆平忽然扔下铅笔，"咚"地拍了一掌桌子，"忽"地站了起来，喜不自胜地当即叫醒了所有正沉醉在梦乡的湖南组科技人员。

这是1974年11月底的一个闷热的午夜，十几条年轻汉子一个个打着哈欠，用手背揉着惺忪睡眼，稀里糊涂地被袁隆平弄到了教室，直到坐在了凳子上，头脑犹未完全清醒。

"嗯——什么事这么急急慌慌的？"罗呵呵嘟嘟囔囔地说。

"罗呵呵，我叫你起来，就是想问你一个问题。要是三十七年前，你爸爸没有见到你妈妈，今天会有你吗？"袁隆平故意做出一副神情诡秘的样子问。

"袁老兄你尽开玩笑，我还以为你要传达毛主席最高指示不过夜呢。"罗呵呵表示不满地嘟囔着，故意避而不答。

"哈哈，看样子罗呵呵答不出来。那么周坤炉，你来回答怎么样？"袁隆平转向周坤炉问。

"嘿嘿，袁老师，您今天真有意思。难道您半夜三更把我们叫起来，真的就为了这么个问题吗？"周坤炉也有点丈二和尚摸不着头脑，因而笑着反问说。

"噢——我知道了，我知道了！"忽然，尹华奇主动跳了起来，高声叫着说，"设罗呵呵爸爸为杂交水稻父本，他妈妈为母本，如果父本与母本花期完全错过不遇，那么就不会结出一粒种子，这就像罗呵呵以及我们所有人的父母如果当初不遇，就不会有罗呵呵和我们所有的人一样。如果花期没有完全错过，那么，部分相遇的雄雌花交配就会结出少量种子；如果花期完全重合，那就能使母本颖花全部受精，从而结出大量种子。"

"所以，杂交水稻制种要想高产，关键就是要使父、母本的花期完全重合！哈哈，我也知道啦。"李必湖也抢着说。

"哦——原来如此！"众人这才如梦方醒，于是一个个惊叹不已。

"好！尹华奇150分，李必湖100分。"袁隆平兴奋地喝彩说，"所以，从明天开始，我们就必须认真研究气温、水肥、土壤，以及叶龄等与杂交制种的父、母本花期之间的关系，摸清父、母本之间的生长和开花习性等方面的不同特点，分别准确地计算出它们在各种不同条件下，从播种到开花所需的不同生长期，以及开花、盛花和谢花的具体时间。以后，我们要依据它们的不同生长期，采取父、母本分期播种的办法，以及利用温度、水肥和施用生长激素等办法来调节它们的花期，使之尽可能完满地重合。为了防止万一调节无效，我还想到了一个应该说不算很差的办法：除父、母本分期播种之外，我们还可以围绕着母本的开花、盛花和谢花时间，再将父本也分三期播种，分别把三批父本的盛花期，连接不断地对准母本的开花、盛花和谢花时间，这样，即使第一批父本的盛花期没有和母本的盛花期重合，第二批、第三批，总有一批能重合，这样就可以确保万无一失。这是今后我们必须牢牢把握的第一条准则。

"第二，以前你们以为制种产量低是因为花粉不足，主张多栽父本，那是不对的。在一定的单位面积内，多栽父本，就必然要少栽母本；父本过多浪费土地和花粉，母本少了，果实就少，同样影响产量。因此，正确的做法应该是，在科学计算花粉足够的前提下，尽量少栽父本，多栽母本。另外，过去你们以为把母本栽得离父本越近越容易受粉，我现在想到这也不对；就像射击一样，花粉飘散也会有一个死角，母本离父本太近，正好处在死角里，反而受不到粉。因此，我设想，正确的栽法应该是——哎，还是让我画一幅图来给你们演示一下吧：

"图中①为第一期父本，②为第二期父本，③为第三期父本，×为母本。我们在制种田里，就把它们栽成这个样子，母本成畦，父本成行，排列成阵，以确保母本均匀受粉。当然，我们还可以利用其他一切可能的人工辅助办法来提高母本受粉率，这就需要大家开动脑筋啰。

"好啦，我要跟你们讲的就是这些，现在我总算可以睡得着觉了，大家也都继续睡去吧。"

"完了，完了，今天晚上可全给您搞乱套了。我们大家都睡得'呼呼'响的时候，偏偏您一个人睡不着；现在您睡得着觉了，我们可再也睡不着了，您已经把我们弄得激动得不行了！"周坤炉兴奋不已，却故作不满地说。

"哈哈哈哈……可真是的呢，亏了您那脑子怎么能转出那么多的门道！"

"这真是知识+汗水+灵感的结晶啊！"

……

众人也七嘴八舌地说笑附和着，果然全都毫无睡意了。

经实践验证，袁隆平的理论设想和技术设计全面切实，效果显著，当季田间试验，亩产就突破了50公斤。袁隆平随即发表重要论文《杂交水稻制种与高产的关键技术》，正式确立了杂交水稻制种的科学技术规范和操作规程，宣告了杂交水稻制种技术的初步成形，并把这一技术迅速推向了全国。杂交水稻走向大田生产的最后一道屏障终于轰然而垮。袁隆平没有被淹死在水里，他奋力突破屏障，在胜利的彼岸安然挺立了起来。

可是，当1975年3月结束这轮实验从海南经长沙回到安江时，他却于事后得知，就在他在海南兴奋无比地把大家从睡梦中叫起来宣布他的最新设想的那个夜晚，他的父亲在重庆的家中去世了。事前，他竟连一点消息都不知道。

他的父亲袁兴烈出生于江西德安的一个下层官僚之家，先父曾任海南文昌县县长。他本人大学毕业后曾在平汉铁路局当高级职员，娶江苏扬州华氏富户小姐华静为妻，先后在天津、北平、赣州、德安、湖南诞下长子隆津、次子隆平、三子隆赣、四子隆德、五子隆湘和一个女儿；1937年七七事变，抗日战争爆发，因自己带头，并积极发动工商界人士捐资捐物支援抗战而被冯玉祥委任为冯系部队驻重庆办事处中校副主任。父亲本来擅长经济，并不习惯当官，但在国土沦陷，平汉铁路被日寇侵占因而失业的情况下，只好走上军政界混碗饭吃。抗战胜利后，他又随国民党政府复员南京，在经济委员会当个事务科长。新中国成立前夕，他回到抗战时期曾驻足八年的重庆当了一名寓公，靠妻子在一个国营塑料厂当食堂会计,和自己偶尔做点小生意维持生活,辛辛苦苦把几个儿女养育到大学毕业参加工作。

父亲原本有很高的文化水平和很强的经营能力,他热情爱国,体恤民困,不仅为抗战的胜利做出了无私的奉献,新中国成立前几年在政府小职员任上时,还从事"第二职业",买了两条木船,带挈江西德安一班家族穷兄弟,在长江上经营货运业,生意做得很红火。但新中国成立后,因为头戴着一顶"历史反革命"的政治帽子而无法施展才华,只得无所作为地打发时光,了此残生,他的内心之凄苦是可想而知的。好在6名子女个个成才成器,而尤以隆平能为国计民生贡献超群之才华,受到共产党和人民政府的高度信任和重视,这自然要算是终生最大的安慰了。然而,临到父亲生命终结之际,自己竟没有把一份应有的孝心和安慰亲自送到老人家的面前,这怎能不叫他内心感到深深的不安?

"父亲临终前,我代表你在他床前服侍了近两个月,安江这边家里全靠我妈妈维持。我本想打电报告诉你的,但考虑到你正在攻关,耽误你一刻,弄不好就要误事一年,所以我就忍住了。后来,征求你父母意见,他们也都说国事为大,家事为小,坚决要我别告诉你;而且说我是儿女中在他老人家面前尽心尽力最多的,已经替你尽过孝了,就不必一定要你亲自到场。再后,兄弟妯娌们也都说你肩上担子太重,别打搅你,有我代表你跟他们一块儿把事情办好就行了。"邓哲向他报告经过说。

"我很感谢你们,你们都这样理解我工作的意义,体谅我的精神重负,尤其是你,能一人当两人,妥善安排好两边家事,使我能专心研究,这实在是我的福分啊。不过,这也够叫我负疚的了。一方面父亲去世未能送终,总归难免有点遗憾;另一方面,让你拖着三个儿子、一个侄儿在家,本就够苦够累的了,结果还要烦劳你去重庆替我尽孝,这也未免太难为你了。"袁隆平歉疚地说。

"这些,你就别搁在心里了。为老人尽孝的事,主要也不在于一个形式。你的兄弟姊妹没一个在重庆工作,我已经跟你妈说了,等你从海南回来,就去接她来跟我们一块儿过,免得她老人家一个人冷凄凄的。生时多关心,死去怎么办就不必太在乎了。"邓哲豁达地说。

"邓哲，你竟然这么大度，我可真要向你致敬了！"袁隆平激动不已地说，"老实说，我还正在考虑把我妈接过来，而又感到无法跟你开口呢。你是知道的，我虽然小时候最会顽皮闯祸，但越是叫她操心的孩子，就越容易使她感到亲近啦；加上你这个媳妇又豁达大方，最好相处，所以，尽管我的兄弟姊妹不少，但从心理上讲，她肯定会最乐意跟我们一块儿生活的。不过，这一来，你又要增加一份照顾老人的负担了。"

"这你就莫操心了，我嫁你袁家是有备而来的。世界上都是起于寒微的老公越杰出，老婆就越受累呀。你想杰出吗？那你就放心让你老婆受累吧！"邓哲幽默地说。

"那天下的男人可不都要乐死啦——你想让你的老公杰出吗？那你就去吃苦受累吧！"袁隆平不禁"扑哧"一笑说。

"那你也得真杰出才行呀，你要是跑到长沙街头去捡西瓜皮吃，叫我在家里给你管着老小管着家，我也干吗？那我还不如叫你留在家里，让我出去闯荡闯荡，争他个优秀和杰出呢！"邓哲也笑着说。

"嗯，你这么说，男人也就有压力了。我要是不优秀、不杰出，可真的问心有愧呢！"袁隆平正经地说，"不过，我还是想给你减轻点负担。这回在长沙，我已经跟农业厅领导讲了，准备把你调到安江农校图书馆来管管图书，这样上班离家近，工作也更轻松些，时间也更机动一点。陈洪新厅长已经同意了，我想先把你调进农校，然后去接孩子们奶奶过来。你看怎么样？"

"能这样当然更好。不过，奶奶也不能全说是负担，她的英语很好，可以从小教教孩子们。"邓哲通情达理地说。

"啊——邓哲，你真太好啦！这叫我怎么报答你呢？"

"看你这人，都老夫老妻了，还讲什么报答！"

……

第二天，袁隆平正要去学校革委会交谈邓哲调动工作的事，才走到办公楼前，就被刚从办公楼出来的尹华奇亲热地拉住问："袁老师，校革委会说要我当学校的生产科科长，您看要得吗？"

"哎呀，你当什么科长呀？你赶快去读大学吧。你和李必湖都还要提高，你们都有丰富的实践经验，只要插上基础理论的翅膀，就可以飞得更高。李必湖已经进了湖南农学院，你到武汉大学生物系去学遗传专业吧。这样你们都离我不远，有事我可以随时找你们，你们有什么问题需要找我也方便。"袁隆平坦率直白、毫无保留地说。

　　"嗯，谢谢您指点，那我就决定读书啦。可是，怎么去读呢？"尹华奇又问。

　　"你要读书还不好办？你可是研究杂交水稻的功臣了，你没资格上大学谁还有资格上？我请省农业厅给你填个推荐表，你拿着去就是了，而且带工资呢。"袁隆平爽快地说。

　　"哦，那太好了！"尹华奇高兴得跳了起来。

　　于是，师生俩都在成功的喜悦中开怀地笑了。

五、终于成功了

　　1975年冬，湖南省拨款100万元，拨粮150万公斤，组织8000人，任命袁隆平为技术总顾问，赴海南制种3.3万亩，拉开了全国大规模南繁制种的序幕。当年首次正式大面积制种，亩产即普遍超过50公斤，最高亩产达到150公斤；以致后来，全国制种亩产普遍超过200公斤，最高亩产达近400公斤。

　　1976年，杂交水稻开始在湖南，随即在全国遍地开花结果。当年推广208万亩，增产幅度全部在20%以上。试种杂交水稻的农民无不喜笑颜开。贵州金沙县农业局技术员张本，是袁隆平的大学同学，毕业后分配在贵州省农科院，1957年不幸被打成右派，老婆以离婚的方式跟他划清界限，他被独自流放到金沙，挂名在县农业局，实际长期在某大队接受劳动改造。袁隆平得知他的下落后，于1975年叫助手寄给他2.5公斤"南优2号"种子。张本于1976年在劳改的大队里按袁隆平在来信中交代的技术规程将种子播下，再栽插成2.5亩试验田。

当地农民看到"张右派"每蔸稻子只栽一根秧，都说他发神经。但到验收时，众目睽睽之下，这些奇妙的水稻亩产居然高达850公斤，比常规稻亩产翻了一番多，简直把人惊得目瞪口呆！该县县委书记亲临现场视察后，专电特邀袁隆平赴金沙"传经送宝"，以接待最尊贵的客人的规格，实行一级警卫，连上厕所都有警员跟随。那时的一般中国公民连所谓"星级服务"的名称都没听说过，袁隆平也从未享受过如此隆重的礼遇，反倒被弄得很不自在，浑身发毛，尴尬不堪。张本也一时身价大增，右派帽都没摘，就被当即任命为县农科所所长，旋即再婚。5斤杂交稻种子，拯救一名老同学提前跳出了苦海，一时成了一段佳话。

杂交水稻已经以其不可抗拒的巨大魅力，成了广大农民争相喜爱的公共瑰宝。袁隆平的名字在中国稻作区的绿色大地上不胫而走，声誉日隆。然而，还有人说，袁隆平"只有实践，没有理论"！

并不是为了回答谁的贬损，也不是为了显示理论水平，而纯粹是为了从理论与实践的结合上表达出十几年来的工作心得，以进一步扩大三系杂交水稻的研究成果，他冷静地坐了下来，铺纸挥笔，写出并出版了他的第一部专著《杂交水稻》，并发表了又一篇重要论文《杂交水稻培育的实践和理论》。

> 杂交水稻应用工程技术的研究，现在已知始于20世纪50年代的日本和美国。在我国，由本人于60年代之初开始立意，1964年正式投入研究，1966年首次发表初步研究报告，提出设计思路，到1967年国家正式立项，以至最后的全国协作研究，至今业已历时16度春秋。现在，我们已经可以确定无疑地向世界宣告，这项工程技术已由我国先于世界正式完满地研究成功，并同时先于世界投入实际应用。这是党和政府英明领导的结果，是党的阳光雨露哺育出来的祖国科技花苑中的一朵科技奇葩。

他不无自豪而又平心静气、谦虚有度地写道：

研究杂交水稻应用工程技术的学术理论基础，是经典的遗传学说，即孟德尔-摩尔根的基因、染色体遗传学理论体系。但是，处于同一理论体系中的学者，站在不同的角度，对于某一研究也会产生不同的看法。对于杂交水稻研究来说，最有羁碍的理论，莫过于所谓"显性学说"论者关于"自花授粉作物无杂种优势"的错误论断。

他最不喜欢参与论战，更不愿意挑起论战。但是，为了澄清学术思想，写着写着他还是不由自主地对那一派长期在理论上诋毁他试验研究的权威们提出了有理有据而又极有分寸、毫不强加的批驳：

植物有无杂种优势，并不取决于它们固有的生殖方式，水稻和其他植物的杂种优势，受共同的规律所支配。水稻有无杂种优势或优势大小，关键在于选配亲本。这与异花授粉植物具有很大的共同性。

他还在著作和论文中归结了选育三系的基本原则，指出：

从选育水稻三系和利用其杂种优势的目的出发，我们要求的不育材料应该是所谓核质互作型，因为这种类型比较容易做到三系配套。而用远缘杂交进行的所谓核置换，是创造核质互作型雄性不育的有效方法。

……

并非一切远缘杂交的核置换都能造成雄性不育并实现三系配套，……运用核置换方法求取雄性不育和三系配套的实现，必须把握两个要点，一是亲缘关系的远近（细胞质分化差异程度）要适度；二是要以在系统发育上处于低阶段的品种做母本。即细胞质要比较原始，而细胞核要比较近代化，核置换才易于获得不育系。

这些源于深厚的知识积累和理论功底，浸透着心智和汗水的科学创见，不仅为开创我国特有的杂交水稻工程理论体系奠定了基础，而且为我国生物学工程理论体系增辟了一门生动活泼的崭新的专门理论——作物杂交理论。依据这个理论，继水稻杂交技术研究成功之后，我国其他自花授粉农作物杂交的研究如雨后春笋般争相开展，油菜、辣椒、瓜类……一系列经济作物杂交技术相继研究成功，给我国农产品市场吹起了一股强劲的换代新风。

事实胜于雄辩，没有任何人能否认得了袁隆平的这些基本论断。部分胸怀比较开阔的反对派人士也终于开始心悦诚服地承认了袁隆平的正确。

"袁老弟，真抱歉啦，过去我也是对你持批评态度的人之一，可能某些时候的某些议论，还给你的实际研究工作形成过阻力。但是，现在你用明确的事实和精辟的理论创见说服了我，我不能不衷心地佩服你的知识、才能、勇气和毅力。你一个中专教师，能够冒着理论界蜚短流长的种种贬责，坚定不移地沿着自己的理论设想勇猛突进，终于创下了如此伟业，实在叫我们这些尸位素餐的所谓学术权威感到汗颜啦！"终于有一天，素有湖南省农学界最高权威之誉的一位遗传育种学教授在路上碰到袁隆平时，十分坦诚地说。

"瑕公，过去的事，就让它过去吧！许多反对我的先生，本意也是想叫我别走弯路邪路，别劳民伤财浪费国家资源，别搞坏了学术风气，想来也都是好意呀！现在从理论到实践，问题都摆明白了，这就足够了。对于过去具体的人和事，我真的一点也没往心里去啊。"袁隆平也叫着他的尊号，诚恳地说。

"你能这样看待我们这些'顽固分子'，那可真要叫我们感激涕零了。说实话，恐怕对于大多数反对你的人来说，你所说的这种情况，还真是事实呢。不过，长江后浪推前浪，历史规律不可抗拒，我们这帮'老家伙'，总归要被你们新一辈强手'推掉'啊，有几个人能终生保持住别人无可超越的学术地位的呢？我们许多人的失误，就失误在不能自觉地认识到这一铁定的规律，主动荐贤让贤，乐心乐意地欢呼后学超越自己，而是相反地采取了自以为是，藐视后学，不甘受到挑战的狭隘态度，以至冷嘲热讽，在客观上确实起到了压制你的作用啊！"老教授鞭辟入里地自我解剖说。

"哎呀，瑕公，您能这样襟怀坦荡，勇于自省，那您就是我终身学习的榜样了！"袁隆平听他那样深刻地解剖自己的思想，也不由得感动不已。

"这我就不敢当了。我这个人是顽固，不过，承认真理、抛弃偏见的勇气还是有的。我这一辈子，虽然也为选育常规良种做过一点贡献，但跟杂交水稻的成就是没法相比啊！我衷心地祝贺你取得了超越前辈，也可以说是前无古人的杰出成就。周总理说，要活到老，学到老。我虽然老了，还是要向你学习啊！"老教授真诚地说。

"瑕公，您这么谦虚，真要弄得我也汗颜了。您也曾经是超越前人的杰出学者呀！一代人有一代人的历史责任，我也是站在您等前辈的肩膀上往上攀登的，所以两代人之间是不好比高低的。总的来说，我们还是要多向您等老一辈虚心学习才是啊。"袁隆平也诚恳地说。

两人彼此感慨地谈了一阵，双方都感到心情畅快，得益良多。人啊，不怕彼此多误解，就怕互相不坦诚。一旦坦诚相见，推心置腹畅怀一谈，那就会相逢一笑泯恩怨，彼此之间什么芥蒂都不复存在了。更何况袁隆平历来就是一个不记仇的人，原本就没把某些具体人物的损毁放心里去呢。

第五章

功成名就

一、不想当官

1978年以后，杂交水稻在全国种植面积急剧扩大，当年即达近6400万亩，1983年开始突破1亿亩，连杂交制种技术也已从技术人员手里转移到了寻常农民之手。三系杂交水稻随着农村家庭联产承包责任制的实行，成了一项进入千家万户的成熟技术。

袁隆平功成名就，荣誉与地位开始向他身上集结。1978年2月，他被推选为第五届全国人民代表大会代表；3月，再度进京出席全国科学大会，获杂交水稻研究项目奖和科研人员个人奖；6月被选为湖南省先进教育工作者出席全省教育工作先进代表大会；10月出席湖南省科学大会，获集体与个人发明奖；随后，他即被正式调入省农科院，并晋升为研究员。1979年，又先后当选为农业部科学技术委员会委员、中国作物学会副理事长、中国遗传学会理事和湖南生物学会理事、湖南遗传育种学会副理事长、湖南农学会理事。

中共湖南省委组织部的一位领导同志甚至亲自找上门来动员他申请入党，一系列迹象表明，除了这些纯粹荣誉性的头衔之外，还正有个有职有权的高官显爵向他虚位以待。

显然，这既是他的科研成就带来的结果，也是粉碎"四人帮"拨乱反正，尤其是突破"两个凡是"，废除以阶级斗争为纲的极"左"路线给他带来的命运转机。对于一名在科研事业上已经功成名就的科学家来说，带着那份成功的资历适时登上一个官位，去享受唯有当官方可享受得到的待遇，也不失为一个颇为明智的选择。

然而，对于袁隆平来说，这却是一个使他颇费踌躇的矛盾。原来，当官从政不仅历来就不是他的人生追求，他对继续推进杂交水稻工程技术的进一步完善和发展还有着一番非同寻常的宏愿——他并不以目前杂交水稻的增产20%以上和在全国推广为满足。打从杂交水稻正式投产的第一天起，他就公开指出当前的三系法杂交水稻还存在着"三个有余，三个不足"的缺陷，即前劲有余，后劲不足；分蘖有余，成穗不足；穗大有余，结实不足。因此，第一，他还想通过技术创新，亲手培育出一种增产潜力更大，稻米品质更优的新型杂交水稻（后来他把这种当时尚不明确具体样式的新型杂交稻明确定名为超级杂交稻）。第二，他还想使杂交水稻走向世界。

作为一名对政治历来缺乏兴趣的纯粹学者，他希望保有更多的思想行动自由，和更多创造科研新成果的时间和机会。而且对于自己来说，五十岁开始学习当官艺术，看来比继续玩玩遗传学和分子生物学原理要困难得多。

可是，堂堂省委组织部领导亲自上门引导，你竟想说"我不入党"！这句话可不是那么轻易能说出口的啊。但袁隆平还是委婉而又坦诚地表达了自己的心声。

"部长同志，我很感谢党的信任和关怀。但是，严格地说来，我还不符合党员的条件。我连党章都没读过，对党的知识缺乏了解；毛泽东思想，我也只学过《矛盾论》和《实践论》，现在年岁大了，重新学习已很困难，也拿不出那么多的时间和心思来研究政治；我平日里还自由散漫惯了，历来只肯做自己爱好做的事情，已很难适应组织纪律的约束。总的来说，我很难承担起一个党员的义务。所以，与其空有其名，还不如暂时不入。等将来我把科研上的事情做完了，有时间学习党的知识时，再来考虑这个问题吧。"

"哈哈，老袁，你可真是一个奇特的人物啊。你的许多学生和同事们说，你的思想品格'比共产党员还更共产党员'，可你却把自己估价得这么低！说实话，共产党作为一个稳定的执政党，毕竟是权力的集中体现呢，多少人打破脑袋要往里钻，而从不说自己不够共产党员的条件。你倒好，实际行动做得比许多共产党员还先进，可你还老说自己不够格。其实，你就是因为害怕入党耽误了科研，天底下能找得到几个像你这样的人？"领导同志开朗地一笑，然后深有感触地说。

"您这样高度地评价我，我就不敢当了。不过，我很感谢您这样坦率地给我介绍党的情况。但我对深入探究杂交水稻的性质，还是比对了解党的性质更有兴趣，您就让我安安生生静心研究水稻吧！"袁隆平诚恳地说。他的心安定下来了，领导同志并没有因为自己的不肯答应入党而发生什么误解。

"你的意愿，组织上会考虑的。不过，恐怕不入党，你也得准备当官呢，党要充分发挥科学家的作用呀；再说，也不能亏待为人民做出贡献的老实人呀！组织上想让你担任省农科院院长，正厅级。原本考虑你入了党工作起来会更方便一些，但既然你有那么些顾虑，组织上就只好尊重你了。不过，你入不入党，党对你都是一样信任的。"领导同志说。

"哎呀，部长同志，院长我可当不得啰，省农科院那么大的摊子，我怎么顾得过来？要我当院长，那比入党还麻烦呢！"袁隆平着急地说。

"哈哈哈哈，你这个同志真太有意思了！要你当官像叫你服苦役似的。"领导同志不由得大笑起来说，"不当可不行啊，这是落实党的知识分子政策的大问题呀，也是体现党对知识分子的关怀呀。在湖南，你可是知识分子的杰出代表和最高典范啦。你要是没能得到重用，省委可是对上对下都不好交代啰。"

"这可就怪了！怎么一定要当官才是重用呢？党和政府给我提供环境和条件，让我能安安心心、自由自在地研究我喜欢研究的问题，这不也是重用吗？"袁隆平不解地说。

"可我们国家的政治和物质待遇都是按干部级别来配的，你要是没达到足够的干部级别，也不可能给你提供相应的待遇呀！比如工资、住房、用车，以及支配公家物资和资金（包括科研经费）的权力等，就都得按级别来配给你呀。你要是不当官，那么按一个普通研究员的标准，除了工资之外，这一切就都不能配给你，那岂不太委屈你了吗？"领导同志实事求是地说。

"哈哈，那真是太有意思啦！不过，我想，您就不能把那规矩改一改吗？比如，您别叫我当什么院长，但给我提供一份相当体面的生活待遇，和充足的科研经费，使我能在科研上为国家做出更大的贡献，岂不比给个官职要有利得多吗？"袁隆平见领导同志非常随和、坦诚，也就笑着跟他交换自己的想法。

"你这个想法是很好呀，这就叫作打破官本位制。但是它即使能实行，也要中央拿出政策才行呀。所以,你就不要拒绝组织的好意了。你要是实在不想当实质性的官,名誉院长你总该可以当一个吧?"领导同志风趣地说。

"部长同志,我也实话跟您说吧,实质性的官我是一定不当的,但既然组织这样关心我,从接受组织给予待遇的角度出发,我就当个名誉院长吧。等今后您把规矩改了,我不当官也能享受一定待遇时,我就连名也不挂算了。"袁隆平坦率地说。

于是,领导同志很亲切地告别而去。袁隆平回到家里,邓哲忙问:"省里的领导找你谈什么,谈这老半天呢?"

"嘿嘿,谈什么?谈要提拔你为共产党员、院长夫人。我要是贪心当官的好处,只要一松口,就当上去了。"袁隆平笑嘻嘻地说。

"这么说,你最终没有答应当啰?"邓哲问。

"我不好拒绝省委领导的好意,同时,也为了改善一点生活、工作条件,只好答应挂名当个名誉院长。今后,无论叫我当什么,我都只当挂名的名誉官。这样,既不影响我的科研,也照应到了各方面的关系,和我们自身比较体面地活在这个世界上的种种必要。我没来得及征求你的意见,你赞成吗?"袁隆平问。

"只要能有个比较体面的生活条件和良好的科研环境,你不当官,我当然赞成。你要是当了大官,屁股后头跟上一大群的什么秘书小姐、公务女郎,还不臭美得你把家也忘了,老婆也甩了!"邓哲亦真亦谐地说。

"我要是想甩了你,不当官不也一样甩吗?"袁隆平笑着说。

"那可不一样吧?你不当官,就没有权力;没有权力,谁会来讨好你?你要在这种情况下甩了我,可就没人服侍你了。你现在又闹上了一个习惯性胃肠炎,谁会给你端汤熬药找偏方加工什么杨梅罐头?"邓哲说。她说的是这些年袁隆平因南繁时常常在外饱一顿饥一顿,饮食无规律而患肠胃病的事。他那肠胃病很怪,发病时,只要吃上一些杨梅罐头,就会"梅到病除",比什么药都灵。所以邓哲年年要亲手给他加工一批卫生方便的杨梅罐头,连他出差都要在旅行包里给塞上两罐备用。

夫妇俩说着说着,不由得一齐哈哈大笑起来。

后来，还有许多民主党派希望袁隆平加入，袁隆平一律报以微笑摇头。但在组织的耐心劝导下，他还是担任了全国政协和科协常委、湖南省科协副主席、中国作物学会副理事长等一系列群众或学术组织挂名职务，并接着当选了第六届全国人大代表；后又由于他屡次请求，只好批准他辞去了全国人大代表之职，而单让他当了全国政协常委、湖南省政协副主席。不过，他仍然跟有关组织"约法三章"：除了换届选举和特别重要的会议之外，一般活动一律不要通知他参加，通知了的，也可以不参加。因此，他的实际职务，一直只是个湖南杂交水稻研究中心主任（现为国家杂交水稻工程技术研究中心主任）。而这个职务他不仅乐于担当，而且连这个单位都是由他自己创建起来的。他是一个"齐天大圣"，他永远只爱当由他自己创造的"官"职。

二、杂交水稻之父

自从1972年中美关系破冰之后，中国科技界与国际科技界的学术交流活动也逐渐增加。

1979年4月，由美国洛克菲勒基金会资助的菲律宾国际水稻研究所举行学术研讨会。这个研究所，是国际上最权威的水稻专门研究机构之一。这次研讨会有20多个国家的200多位学者参加，中国科学院应邀组织了一个4人专家小组参加，准备宣读的论文是由袁隆平用英文亲笔撰写的《中国杂交水稻育种》。

因为系第一次出国，所以事前准备工作非常紧张。最担心的是英语。英文倒是没问题，关键是口语。毕竟从未出过国，直接跟英语国家的人士接触很少。新中国成立三十年来基本没有使用英语讲过话发过言，现在突然一下要进入完全的英语环境，自己能行吗？尽管有母亲鼓励，认为他的口语还可以，但母亲毕竟只有高中文化水平，对于高级生物学领域的许多专门名词和术语，也把握不准。好在这时全国各大学已经开放了英语教学,他到北京借了一批专业英语磁带,回家边听边念,经过半个月的突击,心里总算稍稍有点底了。

按照研讨会组织者的规定,每个专家组由两人登台发言,其中一人宣读论文,一人随后现场答辩。其余不发言者,可以听人发言和任意提问。中国组推举袁隆平和中国农业科学院的林世成研究员两人发言。袁隆平因对自己的口语信心不足,想自己宣读论文,让林先生答辩。但林先生对杂交水稻不熟悉,感到无法答辩,最后还是由袁隆平答辩。

菲律宾国际水稻研究所设在菲国首都马尼拉远郊的洛斯巴洛斯镇。菲律宾的热带风光跟海南岛大同小异,对袁隆平来说已经没什么新鲜了。但第一次走进这种国际最高水平的专业科研交流会会场时,他的心里还是抑制不住地有点激动,有点忐忑。

会议开始了,第一组发言的便是日本的新城长友和一位美国教授。由美国教授宣读论文,新城长友答辩。这位 1968 年就领先世界第一个搞成杂交粳稻三系配套的著名权威,是袁隆平景仰已久的人物。尽管他一直没有解决制种技术问题和 F1 代杂种优势问题,但在学术上,他的创举无疑是意义重大的。他的成果不仅在精神上曾经给当年尚在艰难摸索的袁隆平以相当大的鼓舞和激励,他所培育的 BT 型不育系种质资源也很快就被引入我国,成为"野败"之外,我国杂交水稻育种的又一个重要材料。1972 年,他应邀访华时,由于有关部门未给安排,致使袁隆平无缘跟他见面一谈,现在,他们终于走到一块了。然而,当这位大名鼎鼎的先生开始答辩时,袁隆平却发现他的英语竟讲得结结巴巴。袁隆平听着不由得暗自一笑,心里顿时完全有底了——哈哈,这回总算抓住了一个垫底的,即使本人的口语再不怎的,也不会是最差的啦!

轮到中国组发言了,林世成先生用流利的英语在规定时间内读完了论文。新城长友第一个提问。

"请问袁先生,据你们论文中提供的数据,中国杂交水稻制种的异交结实率很高。你们是怎样达到这个水准的呢?"

"具体的做法,需要另外写一篇专文才能介绍清楚。但是,我可以扼要地说一点，总的原则是必须使母本和父本的花期相遇，最好是重合；然后，在这个基础上施以若干人工辅助方法，例如，割叶扫除花粉传播障碍，以及'赶粉'等。"尽管新城先生提问仍然结结巴巴，但袁隆平还是听懂了他的问题，并立即给予了准确的回答。几句话一出口，连他自己都感到吃惊，原来他竟能非常流畅地用英语表达自己的思想，一点困难也没感觉到。

"请问'赶粉'是什么意思？"一位澳大利亚学者接着问道。

"这是我们中国农民发明的新词汇，它的意思是在杂交水稻不育系和恢复系扬花期的晴天午间，由人拿一根竹竿，横向推动父本的茎秆，使稻穗大幅摇摆，抖动雄蕊，使花粉急剧飘散，并最充分地扩大分布范围。这样就可以使更多的母本雌蕊受精，从而提高结实率。这动作就像贵国澳大利亚牧民赶羊一样，所以，我国农民就形象地称之为'赶粉'。"袁隆平完全放松了，他已有了很大的自信，他的口语完全能够应对自如。

他的生动解答立即引起了满堂友好的笑声和掌声。

"据我们反复试验，杂交水稻的不育系母本普遍存在包颈的问题，请问你们是否也遇到了这一问题？如果是，那又是怎么解决的呢？"与新城长友一块儿发言的美国教授提问说。

"您说得对，我们也遇到了同样的问题，可见生物的生长规律是没有国界的。我们目前所找到的最佳办法是，喷施'920'（赤霉素），刺激它抽穗。"袁隆平简练地回答说。

没有人再提问题，答辩很快就结束了。原因很简单，国际水稻科研领域对水稻杂交研究的精深程度达到三系配套阶段的科学家还为数甚少，因而在会上一时提不出多少高难度的问题来，致使中国组的发言未免显得有点儿曲高和寡。这使袁隆平感到颇有几分不过瘾。但这个发言在会后却引起了非常强烈的反响，杂交水稻成了全体与会专家学者茶余饭后的共同话题。如果说过去大家还只能把杂交水稻的生产应用当作一幅脑海之中的美妙图景憧憬的话，那么，此番，中国学者则已经把一幅更为美妙的现实图景展示到了大家的眼前。菲律宾国际水稻所当即决定重新恢复原以为前途无望而中断了八年之久的杂交水稻研究。

许多学者准备调整研究方向，把注意力转到水稻杂交上来。

"尊敬的袁先生，认识您我感到非常荣幸。但是，我很奇怪，1972年我应邀访问贵国时，不知为什么您没来和我见面，贵国农业科学院也没有向我介绍您的研究，好像当时中国并不存在这一研究似的，而今天突然之间，您就宣告杂交水稻已在中国投入大面积生产应用。这简直太令人吃惊了。"会后，新城长友特地找到袁隆平攀谈说。

"新城先生，1972年我国还比较封闭，外国人是很难了解到中国的真实情况的。那时候还有一个'四人帮'在作怪，他们的种种做法，不仅您会感到奇怪，连我都感到无法理解。不过，现在邓小平先生已经把中国领进了一个改革开放的新时期，一个真实的、日益成长着的中国，将会越来越清晰地展现在您的眼前。您看我今天穿着西服来参加国际会议，1972年您在中国看到过穿西服的人吗？"袁隆平坦率地解释说。

"那倒是。那时贵国公民好像都只穿黄、黑、蓝三种颜色，纽扣一直扣到脖子的衣服，而贵国的接待人员也好像只想听我多讲贵国的好话。但是一个国家要进步，应该多和世界打成一片，同时多听世界各方面的忠告才更有利啊。"新城先生深有感触地说。

"您说得很对。我们现在正在开始认识世界，相信世界也会真正认识中国。我现在能够出国，国家也不担心我会叛逃，这就已经表明中国比过去进步多了。这在您访问我国的1972年，是不可想象的啊。"袁隆平充满信心地说。

"感谢您赞成我的观点，现在在学术上您已经走到我前头去了，中国杂交水稻研究也走到世界领先的地位上去了。我衷心地祝贺您，希望我们日后加强交流合作。"新城长友热情地说。

"谢谢您的祝贺，我也很乐意与先生保持密切联系，有机会我们一定多多合作。"袁隆平也真诚地说。

1982年的一个秋日，马尼拉洛斯巴洛斯镇国际水稻研究所的学术报告厅里，数百个座位座无虚席，这是国际水稻科技界的又一次研讨盛会。自1979年中国专家小组在这里宣布杂交水稻技术在中国成功应用以来的短短三年内,世界上杂交水稻的研究者差不多已经翻了一番,今天在这个大厅里就座的,就有许多新面孔。

会议开始,国际水稻所所长、印度农业部原部长斯瓦米纳森博士庄重地引领袁隆平走上主席台。这时,投影机在字幕上赫然打出袁隆平的巨幅头像,头像下方,显出"杂交水稻之父袁隆平"一行特大黑体英文字。顿时,报告厅里掌声、欢呼声如暴风骤雨般遽然响起,经久不息。

先生们、朋友们:

今天,我十分荣幸地在这里向你们郑重介绍我的伟大的朋友、杰出的中国科学家、我们国际水稻研究所的特邀客座研究员——袁隆平先生!

我们把袁隆平先生称为杂交水稻之父,他是当之无愧的。他的成就不仅是中国的骄傲,也是世界的骄傲,他的成就给世界带来了福音!

掌声、欢呼声再次轰然响起。对于此节场景的安排,斯瓦米纳森事先丝毫没给袁隆平透露一点消息,因此,这番突如其来的隆重推介,着实使袁隆平大吃了一惊。但他还是潇洒地向台下来自世界各国的专家学者挥手致意,又以中国礼节恭敬地向大家深鞠了一躬,然后走到麦克风前流利地用英语说:

各位先生、各位朋友:

今天,能和各位老朋友在这里再次相聚,与各位新朋友在这里相识,我也感到无比愉快和荣幸。非常感激斯瓦米纳森博士对我的介绍和夸奖,我虽然在杂交水稻的研究方面做出了一点成就,但不一定值得各位朋友如此隆重地推崇。我感谢大家的深情厚谊,并愿借此机会在这里表示,我们中国科学家非常乐意和世界各国科技界朋友互相学习,携手并肩,为科学的进步和人类的幸福创造出更多的新成果。我也希望能在这里听到更多关于水稻研究方面的精辟见解和新颖思路,使我从大家的发言中获得更多的启发和教益。谢谢!"

掌声、欢呼声又一次暴风雨般响起。国际同行对于杰出的领先人物的真心崇敬,确实使他感到了心智和汗水的价值,以及来自光明正大的竞争对手的真诚友爱和温暖,想到国内学术界的某些权威至今仍然把杂交水稻视为不值一提的雕虫小技,内心不由得黯然掠过一丝淡淡的悲哀。

"亲爱的斯瓦米纳森博士,您今天这样'突然袭击',大张旗鼓地'贩卖'我,可真叫我有点措手不及呀。"会后,袁隆平跟斯瓦米纳森博士开玩笑说。

"我就是特意要给您一个惊喜呀。"斯瓦米纳森博士愉快地说,"您对人类所做出的贡献确实太大啦!"

M.S.斯瓦米纳森是世界著名水稻专家,他在担任印度农业部部长期间,曾和世界著名的诺贝尔和平奖获得者、美国小麦专家博洛格合作,在印度推广半矮秆水稻和高产矮秆小麦,使世界第一次绿色革命在南亚地区取得辉煌成果;随后,他卸去政府官职,到菲律宾国际水稻研究所当了专职所长,成为深受各国政府和国际粮农界普遍尊敬的重要人物。

"可是,1980年我第一次应邀来这里合作研究时,您属下的育种研究室主任罗得曼博士竟然给我定了每月800美元的实习研究生工资呢。"袁隆平笑着说。那一次他曾向斯瓦米纳森提出严正抗议,准备拂袖而去。经斯瓦米纳森反复道歉,极力挽留,并把他重新定为特别研究员,每月工资提到1750美元,他才答应留下来。

"哈哈,您还记得那件事哪!说实话,那时候我们看您好像在国内地位也很低似的,这里给您待遇太高,反而使我们丢分儿;加上那时我们毕竟还没有亲眼见过成功的三系配套杂交水稻,不敢过分相信您的一面之词,所以给您定工资的原则是,估计为您在国内工资的大约10倍,想来您该可以接受。没想到您还很有气派!而第二年我们就看到中国政府给您颁发了科技特等发明奖,说明我们当时确实低估了您在国内的地位,而且您的伟大成果我们也亲眼看到了,所以我们后来一直为那件事感到惭愧。今天,也算是我们正式为您正名吧！"斯瓦米纳森博士爽朗地"哈哈"一笑，便竹筒倒豆般把那件往事兜底揭穿了。

这不禁又使袁隆平大吃了一惊——原来，在一般情况下，一个人在国内的地位，也会影响国际机构对你的态度啊！好在国际水稻所还不知道国内学术界对他的藐视呢，否则当时就更要把他看扁了。而且，他们也还不知道他当时在国内的工资实际每月仍然不足40美元（按当时比价合人民币80元），否则，他们算来给你超过国内工资20倍的每月800美元，就够使他们丢分儿了，更何况每月1750美元！可见一个不能给新进的杰出科技人员及时提升学术地位，并使他们有个体面的经济收入的国家，将给她的后起之秀的科技界儿女造成多大的国际屈辱啊！还好本人是个"齐天大圣"呢，他当时根本就没跟国内任何人商量请示，连负责派他出国的农业部外事局都没打招呼，就断然决定不把工资加到该所高级研究人员同等水准，则立即回国。这是一般人敢干的事吗？

"哈哈，原来阁下您也曾亲自参加过歧视我的'勾当'啊，我还一直以为您没有直接参与呢！坦率地说，我们中国科学家在国内是从来不争经济利益的。我们以和工农兵身份等同、生活水平相当为荣。可是到了您这里，拿多少钱可就关系到中国科学家，甚至整个中国人的体面了，所以我是一定要跟您'斗争'到底的啊。"袁隆平也亦真亦谐地笑着跟斯瓦米纳森博士逗趣说。

"不，我不是直接参与，是他们来向我报告，我同意的。不过，我还是有过失啊，所以，后来做出改正，我也得亲自出马，是不是？"斯瓦米纳森继续笑呵呵地说。

"我们中国有句古话，叫'不打不相识'，意思是说，好朋友都是通过争斗而相交相识的。这就像我们国际科技界的朋友们，实际都是同一阵地上的竞争对手。但是也正因为是在同一块阵地上竞争，才有机会成为朋友啊。我和您一见面就'打了一仗'，所以我们的友谊也将会更加深远。是不是？"袁隆平说。

"是的，你们中国的古话很生动。我们印度也是文明古国啊，所以我们更要加深友谊。"斯瓦米纳森赞同说。

"不错，印度的哲学和文学对我国影响很大。我国汉语词汇中就有许多语词出自贵国的佛典。我们还有一部著名的古典小说《西游记》，就是写一位佛学大师带领他的徒弟去贵国取经的故事。其中有个徒弟名叫孙悟空，他在出家之前自称齐天大圣，最好动好玩，无所不能，又什么都不怕。他的师父怕他不听话，就在他头上戴了个永远取不下的金箍，一不听话就念紧箍咒，那金箍就越缩越紧，紧得他头痛欲裂，他就不得不听话了。我就最喜欢他的性格，我也乐意像他一样向印度人民学习好经验。不过，我不会让人在我头上戴上一个随时都能念动咒语紧住我的金箍。"袁隆平也诚恳地说。

"哈哈，这故事太有趣了。您一定要送一部英文版的《西游记》给我，让我好好欣赏欣赏你们的美妙故事。"斯瓦米纳森兴趣盎然地说。

"真遗憾，我都不知道《西游记》是否有英文版的，得等我回国去查一查。不过中文版的我是肯定可以送您一部的。"袁隆平说。

两位老朋友正高兴地聊着天，忽然水稻所育种室的英国籍研究员奥宾举着一张英文报纸向袁隆平竖起拇指说："袁先生，您今天的照相很精神。棒极了，杂交水稻之父，头版头条！"

"'鸦片'，自从把你们英国的鸦片贸易废除之后，我们中国人就精神起来了。"袁隆平跟奥宾开玩笑说。因为奥宾这个姓氏的发音很像"鸦片"，而英国人又是清末在中国贩卖鸦片的罪魁祸首，所以袁隆平便一直戏称他为"鸦片"。但奥宾死不认领，一叫他"鸦片"，他便连连摇头抗议说："No!No!"

"自从把你们英国佬撵出印度，印度再不种植你这'鸦片'之后，我们印度人民也精神起来了！"斯瓦米纳森也接着跟他逗趣说。

"No!No!"奥宾又连连摇头，大声抗议。

接着，三个人一起大笑起来……

在此前后，直到1986年，袁隆平一共前往这个研究所合作和指导研究22次，与在该所工作的各国朋友都建立了深厚的友谊。

三、超级农民

1979年5月，著名的美国圆环种子公司总经理威尔其访问中国，惊奇地发现中国人正在种植一种前所未有的杂交水稻。美国是杂交玉米和杂交高粱的故乡，美国的种子公司靠向全世界提供杂交玉米和杂交高粱种子，不知积聚了多少财富。袁隆平的杂交水稻研究也正是受到杂交玉米和杂交高粱的启发而萌生的。但是，由于杂交水稻研究实在太复杂了，因此，尽管洛克菲勒财团斥巨资建立了菲律宾国际水稻研究所，结果该项研究还是半途而废，被中国率先取得了发明权。

威尔其的商人脑瓜一转，便又发现了一个重大商机。他当即向中国农业部种子公司的接待官员询问这个发明权的享有人是谁，提出想跟这个人探讨一下有偿转让技术专利的问题。不料中国种子公司官员连想都没想一下，就一口包揽说，这个发明专利权属中国国家所有。农业部种子公司就是代表国家享有这一权利的唯一代表，要探讨杂交水稻技术转让问题，无须再找"别人"，本公司即可说话算数。

威尔其经营的圆环种子公司是美国西方石油公司的子公司。西方石油公司董事长哈默博士是最早跟列宁领导的社会主义苏联做生意，并受到列宁赞赏的西方商人。所以，哈默博士和他的下属们，都最擅长和社会主义国家打交道，大赚其"红色钞票"，还最受社会主义国家的欢迎。哈默博士本人几乎受到过所有社会主义国家党政首脑的接见和宴请。他们也都知道中国一些官员知识产权意识淡薄，跟他们谈生意，只要投其所好，多说恭维话，要占便宜犹如探囊取物。因此，一听说跟中国种子公司官员在北京就可敲定此事，威尔其不由得内心一阵窃喜。接着，他便提出想先带一些杂交水稻种子回美国去试种一下，看看它们在美国表现如何。如果在美国也能显示优势，那么圆环种子公司准备以适当方式购买这项技术专利。

中国种子公司官员连忙表示，好说，好说，不要钱，先送给威尔其先生三个组合，各 0.5 公斤杂交稻种子。

美国圆环种子公司当年就把这三个组合的杂交稻种子播种在了加利福尼亚大学农业实验站的稻田里。到收获时，跟美国原有高产常规水稻良种 Starbonnet 一比，产量还要高出 165.4%~180.3%，也就是说其中产量最低的一个组合也比美国水稻高出 1.65 倍。美国人不禁被惊得目瞪口呆，一齐把它们惊呼为"东方魔稻"。

于是，威尔其又一连两次来到北京与中国种子公司正式谈判。最后一次，双方于 1980 年 1 月达成协议，由圆环种子公司先付给中国种子公司 20 万美元首期技术转让费，中国即派出制种专家赴美国传授杂交水稻制种技术，专家在美工作期间，由美方支付工资，直到美国科技人员熟练掌握该技术为止。以后在美国生产的杂交稻种，由圆环种子公司在美国、巴西、埃及、意大利、西班牙、葡萄牙 6 国范围内销售，每年从销售总收入中提成 6% 付给中国种子公司作为后续报酬。显然，圆环种子公司只要付出区区 20 万美元的极小风险投资，就将得到这项已令整个世界为之倾倒的"东方魔稻"的制种技术。以后，中国种子公司期望再得的报酬，只有在圆环种子公司经营成功的情况下，才有可能获得。可见美国商人生意头脑的活泛。

就这样，这项杂交水稻制种技术转让协议，便在北京，在杂交水稻之父和他所在的湖南省农科院一无所知、一无所得的情况下，由中国种子公司连本带利一手包揽了。这是一些毫无知识产权观念的中国人与世界做成的第一宗知识产权交易，它开创了中国现代科技史上的第一项科技有偿转让纪录，这也是一个懵懵懂懂的巨大进步。不管它的经济效益如何，作为中国科技进步和知识有价概念开始建立的一个象征，它的意义无疑都是非常重大的。因此，没有任何人感到这有什么不合理。全国的报纸、电台都在头版显著位置或新闻联播中，兴奋无比地报道了这宗足以令全体中国人深感骄傲和自豪的、鼓舞人心、大长志气的科技出口转让买卖。

连发明了杂交水稻的袁隆平本人和他所属的湖南省农科院也没有感到丝毫

不满，全国都还没有什么发明权、受益权的概念，他们当然也不可能有。一切属于国家，理所当然，天经地义。湖南农科院虽然也是国家的，而且承担了这项科技开发的投资，但中国种子公司是农业部的，你能大过农业部吗？所以消息传到湖南，大家也都是欢欣鼓舞，喜气洋洋的。尤其是袁隆平，当得到农业部外事局叫他带队赴美国传授技术的通知时，他竟高兴得一夜合不上眼，打心眼里深深地感激中国种子公司赐了了他这次到世界科技最发达的美国去一展身手的机会，而根本就没想到实际上恰恰相反，美国人首先要找的对象本来就是他，也正是他赐了了中国种子公司一次越俎代庖、无本生利的机会。

"邓哲，看样子，我们的穷日子快要结束了。我这次去美国工作四个月，国内工资照发，美国公司还每月另发 3000 美元报酬。3000 美元就是 6000 元人民币呀！真是吓死人啦！"回家收拾行装的时候，袁隆平兴奋地对妻子说。

"对我们这样的穷家来说，钱当然很重要，但更重要的还是身体和安全哪！我只要你平平安安地出去，平平安安地回来就好。你可得自己保重。"邓哲既欣喜而又有点担心地说，"听说美国社会很乱，抢劫杀人无所不有。你一个人没伴时，可别外出乱跑。"

"你好像是外事局的官员似的。去年我去菲律宾，他们也是这样谆谆教导我们的。可是，到外面一看，其实根本就不是那么回事。"袁隆平说。

"去年你只是去开一个会，前后不过个把星期，还有农业部的人带队。可这次是你自己带队，而且一去就是几个月，情况可不同啦！"邓哲仍然强调说。

"嗨，你多虑了！西方资本主义国家虽然不是天堂，可也肯定不会是我们过去所描绘的水深火热，人间地狱。"袁隆平有点哭笑不得地安慰妻子说，"难道你还真相信美国人民正翘首盼望着我们去解放他们哪？"

"唉……是好是歹你去了就知道了，我只是提醒你小心为是。"邓哲笑了笑说。

1980 年 5 月 9 日，当地时间上午 9 时，袁隆平作为首席专家，携湖南省农科院副研究员陈一吾，和慈利县良种场场长杜慎余一行三人组成的中国杂交水稻专家组，乘飞机到达洛杉矶。圆环种子公司总经理威尔其和美国专家数人已打着牌子在机场迎候。当三人走下飞机舷梯，向撑着牌子的威尔其一行微笑着走去时，威尔其等人便看出是他们的中国客人来了。于是，威尔其连忙满面笑容热情地迎了过来。但可笑的是，他与第一个向他伸过手来的首席专家袁隆平只是礼貌性地轻轻握了一下，就放过去了，却紧紧地握住第二位接上来的陈一吾副研究员的手，又是拥抱，又是贴脸，口里一迭声地欢呼着："您好，尊敬的袁先生！我是圆环种子公司总经理威尔其，真诚地欢迎您的到来，能够结识您这位伟大的科学家，并在美国接待您，我感到无比荣幸！"弄得陈一吾尴尬不堪。

原来，威尔其虽曾数度赴中国谈判引进杂交水稻制种技术，却一次也没见过这项技术的发明者袁隆平。在他的想象中，这位了不起的科学家，自然应该有着一副养尊处优、器宇轩昂、书卷气十足的派头。而实际上，这位袁大科学家却偏偏脸皮黝黑，其貌不扬，活像个勤劳朴实的田间农民；杜慎余则更是于朴实之中，还透着几分拘谨；所来的三位中国专家中，唯有陈一吾最为潇洒气派，比较符合他想象之中的那副大科学家形象，所以，他一眼便认定，这位肯定就是首席专家袁隆平了。

一看这情势，三个中国人便全都明白是怎么回事了，不由得一齐掩口而笑。威尔其见客人笑得蹊跷，不由得心里一愣，但他马上就会过意来，为了掩饰尴尬，干脆做了一个幽默的怪脸，跟着客人放声大笑起来，一面耸肩摊手表示遗憾，一面连声道歉说："对不起，你们哪一位是袁先生？"

陈一吾连忙推过袁隆平用英语介绍说："威尔其先生，这位才是首席专家袁隆平先生，我们都是他的助手。"

"噢，尊敬的袁先生，我认错人了，请您原谅！请让我再次向您表示崇高的敬意和热烈的欢迎。您将是我们公司和所有美国人最尊贵的客人和朋友，我衷心地祝愿您在美国工作和生活得愉快！"威尔其说着再次握住了袁隆平的手，并紧紧地拥抱、贴脸。

"谢谢您的热情迎接，威尔其先生。您认错人是完全可以理解的，因为连许多中国人都会把我认错，更别说美国人了。我是一名水稻专家，长年在田间试验,所以浑身上下都染上了不少中国农民的色调。"袁隆平说着,又风趣地朝两名中国同伴一摊手接着说,"他们都知道,我还有一个绰号,叫作'刚果布',也就是'非洲黑人'的意思。您说这多有趣?"

"您真了不起,袁先生。一认清您,我就能想象出您的伟大发明是怎样取得的了。不过,您现在已经功成名就,我想您应该可以建一座王府,好好享受一番了。"威尔其感佩地说。

宾主一番寒暄后,即登车同赴加利福尼亚大学农业试验站,由三位中国专家为美国科技人员授课和示范,传授杂交水稻制种技术。当夜,威尔其在该试验站所在的埃尔森特罗市的一家饭店里为中国专家举行小型晚会。晚会间,威尔其亲自演唱歌曲欢迎中国客人,并请客人自由表演节目。陈一吾不善于演唱,杜慎余只会哼毛主席语录歌,于是他们两人都不愿表演,一齐推袁隆平出个节目,免得显出中国专家呆板。袁隆平从小爱好文艺体育,学生时代就曾参加过西南农学院的合唱团,在安江农校工作时,也常拉小提琴为学生演唱伴奏。因而他毫不推辞,拿起话筒大大方方走到演唱位置,一首忧伤的早期美国电影插曲 *Old Black Joe* 便开始在晚会厅里响起:

> Gone are the days when my heart was young and gay.
> Gone are my friends from the cotton fields away.
> Gone from the earth to a better land I know.
> I hear their gentle voices calling old black Joe.
> I'm coming, I'm coming, for my head is bending low.
> I hear those gentle voices calling old black Joe.

他的嗓音低沉淳厚,曲调节奏把握准确,英语咬字清晰,感情真挚,把一名美国南方老黑奴的悲凉晚景表现得非常到位。演唱完毕,小厅里顿时寂然,一向欢乐无忧的美国人一时间全被歌曲带进了历史上那悲惨的黑奴世界,连几名白人小姐眼里都闪出了泪光。良久,人们才从歌曲的情境中回过神来,于是,惊喜的掌声、赞美声顿时轰然而起……

"真没想到袁先生不仅英语纯熟地道,连美国歌曲也唱得这么地道,袁先生真可谓多才多艺啊。您不禁使我想起了贵国的一句俗语,叫'人不可貌相,海水不可斗量',这句话正好应在您身上了。"晚会结束,威尔其紧握住袁隆平的手由衷赞佩地说。

"威尔其先生过奖了,这都是小时候我母亲和姨妈教唱的,她们都是在你们美国的教会学校学的美式英语。所以我学的也是那一套,我还担心它过时了呢!"袁隆平诚实地说。

"语言会随着时代有一些演进,但不可能那么快过时的。我听说你们中国几千年前的古语,现在好多都还在用呢。"威尔其先生很了解中国。随后,他又转向杜慎余说:"哦,杜先生不会说英语,那明天我给您做一块小纸牌,写上您的姓名身份,和本实验站的电话号码,您外出时就把它挂在身上,无论您走失在哪里,都可以出示牌子,请任何一名美国人按上面的号码给我们打电话,我们立即就会去接您。"

中国杂交水稻专家来美传授制种技术的消息,很快被当地报纸、杂志和广播、电视等新闻媒体广为传播,在美国稻作界引起了广泛反响。加州大学农学院随即邀请袁隆平与该院教授和研究生座谈,为他们解答杂交水稻育种和优势利用的有关原理问题。不久,全美水稻技术会议又特邀他出席介绍中国杂交水稻研究情况。5名意大利水稻专家闻讯专程赶到美国加州,与袁隆平座谈探讨水稻杂交技术问题,并邀请他赴意大利讲学。

连声名显赫的哈默博士也专门抽时间来亲自与他会见,并请他出席西方石油公司股东大会,和他一块坐在首席,把他作为西方石油公司最尊贵的朋友介绍给全体股东。

"袁先生,非常欢迎您来我们公司做客。我也是中国人民的老朋友了,我只比尼克松晚一个月到北京。你们的毛主席、周总理都接见了我。要不是早年美国政府禁止的话,我本来更早就该是你们的座上宾了。不过,我仍然是美国最早到中华人民共和国的投资人之一。现在,我们在中国有着许多的业务。我期望您的杂交水稻成为加深我们友谊的又一条强有力的纽带。"年过九旬的哈默博士精神矍铄,像一棵神采奕奕的不老松。他的过人胆识和气魄是他一生远航全球、沟通三个世界的胜利之舟。以友谊带生意,赢得双份丰收,是他独具的高明。所以,他和袁隆平一见面就像老朋友重逢般亲切。事实上,哈默博士的西方石油公司率先开展对华贸易和投资,在当时,对美国其他公司进入中国市场树立了很好的榜样。

"谢谢哈默博士对我国领袖和人民的友好感情,以及对我本人的热情欢迎。我虽然不懂得做生意,但我也为有您这样伟大的商界朋友而感到无比荣幸。"袁隆平礼貌地说。

"我也感谢您的伟大发明为我们提供了无限的商机,我看得出,您确实是一位毫无功利之心的中国式纯粹科学家。你们的精神境界,用我们西方的价值观念,是无法理解的。从市场经济学的角度来看,您的科学发明可能正孕育着一个新兴的产业和一个遍及世界的巨大市场,意味着千万亿美元的新创财富,足以使世界崛起10个西方石油公司规模的新型财团。光是中国市场,就可以使您成为第二个'洛克菲勒'啊!哈哈!"哈默博士朗声笑着说。

"您的远见卓识使我深感敬佩,哈默博士。我也期望着贵公司能在和我国种子公司协议的范围内打开杂交水稻种子的国际市场。不过,在我们中国,科学家的发明和成果,都是无偿献给国家和人民的。人民养育了我们,我们全心全意为人民服务,用我们的智慧和血汗报效国家,报效人民,我们是心甘情愿的。"袁隆平真诚地说。

"我也十分敬佩您对您的国家和人民的忠诚和无私,您是一个纯真无瑕的科学家,所以我才给您分析您的发明的潜在市场经济价值。对您,我们没有戒备之心。我愿以请您出席我们股东大会的方式,来表达我对您的真诚敬意和信任。"哈默博士也真诚地表示。

几个月的教学活动在尊重、友好、愉悦的情境中,很快就结束了,除了美国社会的文明富足和美国人尊重知识、尊重人才的风气之外,美国人口与土地之比的奢华,以及农业的发达程度,也给袁隆平留下了深刻的印象,使他感受良多。美国一个私人农场拥有的土地面积就差不多相当于中国的一个"人民公社";美国的水稻种植者,有条件一年两熟的也只种一季,而且土地实行轮流休耕,以恢复地力和维持良好的土壤结构。他们种水稻从不育秧插秧和进行田间管理,而是预先把稻种和化肥农药、除草剂、松土剂等搭配停当,然后用飞机往大田里一撒了事;连他们的收割机里都安装了空调,工人脖领子里钻进了一点谷芒或碎稻叶就会难受得嗷嗷叫。对于中国专家教给他们的杂交制种耕作方式,他们感到非常新奇,一致认为其艰苦和烦难程度,将来投入大规模生产时,实非美国一般工人所能承受的。况且,美国劳动力价格昂贵,手工操作制种成本太高,为市场规律所不允许。因此,虽然通过这一次听课和实习,美国科技人员已基本掌握了杂交水稻制种的原理和操作规程,但他们还是希望中国专家下年能继续来和他们一块儿研究解决机械化制种的问题。可见在美国,即使是种田,离开了机械也将寸步难行。而美国农业的这番豪华派头,在十亿人口的中国,那实在是难以想象之事。

归国时路过旧金山,旧金山电视台和当地《华侨日报》又特派记者跟踪专访。旧金山是美国华侨华人主要聚居地之一,节目和消息播报后,唐人街顿时为之振奋。人们奔走相告,议论纷纷:向来只见中国人来美国学习科学技术,没想到现在竟有了一批中国人来美国传授科学技术,而且,这项技术还是通过商业贸易途径,由美国人出钱买过来的!可见祖国科学技术的惊人进步,实在大快人心,可喜可贺啊!

"各位仁兄,今天,我们十分荣幸地请到了祖国大陆的杰出科学家袁隆平先生光临敝会,与大家见面。我们都是在美国漂泊数代或数十年的炎黄子孙。祖国积贫积弱的时代,我们的祖辈父辈在这片土地上受尽了欺凌和磨难;至今,一般华侨华人仍然难以在这里享受到与当地国民完全平等的待遇,原因在于祖国尚未强大到足以与超级大国并驾齐驱也。我们海外华侨的命运与祖国息息相通,我们无时无刻不在盼望祖国强盛发达。而现在坐在我们面前的袁先生,就做出了领先世界的发明创造,并堂堂正正地被世界头号科技大国请来传授他的伟大发明。袁先生的成就,就是祖国进步的象征。我们衷心地感谢袁先生在美国为我们中国人露了脸，添了光。我们期望着祖国不断涌现出千千万万个袁先生一样的世界一流科学家。现在，请袁先生给我们赐教！"在当地华侨商会特邀袁隆平出席的见面会上，该会副会长以兴奋无比的心情，把袁先生介绍给了在座的数十位商界侨胞代表。热烈的掌声顿时响彻屋宇，经久不息。

"各位侨胞，十分感谢大家对我的推重和对祖国的热爱。我虽为祖国做出了一点贡献，但是还很不够。尤其是要使杂交水稻走上全世界，还有一个相当艰巨的过程。同胞们对我和国内科学家寄予了殷切的期望，我一定把大家的期望化作动力，回国后继续抓紧杂交水稻技术的完善和创新研究，力争在这一领域持续保持世界领先地位，并使这项发明更广泛地为世界各国所采用，既给各国人民带去福利，又为祖国争得更大的荣誉和经济利益。我也相信国内所有的科技界同仁，都会如大家所期望的那样，人人争创世界一流，通过若干时期的努力，使中国成为世界科技强国的梦想变成现实。再次感谢大家的盛情邀请和热情鼓励。谢谢！谢谢！"袁隆平十分感动地说。

"袁先生，您是我们中国人的骄傲。感谢您的光临！"

"袁先生，能见到您真是三生有幸！"

"袁先生可否光临舍下，使寒舍蓬荜生辉……"

……

人们热烈地围上前来，争相与他握手祝贺。最后还是副会长先生得身份之便，把他请到了家里做客，举家欢呼雀跃，不胜荣耀。

9月初，远渡重洋自美国归来的袁隆平，又翩然回到了妻子所在的安江农校那套低矮寒碜的小平房。他以一副健康如常的身板，圆满地回报了出门当日爱妻关于"平平安安地出去，平平安安地回来"的亲切嘱托，但是，他曾向妻子许下的将成为万元户的诺言，却连吹牛皮都算不上，只成了一个不吹自破的泡影。原来当时有规定，出国人员在国外所得收入必须全部上缴。因而，他们回到北京，向农业部有关司局一汇完报，有关办事人员就向他们下令上缴美国工钱。

"美国工资不是发给个人的吗?"这回,连从不言利的袁隆平都吃惊得忍不住问了一句。

"给你们个人?那你们不比国家主席工资还高?"有关人员嘲笑说,他那蔑视的目光里还隐藏着一句潜台词呢:看你们这几个"土老帽儿",连这点基本规矩都不懂!

"这与国家主席有什么关系?我们拿的也不是国家的钱哪!"陈一吾也忍不住回敬了一句。

"哎,你们下面的同志怎么这么啰唆?国外工资上缴,这是国家规定。你们不是拿的国家的钱,可这钱是国家争取来的,要不是国家派你们出去,你们到哪里能赚到这么多的钱?再说,你们外出期间,国内的工资还在照发着呢。"有关官员颇不耐烦地说。一句"你们下面的同志",把他自己这位居于"上面的同志"翘得高高的。

"好啦,别说了。既然是有规定,我们就按规定办吧。"袁隆平显然很不愉快,但又无可奈何地说。在个人利益与国家利益的关系问题上,一切以国家为重,这早已成了他的思维定式,哪里用得着"上面的同志"现在才来指教?然而,他实在无法想通,为什么连这么点纯粹是个人的技能和劳动所挣来的工钱,国家也要收掉!国家和个人总得有个界限吧?国家已经从科技贸易中获取了数十万美元现利,难道个人连一点工钱都不该得吗?

但不管怎么样,三个人还是老老实实先把美元如数上缴,又按规定领回每人每天 10 美元,折合成人民币 20 元的境外生活补贴费,四个月每人共计各领得 2400 元人民币,各自回家向老婆交账而去。

"嘿嘿,真对不起。我原以为美国工资可归个人所有,谁料农业部规定得全部上缴,只能每天领 20 元人民币的生活补贴,总共才有 2000 多块钱。"袁隆平有点不好意思地对邓哲说。

"能成千元户也不错呀,我们家还从来没见过一次进 2000 多块钱呢!"邓哲安慰丈夫说,她从不让家庭负担在丈夫心理上形成压力。

"你真是个好老婆啊!知足常乐,我还担心你说我吹牛皮呢。"袁隆平这才轻松地笑着说。

"我要不知足常乐,你还想埋头搞科研?你看看我们家这三间鸡蛋壳大的房子,都住着8个人;你在长沙那么多年,都没把家带过去,我们还不照样过了?回头想想人家乡下农民比我们还差得远呢。所以,你可以完全放心。俗话说,'有福不用忙,无福跑断肠',我们一切顺其自然。反正一家人能不饿着,不冻着,孩子能上学受教育,已经很不错了,不是吗?"邓哲洒脱地说。

"所以还是娶个无产阶级思想的老婆好对付啊。圆环种子公司总经理威尔其说,我应该造一座王府享受享受;西方石油公司董事长哈默博士说,我可能成为'洛克菲勒第二'。要是你也有那么大的野心,我可怎么来满足你呀?"袁隆平幽默地说。

"天啦,这资产阶级分子真是野心勃勃呢!他们怎么敢有那么大胃口?我只要能增加两间小平房,有三四千块钱存款以备不时之需,就心满意足了。"邓哲神往地说。

邓哲这愿望很快就实现了。

1981年6月6日,国家科委、国家农委在北京联合举行中华人民共和国第一个,也是迄今为止唯一的科学技术特等发明奖授奖大会。以袁隆平为首的全国籼型杂交水稻科研协作组发明的籼型杂交水稻荣获该项大奖。党和国家领导人亲自授奖,由袁隆平代表全国杂交水稻科研协作组登台领奖。除奖章和发明证书由袁隆平带回湖南保管外,一共10万元奖金,由当时的有关部门按照民间传统的"上山打虎,见人一股"的办法,略有差别地分发给了所有到海南岛参加过杂交水稻学习研究的全国各地科研人员。袁隆平本人足足分得奖金5000元整,连某些来跟班学习,并利用他传授的方法和提供的关键性材料取得了较大成绩的一般研究人员都得到了与他同等的奖金。

同样没有任何人认为这有什么不合理,尽管整个杂交水稻技术的理论设计、研究步骤、试验方法,以及全套技术规范都是袁隆平制定的;尽管他既当总设计师,又当总施工队长,还亲手当施工员;尽管全国杂交水稻科研协作组成立之前,他早已带领尹华奇、李必湖进行了多年的艰苦摸索,差不多完成了全部的基础性工作，并且已经面临着三系配套的全面突破，即使不搞全国协作，成功也已尽在他的掌中；尽管实际上全体参研人员都不过是他的"学徒"而已，然而社会主义大锅饭的体制，决定了这笔奖金的分配原则必须是大体平均。连民间上山打虎，还有一个打头枪的人可先得一腿三肋，然后才大家平分的规矩，而袁隆平却连开头枪者的待遇都没有享受得到。

唯一值得庆幸的是，发明证书上署上了作为领头雁的袁隆平的名字。而实际上，这项奖励，本来就只应该奖给袁隆平一个人。至于他认为哪个助手、哪个"协作者"成绩突出一点，对他帮助大一点，该适当分给多少奖金，那完全是他自己的事。他要完全独得，也全在情理之中。但在当时，人们是不可能这样认识问题的。还好国家科委把这奖金给平分了，否则，要叫当年的袁隆平一个人去对付这10万块钱的分配问题，那不把他弄个焦头烂额才怪呢！

"哎呀！5000块钱啊！啧啧，这么高的奖金，真吓死人了！"当袁隆平喜不自胜地自北京归来，从兜里掏出一沓钞票交到妻子手里时，邓哲惊喜得连钱都不知该怎样拿了。

"这倒正应了你那'有福不用忙，无福跑断肠'的俗话了。虽说还没达到万元户的标准，但也总算第一回实现吃饭有余，略有存款了。看样子，我们结婚第二天，我向你承诺'面包会有的，牛奶也会有的'现在也算是兑现了。"袁隆平不无得意地说。

"不！我记得你还说过'一切都会有的'，这最后一句离兑现怕还差得远呢。"邓哲故作不满地说。

"你看，上回我刚表扬你知足常乐，你现在得到的越多，倒越贪心起来了。"袁隆平刮了一下她的鼻子说。

"嘻嘻，这倒也是。第一眼看到你拿出那么多钱来时，真把人吓得手脚都不知该往哪里放了。可这钱一旦到手，想想我们家还有多少需要，也就不觉得怎么多了。"邓哲实事求是地说。

"人的知足都是相对的，不知足才是绝对的。在一定意义上说，人心不足才能推动社会发展呢。所以说，只要我们不谋非分之财、不义之财，不断希望日子过得更宽裕些，是完全正常的。"袁隆平说。

这话还没说过几天，更好的日子果然又来到了。据农业部通知，美国西方石油公司为扩大杂交水稻的宣传，在有关国家打开杂交水稻种子的潜在市场，准备于7月派出一个电影摄制组来湖南拍摄一部题为《在中华人民共和国的花园里——中国杂交水稻的故事》的纪实影片。现在影片脚本已通过我国有关部门审查同意，袁隆平将是影片里的主角。为了更好地展示我国科学家的形象，领导要求必须提高袁隆平的家庭生活条件。具体标准是，必须有独户居住的花园小洋楼，客厅里要有沙发、酒柜和电视机，厨房里要有冰箱，室外要有网球场和游泳池。

这一下可把湖南省农业厅、农科院和安江农校各方面都忙坏了。6月得到通知，7月电影就要开拍。这住房设施无论如何建不及啦！好在安江农校刚刚建成了一栋相当漂亮的科研小楼，让他一家8口搬进去住着倒正好合适。只是少了厨房和卫生间，这也不打紧，靠着小楼后侧再加盖两间小平房，看上去也浑然一体很是紧凑。于是，住房问题就这样解决了。电器、家具让袁隆平自己买一些，学校借一些，包装一番，也就很有点专家居室气象了。至于室外设施，花园虽没有，但整个安江农校绿树成荫，花果飘香，环境十分幽雅，这就足以代替私家花园了；网球场没有，但是学校有篮球场、田径场、简易体操场可以代替，反正专家原本就不爱好网球而喜欢篮球。游泳池没有不行，因专家最爱游泳，又恰好小楼旁边有一口池塘，用砖石水泥铺底砌岸，装上进、排水管道，装上钢梯和扶手，半个月工夫也就弄好了。

于是，7月，当美国电影摄制组组长劳克率领他的小组来到安江时，袁隆平的家已俨然是一派初级阶段的美国中产阶级模样了。更使劳克惊讶的是，袁隆平的母亲——一位中国大陆的八十一岁老太太，竟会讲一口流利的英语。她还会讲许多20世纪二三十年代美国中小学课本上的幽默故事，使劳克一行倍感亲切。

"哦，好极了，袁先生。您真会选地方，这里的环境简直美极了，这个大院的资产肯定都是您的啦！"劳克羡慕地说。

"不是的，劳克先生。我们中国科学家的生活设施都是国家配给的。这里的一切设施我都可以无偿享用，但不能说是我私有的，只有我房子里面的东西才是属于我私有的。"袁隆平不禁有点哭笑不得，他一面大体真实地回答着，一面心里想，刚刚还住在贫民窟里，连现在家里的家用电器还是公家借的呢，眨眼间就被人看成是一个拥有数百亩园林和数百万元房产设施的老地主了，真有意思！

"噢，那中国科学家也很幸福啦！在美国，可一切都得自己买。花钱不用说，还要劳神费心啊。"劳克还是羡慕地说。

"这您倒说对了，我们中国科学家有我们中国特色的幸福。但是，总体来说，我们毕竟还是一个发展中国家，人民的生活水平还无法跟美国相比啊。"袁隆平不无感慨地说。他突然记起好像曾经在哪里看到过一则报道，说柬埔寨元首西哈努克亲王有一次在跟周恩来总理谈到选派青年出国留学的问题时，讲过一个很好笑的现象：他派到苏联去学习社会主义经验的人，回来后都变成了资本主义的崇拜者；而派到美国去学习资本主义经验的人，回来后则都变成了社会主义的崇拜者。可见人都是向往新奇，长期生活在某个圈子里，总是最容易感觉到这个圈子里的不足，因而失去客观的评价。就像这劳克先生，要真把他放到一个普通中国电影导演的位子上生活个一年半载，恐怕他就不会再那么羡慕中国人的幸福了。

"当然，从生活设施的质量来看，中国确实还很落后。但你们可以一切全由国家给包了，不用自己操心啦！"劳克冷静想了一想后，比较客观地说。

"这就是社会主义中国的好处呀！所以，您这电影也就要给我们做足这方面的文章啰。"袁隆平顺水推舟地说。

"那当然，哈默先生是中国人民的老朋友，他不会做有损中国形象的事情的。我们跟那些被专门派来搜集中国社会黑暗面的新闻记者是不同的，我们不参与政治攻讦，严格地说，我们连一般政治活动也不参与。"劳克肯定地说。

"这就好，我已经看过了你们的影片脚本，我理解你们的创作意图，很赞成你们的内容编排和预定的表现方法。我会配合你们拍好这部影片的。"袁隆平慷慨承诺说。

173

"很好！您不光要配合，还要大力帮助我们。我既要请您当演员，也要请您当副导演和现场翻译官。当您表演时，您要听我指挥；当别的角色表演时，您要代表我担当指挥。"劳克高兴地说。

这部影片，后来除在美国、巴西、埃及、意大利、西班牙、葡萄牙6国放映外，1983年7月还被日本各电视台拿去，在全国各地播放。"东方魔稻"的神奇魅力，更加使世界为之倾倒。日本某出版社甚至出版了一本名为《神奇水稻的威胁》的书，惊呼"杂交水稻这一海外传奇给日本带来了风暴"。更有人将杂交水稻赞誉为中国继古代四大发明之后的第五大发明。

鉴于袁隆平的国际影响，他的生活条件问题也确实不可忽视了。于是，电影拍完后，各方面也没叫袁隆平重新搬回旧房里去住，而让他在这所新宅里正式安居了下来，直至1990年他的夫人随调长沙湖南杂交水稻研究中心时为止。不过，考虑学校住房确实太紧，袁隆平还是将小楼腾出了一半，让给他的学生李必湖住。反正这时，李必湖也已是闻名遐迩的杂交水稻专家了，这栋小楼便被叫成了专家楼。

四、犒劳爱妻

拍完电影，已是1981年8月，袁隆平又接到去北京开会的通知。他见这次会议议程安排较宽松，于是，决定带妻子和五一、五二两个稍大点的孩子同往京城一游。

"邓哲，你跟着我十几年辛苦了，这次我要好好犒赏你一番！"他挥舞着会议通知兴奋地对妻子说。

"怎么个犒赏法？"邓哲笑问。

"我要带你和孩子一块儿进京旅游。"

"并且又准备帮我买16条不合身的裙子？"邓哲故意调侃他。因为有一年夏天，袁隆平进京办完事后，曾忽然想起要给妻子买点礼物。他见北京的妇女穿着裙子样子挺潇洒的，而妻子在家里还是穿裤子，他便走进王府井百货大楼去买裙子。等到营业员问他要买什么款式、多大尺寸的裙子，他才明白原来买裙子还要知道尺寸和款式。他不知道妻子该穿什么尺寸和款式的裙子为好，犹豫老半天，忽然心生一计，掏出口袋里所有的钱，算算除留下回程的旅费之外，其余全数交给营业员，然后指着货柜里各种不同尺寸和款式的裙子，倾其所有一股脑儿买了6条，心想，我买得多，其中总有一条合适的。没想到拿回家一试，竟偏偏没一条合身，最后只得送给曹胖公夫人和学校几位女老师穿去了。为此，他懊丧得连声叹息说："唉，可惜当时钱不够。要不，我再多买10条，你就可能碰得上一条合身的了。""傻瓜，花市价十几倍的代价给老婆买一条裙子，有你这样浪费钱的吗？其实你只要请一个看起来身材跟我差不多的女顾客代我试一试，挑合身的买一条就行了。像你这样傻乎乎的，要是身上有钱，你岂不要把整个服装商场全给买回来了！那你老婆挑剩下的那些衣服怎么办？"邓哲哭笑不得地点着他的鼻子开导一番之后，他这才摸着后脑恍然大悟说："是呀，听你这么说，好像是蛮有道理的。可我当时为什么就没有想到呢？"

现在，听邓哲又旧事重提故意笑话他，他便爽快地改错说："不，这回让你自己挑。我带你把王府井、西单、前门大街各大商场全给买遍。你想要什么衣服只管往身上试，我给你当第一审美员。"

"嗨——看你好大口气！你有多少钱可以供老婆任意装扮？"

"嘿嘿，多少钱不都由你管着吗？"

"哦，原来就我替你管着的这点钱呀！告诉你吧，这点钱除去各项家用开支和必要的储备，游一趟北京就所剩无几，想买东西还得紧着手挑点便宜货。你以为你就当上阔佬啦？还想让我买遍北京各大商场呢！"

"唉，好歹总得给你买几件像样点的东西。还有两位母亲，我们好不容易总算有些钱了，宁可不储备，这回也得给装备一下，孝敬一番。"

"说什么4000块钱储备也不能少，你以为就你懂得孝敬吗？两位老人都已年届耄耋了，一旦遇上什么不测，要用钱的地方多着呢！那可不是好玩的。"

"行啊,那就都依你的办吧。不过,到时到了北京,看着东西没钱买,你可别怪我这当丈夫的不够慷慨呀!"

夫妇俩筹算一番,过两日就带着孩子上路了。可是,上火车时没买到卧铺票,登上硬座车再一看,竟连座位也没有了,一家四口只得站在车厢过道上摇晃。两个孩子倒是兴奋得很,顺着过道跑来跑去,看着车窗外飞驰的景物又跳又叫。邓哲却站过一个多钟头就开始有点腿酸,她不由得皱了一下眉头,又微微笑了笑,对袁隆平说:"你这国际驰名的大科学家就是这样犒赏妻子儿女进京旅游啊!照这样站下去,恐怕不等到北京,一家人的腿就全得给站断了。"

"谁说一直要站到北京?前面沿途都有人下车,就会空出座位来。等一下我再去找列车长问问,说不定还能补到卧铺票呢!现在这年月旅行算什么苦呀?你不记得那年我带你和五二去海南岛,我把五二塞在行李架上,怕他睡不稳掉下来,一直挤在人缝里站着守住不敢离开半步。你铺些报纸睡在别人座位底下,被人家的臭鞋烂袜熏得作呕,还不一样旅行了上千公里吗?"袁隆平也笑着说。他说的是1973年的事,那年他曾安排南繁人员轮流带家属去海南观光和慰问,以解决长年夫妻分离的相思之苦。袁隆平疼爱孩子,从没大声呵斥过一次;可那回有一天五二好玩,拔掉试验钵里几根禾苗,他却破天荒第一回捉住孩子揍了一顿屁股。

"人家都讲向前看,你这不是尽讲向后看吗?那时候怎么能跟现在比呢?那时候你算什么呀?连一个贫下中农的身价都不如呢。现在你可是国际知名的大科学家了!"

"唉……国际知名有什么用?那也只是在农业科技界的小圈子里知名呀,这火车上就没有一个人知道我呢。就是知道,我们也不能耍特权呀。"

正说着,一个臂上佩着"列车长"牌子的中年男子恰好从身边路过。袁隆平忙拦住他问:"列车长同志,我们要去北京,想补两张卧铺票,不知还有没有?"

列车长打量了一眼这位脸膛黝黑的拦路人,不由得连连称奇说:"嚄,您这可真是新鲜事啊!一位老农刚搞完双抢,就带着老婆上北京,还有钱坐卧铺,我可是第一次见到呢!喀,老乡,卧铺票是还有少量几张,不过,那是留给沿途有特殊身份的高级干部进京办急事用的,可不能给您补。"

"谁说不能给我们补?我爸爸是水稻专家!"忽然,从列车长腋下钻出一个半大孩子,忽闪着两只大眼睛瞪着列车长抗议说。

"五一,老实点,别瞎闹!"邓哲瞪了一眼那孩子制止。显然,那孩子是已经略解世事的五一。

"嘿嘿,这孩子真逗!"列车长忍不住扑哧一笑,饶有兴趣地摸着五一的小脑袋说,"小家伙,你说得不错。我也一眼就看出了你爸爸是个水稻专家,可湖南农民都是种水稻的专家呀!"

"您说得不对!我爸爸不是湖南农民,他是江西人。"五一不顾妈妈的制止,继续反驳说。但很显然,他的思维还不够严密,没有把意思表达明确。

"哦……不错,江西农民也都是水稻专家,可凭着江西农民的身份也不能补应急卧铺呀!"列车长继续笑呵呵地解释说。

"我爸爸不是农民,他是科学家,连美国人都请他当老师,还拍了他的电影呢!"五一顽强地争辩说。这一回,他总算把意思完全表达清楚了。

不过,列车长还是不肯通融。他挺了一下腰板,正色结论说:"小鬼,科学家也不行,除非你爸爸是高级干部,他有高干证件吗?"

"唉……列车长,你这是逼着我运用特权啊!好吧,我给你两个证件。"袁隆平终于忍无可忍地开言了。说着,他从口袋里掏出两个小红本本,不紧不慢地递给了列车长。

"哎呀,您是全国人大代表、全国政协常委!天呀,您怎不早说?其实,您在怀化站上车时,就应该叫站长直接送到我们的卧铺车厢里来。哎呀,真是对不起呀!不过,还要请您千万谅解,我刚才那也是坚持制度啊。"列车长顿时变得毕恭毕敬,连连道歉说,"对不起,请跟我来,我马上给您补两个软卧。"

"你还是按制度办吧,我才有资格坐软卧,她是家属,你给她补个硬卧就行啦!"袁隆平说。

"不,您有资格带随员一同坐软卧,这是您的正当权利。"列车长说。

"可我的家属不是工作随员,不属公务旅行,你还是照我说的去办吧。"

袁隆平坚持说。

"好,好,好,那也行。我给您补一个软卧,一个硬卧。"

补好票,夫妇俩就分开了。邓哲带着五一坐了硬卧,袁隆平带着五二坐了软卧。安顿下来之后,袁隆平便从公文包里掏出一大摞文稿,开始逐页审读。他正在筹办一份《杂交水稻通讯》杂志,以便推动全国杂交水稻理论和实践的进一步深化和发展。现在手头这些文稿,便是他向全国征集来的第一批专业论文。他准备利用旅行空间亲手编辑好,回头再在长沙付印。可是,他还没看几页,儿子五二就不时地指着车窗外的景物向他问这问那,他有口无心地回答了几声,五二表示很不满意,又摇着他的胳膊要跟他探讨北京城有多大,天安门有多高……他感到这小子很难对付,不得不放下稿子苦笑了一下说:"宝贝崽嘞,你提的问题爸爸都没有研究过,就是想回答也答不出来呀。等爸爸带你到了北京,你自己就会看明白了。你能不能安安静静地坐着,让爸爸抓紧时间工作。爸爸在车上做完了工作,到时就会有更多的时间带你们游北京了。"

五二知道爸爸不愿陪他说话,于是嘟起小嘴很不高兴地说:"跟您坐在一起真没劲,我要去找妈妈和哥哥。"

"很好,你去吧。晚上再来爸爸这铺上睡。"

孩子推开门,一溜烟儿就跑了,袁隆平又捧起稿子审读起来。也不知过了多久,邓哲过来看望,问起五二哪儿去了,袁隆平才知道这孩子溜出软卧间后并没有到妈妈身边去,于是着起急来。紧接着,两口子在列车长的帮助下找遍整列火车,列车广播室又反复广播,结果仍是踪迹杳然。邓哲不由得生气地责备他说:"你就只顾工作,工作,连自己的孩子都不顾。你算是一个什么父亲?说什么这次要好好犒劳我们母子一番,还刚出门,你就把孩子弄丢了!得,我们不跟你走了。你一个人工作去吧!我们承受不起你这种犒劳!"说着说着,两串眼泪就止不住地滚了下来。

在妻子的责备声中,袁隆平不觉低垂了脑袋,是呀,多少年来,为了工作,自己差不多一直是弃家不顾;某些特殊年份,甚至一年到头只回一次家,和妻子见一次面。妻子常年一人在家拖老带小从没厌烦过,而自己仅仅带一个孩子坐几小时火车，就不胜其烦了，以致竟把孩子给弄丢了，这真是何等荒唐！想到这些，他不由得深感愧疚，顿时面无人色，良久无言以对。

列车长见状也吓得额头直冒汗，心想，一开始就没给这位社会名流、人民代表留下好印象，偏又在车上跑丢了一个孩子。事情虽说不能全怪自己，但问题出在自己值勤的列车上，怎么也脱不了几分干系。为了挽回影响，他不得不硬着头皮劝解说："首长，请别着急。列车马上到达湘乡站，我们一定停车请求火速通知本列车曾经停靠过的各个车站帮助查找，说不定您的孩子就在我们曾经停靠过的某一站下了站台没来得及上车，这种情况叫作漏乘，我们经常会遇到。"

说话间，列车已在湘乡站停住，车站广播里果然即时响起了呼告："杂交水稻专家袁隆平先生请注意，您的孩子在娄底车站漏乘，现正在该站民警值班室等您……"

人们的脸上这才露出了笑容。袁隆平随即交代邓哲带五一原车先行，自己下车回头去接五二，一家人再在北京会合。原来，当时五二一跑出软卧间，列车就停靠在娄底车站。小家伙见列车过道里人多不好走，便跳下车去，顺着站台往妈妈所在的车厢跑。可是，在站台上一跑开，他就认不出妈妈是在哪节车厢，直到列车重新开动，他还在站台上乱跑；眼看着列车加速离去，他只好急得又跳又叫，哇哇大哭……

虽说经历了一点波折，北京还是游得很畅快。不过，买东西还是只能尽着便宜的挑。别说钱还不多，就是钱多了，过惯了节俭日子的人，也总是放不开手来大把撒钱。两位母亲也一样，捧着儿女从京城带回的礼物，无论贵贱，心里都是甜的。袁隆平的母亲曾在北平居住多年，虽然如今自己年老无法远游，但儿子能经常到她的出生地去替她抚今追昔，她的心愿也就得到了极大满足。

转眼到了农历1981年除夕，一家老小围炉守岁，其乐融融。这是自1971年开展南繁至今十一年以来，袁隆平第一回在家过春节，本来是全家最圆满的一个欢乐之春。可偏偏刚过正月初二，邓哲就突患病毒性脑炎，被紧急送进了怀化地区人民医院；而更不巧的是，岳母又紧接着得了脑血栓，被送进黔阳县人民医院抢救；连八十岁的母亲也患上了重感冒，发烧发冷在家卧床不起。一家两代三位女性突然同时病倒，其中妻子和岳母病势危急，生命堪虞，这简直把袁隆平急得焦头烂额。他这也才深深地佩服当日谈起上北京旅游用钱的问题时，邓哲坚持要留足4000元应急储备的先见之明，否则，像现在这样到处需要钱用可就抓瞎了。好在这时安江农校已有了一辆吉普车，他隔日就要乘车赶到百里之外的人民医院照看一回妻子，完后又要赶回黔阳县人民医院照看岳母，完后还要赶快回家照料母亲。一心牵挂三头，夜以继日疲于奔命，连三个孩子也都被发动起来，分头进驻医院陪床服侍病人，家里很快就弄得垃圾满地没人扫，椅子翻了没人扶，脏衣臭袜没人洗，衣橱开了不关门，箱子翻乱不盖盖，饭锅烧穿了底，劈柴掉进了水缸里，简直乱七八糟全没了章法。

"哎呀呀，刚果布，你家里这是遭了抢劫还是怎么的？看看，少了女人，到底还是不行吧？你以为没有邓哲姐，你那科学家是那么好当的吗！"好在曹胖公夫妇闻讯赶来帮忙，李荷芬一进门就笑着调侃袁隆平说。

"李荷芬你这是幸灾乐祸啊！我们袁老弟是大贵之人，你不说自己没有福气当他的老婆，还笑人家不会理家！"曹胖公也笑着调侃自己的老婆说。

"曹胖公，这你就说错了，李荷芬嫁给你才真是嫁对了。一个女人要想幸福，就应该找一个像你这样的丈夫。你看你虽然没有什么高名显位，但一生丰衣足食、平平安安，把个老婆修饰保养得鲜活水灵的。李荷芬这是何等福气啊！哪像邓哲一个女人顶着一个家，终年如牛负重。我现在才真正体会到，她完全是为了我的事业、为了这个家累倒的啊。她现在还处于半昏迷状态，真要是有个三长两短，我可太对不起她了。"袁隆平真诚地说着，他的表情沉重，眉头不由得打起了一个结。

"唉……这么看来，你还是一个很有良心的男人啊！女人其实并不需要像一瓶花一样由男人娇着宠着，她要的只是男人的尊重和理解。你刚果布干出了很大的事业，而你又知道自己的成就中也有着邓哲姐的心血，我想邓哲姐就会心满意足了。像曹胖公这样整天只能伴着个老婆无所作为的人，有几个女人会爱他哟？"李荷芬情不自禁地感叹了一声，然后亦真亦谐地说。

"哼，就你专会吹牛。没几个女人会爱我，那你为什么还整日提心吊胆地担心我被别的女人爱上，把你甩了？"曹胖公不服老婆的评价，笑着反驳了李荷芬一句，然后接着说，"少说废话，快帮刚果布安排一下吧，人家可没有时间跟你耍贫嘴！"

"好吧，刚果布。我也就不再啰唆了，我看从今天起，你就到怀化医院专门照料邓哲姐，黔阳医院你岳母和家里你母亲，由我和曹胖公负责，我们关顾不过来时，曹胖公会去发动学生来帮忙。另外，各中小学也开学了，五一、五二、五三几个孩子都应该去上学，不能再在医院服侍病人了。你把他们都从医院叫回家来吧，他们的生活和学习，我和曹胖公也都会照管好，你就诸事放心好了！"李荷芬爽快地说。

正说着，尹华奇送来一张通知，说是省农业厅请袁隆平即日去长沙筹备全国杂交水稻研究协作年会。尹华奇正待去美国当杂交水稻技术顾问，这段时间一直跟着袁隆平紧张地突击补习英语，却不巧碰上师母病了。

"尹华奇，你替我打个电话向农业厅请个假吧。我研究杂交水稻十几年来，从没为家事请过一次假，分过一次心，一直是你师母在背后支撑着我。这回，我可得放缓一下工作，好好报答一下她了。"袁隆平深情地说。

怀化地区人民医院住院部的内科病房里，邓哲躺在一张病床上，胳膊上挂着点滴。她慢慢睁开了眼睛，终于认清了眼前的袁隆平。

"我……这是……在……哪里？你……怎么……那么……瘦？"她声气虚弱，口齿不清，语调也有些含混。这已是她入院的第十天，也是她入院以来第一次恢复了神志。她所患的病足以致命，或者致残。可她恢复神志后的第一眼就发现丈夫消瘦了，却不知她比丈夫更加瘦弱。

"啊，你总算醒过来了。邓哲，你生病了，正在住院，正在好转。"袁隆平看到妻子终于甩脱死神，走出昏迷，并且没有失去记忆，还初步恢复了语言，不由得满脸欣喜。然而，看着妻子形销骨立的脸庞，忧虑着她的身体机能仍可能难以全面恢复的可怕后果，他的心里又不由得沉甸甸的。

"我……病……很……重,是……吗?我……会……死,是……吗?"

"你是病得不轻,并且有过危险,但现在已经平安了。你看,我都高兴得笑了。"

"你……别……骗……我,我……怎么……觉得……身体,好……像,不是……我的……一样。"她说着努力挣扎了一下,想动一动身子,但没能如愿。于是,只得无可奈何地接着说,"我……要是……死……了,你……要……找……一个,爱……孩子……的。我……母亲,拜……托……"

"你别瞎想啦,你现在虽然身体很虚弱,但确实已经平安了。曹胖公两口子在帮我们照看着家里的一切。我可以陪着你一天天好起来,直到你病愈,我们一块儿回家。"

"真……对不……起,我……拖累……你……工作……了。"

"工作是永远做不完的。可现在在我的心里,没有什么比你更重要的了。没有你,就不会有我的工作成就,不会有我的一切。"

"你……吹……我。"邓哲的脸抽动了一下,她显然想笑,但她的大脑和神经还不能很好地配合,因而笑得比哭还难看。

这时,医生和护士过来了。看了看病人的神色,医生说她恢复的势头出奇地好,原来的许多担心,现在看来都可以放下了。说不定再过一星期,她就能由人扶着下床了。不过,现在别让她说太多的话,要让她好好休息;每隔一小时就要帮她翻翻身,并对她的后颈和背部进行按摩,以激活神经,加速恢复肌体功能。

"好,你累了,别再说话了,闭上眼睛好好休息一会儿,乖。"袁隆平感激地谢过医生的指导,然后深情地抚摩着妻子的脸颊和额头,亲切地哄着她说。

"袁先生,有您这样的好丈夫,您的妻子真幸福。我还很少见过五十多岁的男人对病中的妻子这样卿卿我我的呢!"医生走后,女护士检查了一下邓哲正扎着点滴的手臂,然后羡慕地笑着对袁隆平说。

"您这样表扬我,真叫我受宠若惊了。可我却总觉得很对不起她,我平日对她关心爱护太少了。"袁隆平真诚地说。

"不，夫妻之间平日里都要忙着工作，只要真情在就行了，不可能天天跟个蜜罐子似的。可到了患难时刻就不同了，人在患难时，特别需要亲人的牵挂和亲情的温暖。医生说，您妻子的苏醒和记忆、思维功能的恢复，都与您过去几天时时刻刻对她的轻轻絮语和亲切呼唤有关呢！"护士忽闪着眼睛，笑眯眯地说。

"是吗？这有科学根据吗？"

"当然有。不仅有理论依据，而且有实践证据呢！去年我们收治了一名脑中风病人，昏迷半个月，眼看要成植物人了。医生叫他的亲人找准他平日的兴奋点呼唤他，看能否最后争取到一点希望，可千呼万唤他还是不醒。结果他一个最亲密的同事想了一下，连忙对着他的耳朵急呼说，'老刘，你老婆跟一个男人勾搭上了，你看他们搂抱得多紧啊！'您猜怎么着？这病人蓦然眼睛就睁开了。"护士绘声绘色地说。

"哈哈……您这是讲笑话吧？"

"是真的呢！要不，明天我把那病人的病历档案找出来给您看看。"

"可我并没有对病人说我被别的女人爱上了呀！"

"您这人真是的，还是个大科学家呢！各个病人的情趣和兴奋点不同嘛，哪里都要讲同样的话才能奏效？您能在妻子耳边亲亲密密、絮絮叨叨地唤醒妻子的意识，促进她的康复，这就充分表明了你们之间爱情的伟力呀！"

果然，在丈夫的精心陪护和照料下，经过一个月的住院治疗，邓哲竟奇迹般地痊愈了，没有留下任何后遗症。出院后，经过一段时间的调养和锻炼，她的身体得到了全面康复，又挑起了支持丈夫继续登高的重担。

五、袁隆平思路

1986年10月10日傍晚，长沙蓉园宾馆的宴会厅里高朋满座，宾客如云，黑皮肤、白皮肤、黄皮肤、棕色皮肤交相辉映，汉语、英语、西班牙语……叽里呱啦响成一片。来自美国、日本、菲律宾、比利时、巴西、埃及、印度尼西亚、伊朗、意大利、墨西哥、斯里兰卡、英国、泰国、马来西亚、孟加拉国、荷兰、加纳等20多个国家和国内24个省市的200多名专家学者欢聚一堂，在这里参加湖南省省长熊清泉代表湖南省人民政府举行的招待世界首届杂交水稻国际学术讨论会全体与会专家的盛大晚宴。

10月6日起，由菲律宾国际水稻研究所、湖南省科协和湖南杂交水稻研究中心联合筹办的世界首届杂交水稻国际学术讨论会，在长沙马坡岭湖南杂交水稻研究中心举行，至今天会议圆满结束。这是长沙有史以来吸引最多国籍的外国学者会聚的一次活动。长沙人虽然托毛主席他老人家的福，还算是见多识广，也从来没有见过这种阵势，这自然是袁隆平和他的杂交水稻的无穷魅力给长沙带来的空前学术盛况。

自1979年袁隆平第一次在菲律宾国际水稻所露脸起，国际稻作界就把眼光投注到了中国湖南长沙。1980年9月，中国农业科学院和国际水稻所就在长沙马坡岭湖南农科院内，举办了第一期杂交水稻国际培训班，由袁隆平担任主讲，给来自10多个国家的20多名专家讲授了杂交水稻的有关原理，和育种、制种、栽培等主要课程。1981年9月，又连续举办了第二期。后来，这个培训活动由联合国粮农组织接管，并提供经费，委托湖南杂交水稻研究中心独家举办。到1999年共举办了10期，培训了20多个国家的200多名专家。应教学之需，袁隆平还于1985年撰写并出版了一部中英文对照本的专门著作——《杂交水稻简明教程》。

鉴于袁隆平和杂交水稻的国际国内专业活动十分频繁，他原来所属的湖南农科院水稻研究所，显然"庙"已太小，无法继续装得下他这个"齐天大圣"了。但是，农科院院长又近于行政官员，该管的事情太多，因此他不肯当。于是，各级组织只好根据他的意愿，支持他于1984年正式创建了隶属于湖南省农科院的湖南杂交水稻研究中心，并由他出任中心主任。至此，他终于有了一个完全属于自己统领的、独立的、专门的杂交水稻研究机构；有了随心所欲地设置研究项目，随时决定开展、调整或终止各项研究的充分自由；有了纯属自己调配的人员和资金；有了直接联系五湖四海的广阔学术天地；有了辐射全球的自主信息通道。总之，他可以在自己的学科范围内，根据自己的兴趣和能力，独立自主地开展任何科学实验、学术探索和交流活动。

他以世界性的实用科技成果和因应世界普遍需求的强大市场磁力吸引着整个世界，他又以忠诚爱国的赤子情怀维护且不断提高着国家和地方的声誉和利益。他为世界、为国家和地方一致看好，谁都知道拥有他或失去他将分别意味着什么，因而谁都希望拥有他，而担心失去他。这就是他之所以很早就能获得当时国内一般科技人员所难以企及的特别待遇的最简单的道理，连农业部的办事人员都不得不对他刮目相看。

而此番由国际水稻所和湖南省科协、湖南杂交水稻研究中心联合举办的杂交水稻国际学术讨论会，就是他的自由意志和牵引国际的超级能量的一次生动体现。他在这里再一次为中国和湖南长沙赢得了更高的国际声誉和更大更广的潜在经济利益。

在历时四天的会议中，菲律宾国际水稻研究所所长斯瓦米纳森博士等15位中外学者做过学术报告后，袁隆平最后登台做了题为《杂交水稻研究与发展的现状》的报告。这份报告虽然题目叫作《杂交水稻研究与发展的现状》，但它的着眼点和最精彩之处，却恰恰不在于"现状"，而在于未来。

各位先生、各位朋友：

三系法品种间杂交水稻自从1976年在中国大面积投产至今10年来，虽然一直受到世界的广泛关注和高度赞誉，但本人却从未对它感到过满足。10年的统计资料表明，尽管其间我国各地科技人员已不断选育出了许多的杂交新组合，在加强优势，提高米质，以及完善早、中、晚品种配套等方面继续进行了多项改进，但单产始终保持在比常规水稻平均增加20%的水平线上未见突破，可见三系法品种间杂交水稻的增产潜力已将近发挥到了极限，很难再有新的进展；且三系法杂交水稻育种工艺比较复杂，选育新组合的周期长、效率低、种子成本高，价格贵。因此，淘汰这种杂交育种方法已势在必行。

经我们长期研究和观察，得知杂交水稻有父、母本亲缘关系越远优势越强的特点，而科学技术的发展则总是要使各种复杂的生产工艺变得越来越简便。根据这一特点和原则，今天，本人愿在这里大胆地提出一个今后杂交水稻发展的战略设想，供大家参考和评判。

我认为，过去我们由常规育种进入杂交育种领域的办法是由简到繁，但今后，杂交水稻育种的方法，必然要由繁到简，从三系简化到两系再到一系；杂种亲缘的利用范围必须由近到远，从品种间推远到亚种间再到远缘间；杂种优势必须由强到超强方向发展。即今天的三系法品种间杂交，明天将要被优势更强的两系法亚种间杂交所替代，后天更将进一步被优势超强的一系法远缘杂交所替代。到了一系法远缘杂交成功的阶段，杂交水稻的杂种优势将被在稻谷中固定下来，育成一个超强优势品种后，它所生产的商品粮本身就能做种子，那时，就不再需要年年重复制种了。于是，从形式上看，种子的运用又恢复了常规稻时代的简便，但品质和产量却将远远超过前期的任何一种杂交稻。

……

哗……哗……哗……

人们一齐站立起来，长时间热烈地鼓掌、欢呼。

与会的中外专家无不为他的科学设想而大受启发和鼓舞，尤其是对于外国专家学者来说，这一设想更是新奇无比。因为他们大多还在为三系法品种间杂交水稻的世界性应用前景而欢欣不已，而袁隆平却已在酝酿新一轮除旧布新的杂交方式变革。这毫无疑问地表明，他正锐意要使中国长久地保持杂交水稻研究的世界领先地位。

一般科学家的研究大都集中在一个具体课题上，很少有人能像他一样，站在历史与未来的交会点上，高瞻远瞩地总结过去，否定自我，展望未来，奋力图新；并就整个研究领域的发展方向和进程拿出一个不光自身遵循，而且足以指导全局的系统长远的战略方针。只有大师级科学家才会有这种宽广博大的全局把握,和目光烁烁的系统前瞻,这一战略设想,立刻被与会中外学者赞誉为"袁隆平思路",并一致赞同将这一设想作为这次会议的主题思想写进会议文件。

在此之前,斯瓦米纳森已代表菲律宾国际水稻研究所给湖南杂交水稻研究中心赠送了一块纪念匾,其上以中、英两种文字刻着:

湖南杂交水稻研究中心:

  国际水稻研究所荣幸地祝贺第一次国际杂交水稻学术会在湖南杂交水稻研究中心召开。在富有历史意义的地方召开这一学术会分外合适。这里,通过袁隆平教授和其他中国科学家卓越的研究以及有关人员献身的劳动,使杂交水稻应用于生产成为现实。我们祈望,湖南杂交水稻研究中心成功地发展为杂交水稻研究和培训的国际著名中心。

所长 姆·斯·斯瓦米纳森
一九八六年十月八日贺

现在,再来看这块匾额,斯瓦米纳森感到不足了。于是他对前来采访的记者说:"国际上认为,世界水稻由高秆变矮秆,是全球第一次绿色革命;杂交水稻的世界范围普及将带来全球第二次绿色革命。可见袁隆平先生已经为解决世界粮食问题做出了多么杰出的贡献,但他的贡献还未有穷期。湖南杂交水稻研究中心不仅会成为杂交水稻研究和培训的国际著名中心,而且必将会成为杂交水稻研究新成果的永久策源地。袁隆平先生曾多次到国际水稻研究所指导工作,我们非常感谢他的帮助。现在,我们更要感谢他的新思想,它将使杂交水稻的前景变得更加辉煌,魅力更加无穷。"

菲律宾农业部原副部长、国际水稻所中国联络员乌马里博士也在熊清泉省长举行的宴会上说:"中国有句古话,'上有天堂,下有苏杭'。但对于水稻工作者来说,则应是'上有天堂,下有长沙'。因为杂交水稻研究中心就在长沙,这里是各国杂交水稻研究工作者的'麦加'圣地。如果你没有见过'杂交水稻之父袁隆平'，那么你的科研旅途才刚刚起步。在这次会议上，各国科学家都学到了很多的经验和知识，受到了很大的启发。应该感谢中国科学家，特别要感谢袁先生。"

通过这次会议，袁隆平思路成了世界杂交水稻研究领域共循的发展之路。

六、誉满全球

1988年3月12日，一架英航班机从首都国际机场腾空而起，迅即融入蓝天白云之间。袁隆平夫妇喜气洋洋地坐在洁净幽雅的客舱里，他们接受英国让克基金会的邀请，正赶赴伦敦，出席该基金会授予他"农学与营养"奖的颁奖仪式。

让克基金会是英国影响卓著的民间基金组织，该组织设立的让克奖每两年颁发一次，主要用于奖励在粮食食品和光学两个研究领域为世界做出突出贡献的各国科学家。袁隆平因发明杂交水稻为解决世界粮食问题贡献巨大而获奖，奖金2万英镑，另有奖章和荣誉证书。

尽管国际关系中的强权政治、强权外交和不公平现象几乎随处可见，但是自然科学成就的评判公理却大体上还在国际学术界与日月同辉。此前，继1981年获得国家第一个特等发明奖之后，1985年10月15日，联合国知识产权组织又在北京给袁隆平颁发了发明与创造金质奖章和荣誉证书。1987年11月13日，联合国教科文组织在其总部所在地巴黎给他颁发了1986—1987年度科学奖，奖金1.5万美元。这是该组织科学部门4个奖中的最高奖，也是在国内取得研究成果的中国科学家首次获得的等级最高的世界性嘉奖。而此次是外国民间基金组织第一个给他授奖。

飞机急速升空时，邓哲感觉耳朵有点不适，脑门有点疼痛发紧。袁隆平立即伸过手来，用两根手指帮她捏着鼻子，叫她闭住嘴，从肺部往外鼓气。这办法真灵,她用力一鼓气,只听得耳膜"嗡"的一声,整个感觉便完全恢复正常了。

这还是邓哲第一次飞出国门,也是丈夫给予她的又一项优厚报偿。为了丈夫和他的科研事业,她吃了太多的苦,受了太多的累。20世纪80年代生活条件好转后,她除在1982年春节期间得了那场凶险的病毒性脑炎之外;1987年5月,又突遭车祸,致头皮擦破、昏迷,及腰椎骨关节移位,至今右腿还有些软弱无力。袁隆平功成名就后,国内外开会、讲学、传技应接不暇,社会和科研活动比过去更紧张,仍然很少有时间待在家里。1986年3月9日,他曾在旅行空间给妻子报告活动日程的一封信中写道:

> 自离家后,工作一直很忙,且到处开会。2月27日赴杭州,开了2天会;随即到北京,在中国农业科学院讨论"七五"重点科研攻关计划。昨天(8日)早晨离京,今晨抵长沙。本拟11日去海南,可又接省政协紧急通知,要我12日到北京开政协常委会,为期5天。由于我已多次请假未参加政协会议,这次不好再托故请假了。我计划19日返长沙,停两三天,然后去海南。3月25日开始的全国人大会议就不参加了。4月初再回长沙,4月15日要去北京,18日乘机经联邦德国的法兰克福赴意大利米兰,4月21日—25日在米兰北部的一个小城市开会,26日起程回国。估计5月初才能返湘,然后抽空回家一趟……

这就是他常年活动情况的一个缩影,因此,邓哲仍然是一人独自当家。1983年她的母亲去世时,袁隆平正远在美国,也是她独自一人操办了全部丧事;而同时,她还要精心服侍已年老多病的婆婆;平日对孩子的管教,也多是由她担当。

对于贤妻的挚爱和恩德,袁隆平刻骨铭心,每当听到那首《十五的月亮》,他就有着一股发自内心深处的强烈共鸣。他觉得在自己那众多的荣誉之中,确实既有自己的一半,也有妻子的一半。去年暑假,他就曾当着母亲和三个孩子的面,满怀激情地用他那浑厚的嗓音,在家里为妻子献上了这首动人的歌曲,博得了母亲和孩子们的热烈掌声。他早想带妻子出国"开开洋荤",但此前,一方面家里事多,邓哲实在无法抽身;另一方面费用开支也还是个问题。自从获国家特等发明奖后,他的家庭经济条件虽已有很大改善,但由于获得国际大奖之前那些年,他在国外所挣的洋钱均被有关部门收缴,而 1987 年联合国教科文组织奖给他的 1.5 万美元科学奖金,他又决定全部捐献给杂交水稻中心作为基金,用于奖励今后在杂交水稻研究领域取得突出成果的中青年科技人员。故实际上他的家里暂时还并不富有。

而现在,孩子都长大了,家务事可以放下了;英国让克基金会又明确邀请他携夫人一同出席授奖仪式,又有 2 万英镑奖金,他终于决定这次不再捐献,一定要让妻子陪同出国风光一回。

"邓哲,现在感觉怎么样?"过了一会儿,袁隆平关切地问。

"现在感觉很好,当年孙悟空腾云驾雾不知是不是也是这种感觉?"邓哲兴奋地说。

"他那时哪有这样舒服?科学不仅总是把梦想变成现实,还总是变得比梦想更为完善。"袁隆平感慨地说。

"所以人类还是要有梦想,要有科学的。没有梦想就不会有追求,没有科学,梦想就不能成真。"邓哲也深有感触地说。

"你还记得我给你讲的我们结婚那天晚上,我做的那个梦吗?"袁隆平笑着问。

"怎么不记得?你梦见自己培育的一片水稻长得像高粱一样高大粗壮,稻穗像扫帚一样长,谷粒像花生米一样大,你还带着我一块在稻荫下乘凉。应该说,你的梦想现在也初步实现了。"邓哲满为丈夫自豪地说。

"嘿嘿,记得当时我还讲到绿色革命,你吓得用手堵住了我的嘴巴。"袁隆平不由得轻声笑道,"可前年斯瓦米纳森在长沙,去年联合国教科文组织总干事姆博先生在巴黎都说杂交水稻的世界性普及,将是全球的第二次绿色革命。"

"瞧你得意的!这有什么好笑的?此一时,彼一时嘛。"

"当然。其实我那时也是随口乱说的,心里并没有一个什么真正的绿色革命的明确概念,那也叫作歪打正着吧!不过,现在我不仅用这绿色革命换来了我们一家的面包和牛奶,而且确实给中国和世界增加了不少面包和牛奶,也总算是没有白做一场梦啊!"

夫妇俩正愉快地窃窃私语着,忽然,邻座一位学者模样的白人先生转过头来微笑着用还算不错的中国普通话向他们问候说:"你们好!请问您就是袁隆平先生?"

"是的,先生。您好!请问您怎么知道我是袁隆平?"

"哦,您真是袁先生!那太妙了!见到您我感到非常荣幸,我是英国驻贵国使馆科技参赞克莱曼。我知道您的事迹和伟大发明,我最近还得知我国的让克基金会将给您授奖,所以,听到您夫妇俩的谈话,就猜到您可能就是去出席颁奖仪式的袁先生了。很抱歉,我听到了您的私人交谈,您大概不会介意吧?"克莱曼先生兴奋地说。

"是的,克莱曼先生。能在这里以这种方式认识您,我也感到非常荣幸!您是回国述职?"袁隆平礼貌地问。

"不,我的任期满了,这次是彻底回去。哦,请让我来介绍我的家人吧。"克莱曼接着转向一直在旁边微笑的一位女士和一名十来岁的男孩,向袁隆平夫妇介绍说,"这是我的妻子劳拉,这是我们的孩子杰克。杰克会讲中国话,劳拉不会。"

"噢,认识你们非常高兴,劳拉,杰克。"袁隆平也高兴地说,"让我也来介绍一下吧,这是我的妻子邓哲。"

"哦,认识您非常高兴,夫人。刚才你们夫妇的谈话实在太令人感动了。哦,请原谅,本来偷听别人的谈话是不道德的,但我们同处的空间实在太小了,我没法不听到你们的谈话,你们竟然怀着一个那么美好的科学梦想度过了那么奇妙的新婚之夜,这真是一个动人心弦的浪漫故事,我一定要给您写出来,它将会成为国际科技界的一则旷世佳话啊!"克莱曼激动地说。

接着,他又用英语向他的妻子劳拉大致复述了他所听到的袁隆平夫妇的谈话,和袁隆平发明杂交水稻的大略情况。袁隆平也用英语纠正了几处他介绍得不大准确的地方。

没想到克莱曼这英语一讲，不仅劳拉听得眉飞色舞，连连叫好称奇，连附近座位上的其他西方旅客也全都听得感动不已。不一会儿，一传十，十传百，整个飞机上的乘客就都知道袁隆平新婚之夜做水稻梦的故事了。许多乘客递过本子来请他签名纪念，向他表示敬意，一时间机舱里显得一片混乱。乘务员弄清情况后，连忙赶来维持秩序。随即，飞机广播里也响起了女播音员甜润的英语播音："各位旅客朋友，女士们、先生们：我们非常荣幸地得悉，伟大的杂交水稻发明者——杰出的中国科学家袁隆平先生夫妇正乘坐在我们的飞机上。我们机组愿代表本机全体乘客，谨向他们——我们尊贵的客人袁先生夫妇表示崇高的敬意和热烈的欢迎！现在，为了您的旅行安全，请回到您的座位，请系好安全带，我们机组将以最好的服务代表您向袁先生夫妇表达您的心意，谢谢大家的合作！"

邓哲的眼眶登时就潮湿了，是欣慰，是感动，也是骄傲和自豪。

然而，这种场景，还不仅仅是这一次呢！后来，袁隆平又连续获得1993年度美国菲因斯特"拯救饥饿奖"、1995年联合国粮农组织"粮食安全保障荣誉奖章"、1995年香港"何梁何利基金生物学奖"、1996年日本经济新闻社第一届"日经亚洲大奖"、1997年美国洛克菲勒基金"作物杂种优势利用世界先驱科学家"奖、1998年日本"越光国际水稻奖"。邓哲先后陪同丈夫到美国、日本等国家出席颁奖仪式并参观游览，所到之处，只要袁隆平一被介绍出场，无不掌声雷鸣，全场轰动，一片欢腾。在美国罗德岛布朗大学颁发菲因斯特"拯救饥饿奖"时，400多名中国留美学生闻讯特意赶来观看颁奖仪式，无不欢欣鼓舞，引为骄傲和自豪；仪式一结束，留学生们立即一拥而上，将袁隆平高高抬起，举向空中，要不是考虑他年岁大了，非把他抛上天去不可；美国3届总统的农业顾问和4任农业部部长助理、前普渡大学教授帕尔伯格，和全球第一次绿色革命的发起和推动者、诺贝尔和平奖金获得者博洛格博士亲切地把他请到家里做客。在日本，前首相宫泽喜一也欣然出席仪式当面致贺。这当然都是后话了。

此番，他们在英国共逗留二十天，颁奖仪式上，英国农学界、营养学界精英翘楚全部到场祝贺。让克基金会主席开了公宴又开私宴，派人陪伴游遍了英伦三岛，回国时再游中国香港、中国澳门，老两口千辛万苦奋斗半生之后，终于忙里偷闲，欢度了一个旅行蜜月。在香港，面对浩瀚的太平洋，袁隆平禁不住意气风发地说："啊，邓哲，过去我们是湘西山里的麻雀，现在，我们已经是太平洋上的海鸥了！"

"不，过去我就认为你是一位落难的'白马王子'，是一只十年不鸣，一鸣惊人，十年不飞，一飞冲天的鲲鹏。毛主席诗词说，鲲鹏展翅九万里，翻动扶摇羊角。我一开始就看出你就是一只这样的鲲鹏。"邓哲骄傲地说。

"哈哈，原来你也一开始就野心勃勃啊！"袁隆平开怀大笑起来。

回到家里，袁隆平收到美国前总统顾问、农业部部长助理帕尔伯格教授的一本赠书，书名为《走向丰衣足食的世界》，作者就是帕尔伯格本人。该书以19世纪以来包括孟德尔在内的19位世界著名生物学家和农学家的短篇科学传记为主线，系统地描绘了近、现代人类以一项又一项伟大的科学技术发明创造，使威胁人类的饥荒和营养缺乏病一步步被击退的历史进程。其中一位就是中国当代科学家袁隆平。帕尔伯格写道：

> 在中国历史上相当长的一段时期内，饥饿始终是一个主要问题。这个国家拥有世界1/4的人口，虽然有严格的计划生育政策，但每年人口仍以1.3%的速度增长着。人均耕地仅有1/4英亩，只有美国人均耕地的1/8。所以，凡探索发起一场人类所期待的、旨在使世界人民的营养更丰富的运动，以及任何一项这方面的研究工作，都必须把中国考虑在内。
>
> ……
>
> ……70年代初，经过了长期国内动乱和敌视西方的漫长岁月之后，中国终于向美国敞开了大门。1980年美国福特基金会收到了中国科学院发出的一份邀请，同意他们派一个小组来华研究中国农村经济。5名农业知识渊博的能人被列入了小组名单。使他们惊叹不已的是，中国人已经学会了种

植杂交水稻。这是中国在丝毫没有依靠颇有权威的菲律宾国际水稻研究所、印度中央水稻研究所、西方国家所有从事这方面研究的研究人员的努力，自己创造出来的一项成果。目前在中国，杂交水稻的产量已经超过常规稻的20%。这是他们在为满足数以百万计的中国人的粮食需求问题上所取得的重大突破。

……这个事实可谓和平探索对暴力冲突的胜利，也给那些持中央集权必然窒息地方创造观点的人上了很好的一课。这里显示了一个亚洲国家在科学竞争中的崛起。它是农业科学的具体反映，是机遇的撮合和一个献身者的成果。

……

袁隆平给中国争取到了宝贵的时间，这样也就等于降低了人口增长率。他的研究成果击退了饥饿的威胁，袁正引导我们走向一个营养充足的世界，他还给极少数人上了难能可贵的一课——东方农业科学的成就，已经超越了它的发源地西方各国。

帕尔伯格的这部著作，在西方被认为"既是一部学术方面的著作，又是一部政府官方权威性的著作"，受到国际粮农学术界和世界各国官方的高度重视。其中对于袁隆平的评价，一个显著的特点，就是他把袁隆平的科技成果，作为整个亚洲和东方农业科技发展的代表来看待。因此，后来，袁隆平到印度、新加坡、马来西亚等亚洲各国访问指导，都受到各国重要官员接见和陪同，马来西亚更由总统亲自接见。这也是后话了。

七、踏上新征程

尽管进入20世纪80年代之后，国内国际荣誉铺天盖地而来，但袁隆平一天也没有昏过头脑。科技发展永无止境，国际科技界的竞争日益激烈，稍不留神打个盹儿，就要被世界抛在后面，要想保持杂交水稻研究的世界领先地位谈何容易？因此，别说是像美国朋友威尔其所说的那样，去"盖一座王府好好享受一番"，就连星期天都没有好好歇过一个。

早在20世纪80年代初，他就着手开始了两系法亚种间水稻杂种优势利用的一系列试验，其中包括化学去雄、复雄的试验，以及普通核质杂种籼稻与粳稻之间的正效应核置换试验等。这些试验，虽然没有直接取得预期的结果，但对于探索两系法亚种间杂交的有效途径，无疑有着积极的意义。

到1986年，他在世界第一届杂交水稻国际学术讨论会上发表被国际同行称为"袁隆平思路"的杂交水稻发展战略设想时，他的利用广亲和基因实现亚种间两系法育种的研究和试验也已经紧张地进行三年多了，而他的利用无融合生殖实现一系法远缘杂交的研究和试验也正在着手进行。可见他的战略设想并不是凭空而来的，而是建立在他自身实践的基础之上，并且发现了苗头之后才提出来的。

1986年3月2日，我国著名科学家王淦昌、王大珩、陈芳允、杨嘉墀出于高度的爱国主义热情和高度的国家责任感，联名向中央提出了一份题为《关于跟踪研究外国战略性高技术发展的建议》。他们指出，由美国"星球大战"计划、西欧"尤里卡"计划，及其他国家各种因应计划的相继出台，可见世界高科技迅猛发展的形势已十分逼人。但鉴于我国的经济实力，我们一时还无法在整个科技领域与发达国家展开全面竞争，要使我国在这种世界性挑战中立住脚跟，他们建议（摘要——引者注）：

1. 对于影响国力的高技术，强调一个"有"字，而不从数量上和规模上向发达国家看齐。但"有"与没有又大不一样，我们的"两弹一星"，在数量和规模上都无法与美、苏相比。但由于我们也"有"了，因此我们才有今天的国际地位。

2. 通过有限项目，在高技术上起带动一片的作用，而不是全面铺开，以取得高效率。

3. 对国际进展积极跟踪，通过科学实践摸清关键，在实践中也要有所创造，争取能进入国际同行的俱乐部,得到交流的机会。

4.充分发挥多年来发展尖端技术而培养出来的技术骨干的作用,通过有形的项目培养新生力量,为跨世纪的发展做好准备工作。

总之,要以有限的投入,取得最大的效益,并培养出后继人才。

只过了两天,有关领导就在这个建议上批示:"这个建议十分重要。"国务院随即责成有关部门拟出了《高技术研究发展计划纲要》,简称为"863"计划。当年11月,中共中央和国务院就批准了这个关系到国家前途和命脉的重大科技发展计划。水稻两系法亚种间杂交优势利用技术研究被国家正式列为其中的生物工程项目中的第101—1号专题,袁隆平被国家指定为该专题组组长和责任科学家。从此,水稻两系法亚种间杂交优势利用技术研究在原已被列为国家自然科学基金重点课题,和国家"七五"科技攻关课题的基础上,再一次获得国家重点计划保障。自1987年3月开始实施。

袁隆平深感肩上担子的压力。现在,已经没有反对派的嘲笑和讥讽,更没有愚顽之徒的蓄意破坏了。压在他肩头和心上的,是一种要使国家在21世纪的世界性挑战面前站住脚跟的沉甸甸的历史责任感。当然,还有广大第三世界国家饥民的痛苦呼救声。

9月,秋老虎刚过,袁隆平回到安江农校检查该校两系法核不育材料的研究进展情况。为了加快两系法亚种间杂交育种研究的进展,除了领导和协调全国各主要科研单位的协作研究之外,他还发动安江农校也投入这场试实验,并亲自担任一线指导,因为不仅他的家在这里,他还担任着这所学校的名誉校长。到家当日,刚刚扔下背包,他就又光着脑袋顶着毒日头,冒着仍然高达30多摄氏度的气温下田了。

下午3点,当他带着一身油汗、两脚稀泥疲惫地回到家里时,八十七岁的老母忍不住心痛地说:"隆平,你现在也快六十岁的人了,还在这样赤日炎炎的午间下田,就不能稍稍歇一会儿?连人家种田的农民,中午也得在屋里躲一躲日头呀!"

"妈,我才五十七岁呢。别看我瘦棱棱的,身子骨还很硬朗哩,我现在还能下田。我们不比农民,农民争日不争时;我们主要就靠争得晴天中午这段黄金时间啦,怎敢浪费一分一秒?"袁隆平拍拍胸脯故作精神地说。

"像你这样硬拼下去,再硬朗的身子骨也会拼垮哪!你也苦了几十年了,现在日子刚看着好起来,人生一世,别说怎么享福,也总得消停几天吧?"母亲还是劝导说。

"干不动的那一天总会到来的,那时,我就消消停停地坐坐办公室,玩玩麻将,潇洒度日了。"袁隆平坚持说。

在母亲面前,八十岁的儿女也还是孩子。看着儿子这倔强的劲头,老人家不由得想起了他的儿时。那一回在重庆,他带着弟弟四毛一块儿逃学,跳进嘉陵江游泳,被父亲揪回家来眼看就要挨打。四毛一听喊打就两脚生风,一溜烟儿跑得不见了踪影,他却硬着头皮,稳稳当当地站在那里等着干挨。怎么打,他也不喊一声痛,不叫一声怕,不哭一声屈。哥哥大毛在一边看打得可怜,叫他快跑,他仍还是风雨不动安如山。她从那回起,才特别注意到其他孩子看见要挨打时都会逃跑,唯有这二毛一旦闯了祸,任怎么惩处他也照受不误,从不开溜半步。然而,正是这个叫人永远放心不下的孩子,现在却受到了世界的推崇和敬重。这真是天赋异禀,助成其大了。可是,现在,儿子业已功成名就,收入不菲,他还要这样苦苦地奋斗干什么?想想自己已经风烛残年,她是多么希望在这十分有限的有生之年看到儿子解除世累,舒舒服服地潇洒人间啊!然而,他却还是那样倔强。看样子,他这一生,成就也是成就,劳碌也终是劳碌的一生啊!

想到这里,老太太不由得双眼发潮,颤声说:"你要干,妈也拉不住你。但毕竟一个人不该累死累活一辈子呀!"

"唉……妈,您老人家这是怎么啦?我这不是活得够风光的吗?人生最大的幸福是能够心情舒畅地干自己想干、爱干的事业,我现在已经得到这最大的幸福啦,我唯一的不满,就是杂交水稻技术上还有许多缺陷啊!"袁隆平见母亲为他心酸,不由得又是感激又是着急地说。

"嘿嘿,妈,您偏心眼啦!您就知道心痛哥哥,还从没见您老人家这样心痛过我呢！"这时，专程来安江看望母亲的五弟隆湘午睡过后从房里出来，见这情景，连忙插话打趣说。隆湘也已经是马鞍山钢铁学院的副教授了。

母亲又不由得被他逗得"扑哧"一声笑起来了，她在小儿子脑门上戳了一指头笑嗔说："你还要我痛你，不把你宠成头懒猪了。你看你睡得舒舒服服的，伸几个懒腰就过去一天。你再看看你哥哥是个什么模样，他哪里有一点高级知识分子的样子？那学者派头还没有你足呢，他那完全是一副农民相啊！"

"好啦，妈妈，您老就歇着去吧，哥哥是心忧天下人，他有这个本领就应该为天下出这分力，否则，岂不是把才华白扔了？您老宠宠我没关系，要把他宠懒了，对世界损失可就大啦！"隆湘亦真亦谐地把母亲哄走后，回头又对袁隆平说："二哥，我是不会像妈妈那样痛你啊。我很赞成你这种坚持不懈的奋斗精神，人不应该在享乐中把才华挥霍掉。但我总觉得你这干法有点不对路，别说你是全国'863'计划的专题组长，就连我们大学一个实验室的主任，都不一定要亲自动手去调仪器做实验。你已经拿出了试验研究的总体方案，分了工，下达了任务指标，具体的工作就让有关研究人员去做算了。反正谁做出成果还不是你领导的？可现在你是一个年近花甲的老头了，还跟那些二三十岁的年轻科技人员一起在泥巴田里打滚，你叫老人家看到怎么能不心痛？"

"小弟，应该承认你说得有一定道理。我也不反对别的科研项目领导人不亲自做实验。但对于我来说，下田试验，这是一种想要穷极大自然奥秘的无限乐趣。除非时间不允许，否则我就会手脚发痒。难道把我关在屋里手脚发痒，还会比让我去享受无穷乐趣对我的身心健康更有益处吗？另外，我也还不老呀！我不知你们为什么老喜欢说我老呀老的，我在大海里还能游好几公里呢。真是的！到人真的老了，没精力亲自做实验了，那是没办法的事，一个人有精力做到的事而不去做，那才真叫傻呢！"袁隆平童心未泯地说。

"哦，你这么说，我倒是不得不信服你了。你从小就喜欢探求新奇，到老……噢，对不起，你还不老！到现在你还是这样。不过，我还是劝你慢慢地要收缩水田作业。你手脚发痒时，可以在田岸上指导试验，这不还是在一线研究吗？"隆湘说。

"你这个建议我倒还可以考虑，等我过了六十岁之后，就照你说的办吧。"袁隆平附和着说。

兄弟俩正聊着，忽然，曹胖公在门外向袁隆平招手说："刚果布，快来。邓华凤刚刚向我报告，他确认了一株籼稻光敏核不育株。他现在正在试验田里等您，请我来给您报喜。"

曹胖公已经五十九岁，明年就该退休了。在过去的峥嵘岁月里，他始终坚定地支持袁隆平的研究，除教学之外，还历年帮助袁隆平照看试验田；近些年来，他又教出了邓华凤等一批颇有研究能力的优秀学生，使杂交水稻研究后继有人。他把自己的终生都当成了一片陪衬朋友事业的绿叶，使袁隆平至为感激。

"哈哈，是吗？邓华凤这小子真了不起！要给他记头功！"袁隆平听到报告，一下就高兴得跳了起来，手舞足蹈地说。

生物学家早在19世纪就发现了植物的生长发育与日照长短有关，到20世纪初，他们把这种现象命名为植物的光周期现象。例如烟草、大豆、水稻等作物，当白天愈短，黑夜愈长时则开花愈早，故被称为短日照作物；而小麦、大麦、豌豆等则相反，因而被称为长日照作物；棉花等作物则介于两者之间，被称为中日照作物。

进一步的研究表明，光周期还可以诱导植物产生雄性不育。1966年，美国学者诺克斯第一个报道他用短日照诱导毛梗双花草雄性不育，再用长日照诱导其恢复可育成功；1968年，美国学者莫斯又测出了短日照诱导玉米花粉败育的敏感期。

1973年，我国湖北水稻育种家石明松在湖北沔阳县（现仙桃市）沙湖原种场的一季晚粳稻农垦58大田里发现3株雄性不育株，原准备把它作为三系法杂交水稻育种材料来利用，经过七年的选育，到1980年，在为它寻找保持系时，竟偶然发现，这种不育系在长日照条件下（夏天）才能保持雄性不育，而在短日照条件下（春秋），则会自动恢复雄性可育。这是光周期诱导水稻产生雄性不育的第一个证据。于是，石明松提出了利用这种不育系，在长日照高温的夏天直接进行杂交制种,在短日照低温的季节进行自然繁种,实现一系两用的设想。这个设想,打开了水稻两系法杂交育种的大门。经袁隆平提议,今后凡是找到两用光、温敏核不育系材料,一律以在品种后面加S的办法为其命名,因而这个最早发现的两用光敏核不育系,后来被命名为农垦58S。石明松为开创水稻两系法育种的有效途径,建立了不可磨灭的功勋。

在过去的三系法杂交育种材料中,由于不育系自身不能繁殖后代,故必须有个保持系跟它杂交,才能使它代代相传,并拿出大部分不育后代来和恢复系进行杂交制种。现在有了光、温敏核不育系,当它在长日照下表现为雄性不育时,直接用恢复系与之杂交,就可以配置出任意多的F1代种子供大田生产,而当它在短日照下表现为雄性可育时,它就可以自交结实,繁育出同样具有可两用特性的后代。这样,就不再需要保持系,三系就自然而然地变成了两系。

运用两系法杂交制种,不育系与恢复系配组自由,有利于迅速测配出更多的优势组合供大田生产使用,可以克服三系法中存在的某些负效应,生产程序大大简化,种子成本必然降低,更有利于推广应用,其前景非常广阔。因此,光敏核不育水稻的研究,1985年就列入了国家自然科学基金项目。此后,利用农垦58S转育新的光、温敏核不育系,以及测配优势组合的研究便在全国各有关科研机构和大专院校普遍展开。

然而,几年下来,尽管全国各有关科研机构和大专院校先后利用农垦58S转育出了不少育性相当稳定的光、温敏不育系,但无论是袁隆平自身,还是全国各地其他科技人员的试验研究,竟都没有得到如同理论预料中那么美妙的应用结果。这就说明单纯利用农垦58S这个种源进行试验研究,具有很大的局限性。不能吊死在一棵树上,必须另行找到更多新的光、温敏核不育种质资源,才会有更为广阔的试验天地,和更大的成功概率。这个当年三系配套陷入困境时曾在他眼前发出过希望的想法,又一次在他的脑海里蹦了出来。当年,正是这一思想的闪光,照出了异军突起的"野败"。今天,他同样希望这次闪光,能照出一系列全新的"两系野败"。于是,他立即发动"863"计划101—1专题组全国各协同单位和安江农校在继续利用农垦58S进行转育试验的同时,展开寻找新的光、温敏两用核不育种质资源的"大搜捕"行动。还真没想到邓华凤这么快就逮住了目标!

"是这样的,袁老师,我过去也一直在用农垦58S进行转育实用不育系的试验,但总是不能如意。去年听了您的指导后,我就把精力转移到寻找新材料上来。今年7月16日,我终于在我们的籼稻三系育种材料中,找到一株雄花败育的突变株,我立即将开花的稻穗套袋隔离,而让没抽穗扬花的分蘖继续自由生长。现在,打开套袋,可以看到这些在高温长日照时期开花的稻穗,全都没有自交结实;而这些更晚抽穗,在低温短日照期间开花的分蘖上的稻穗,则全都自交结了果。因此,我判断,这株不育突变株,是一株受光、温条件控制的籼稻核不育株,它是农垦58S之外的又一种光、温敏核不育材料。不知我的判断是否正确?请两位老师指点。"当袁隆平来到现场后,邓华凤简要地汇报了有关情况。

邓华凤1963年出生于湖南沅陵县,1984年毕业于安江农校,因成绩优异被分配留校工作,成为李必湖的科研助手。但李必湖担任安江农校校长,行政事务过多,往往无暇顾及水稻科研。于是,绝大多数情况下,他便直接在袁隆平的指导下进行研究。小伙子当年二十四岁,恰恰与李必湖在海南找到"野败"时同岁。这真是冥冥之中的一个奇妙无比的机缘。现在,当和第二代优秀弟子站在一起,共同欣赏着又一个科学奇观之际,袁隆平不由得为自己的事业兴旺发达、后继有人而感到无比欢欣。

"曹老兄,你看小邓子讲得怎么样?"袁隆平叫曹胖公先发表意见。

"袁老弟,我看他的分析不错。同一株水稻,在早晚不同的开花期表现出两种截然不同的育性,这是继石明松1973年发现农垦58S之后的又一个重大发现,是籼稻中的第一个发现。它的意义,也许会和当年的'野败'一样,使两系法进入实用取得突破性进展。当然,关于这一切,现在都还不能下结论。要等繁殖三四代之后,其育性能够完全保持稳定,那时才能对它进行准确的评价。"曹胖公评述说。

"完全正确!曹老兄,你教出了一个好学生,退休之前又立新功了。邓华凤,你看来就要少年得志了。不过，都还不要高兴得太早，好好保护你这几粒宝贝种子，等收获后，赶紧到海南去加速繁育吧！我等着明年来为你主持省级鉴定。"袁隆平肯定地表态后，又愉快地拍着邓华凤的肩膀无限感慨地说，"我真羡慕你们，二十多岁就能干出成果，我三十多岁才进入研究状态，真是长江后浪推前浪，后生可畏啊！哈哈！"

"袁老师这么说，我就惭愧了。按说，我们本来是应该青出于蓝而胜于蓝才对得起您的教导的。可事实上，直到今天，我们也还远远没有具备驾驭整个杂交水稻科研这条大船的能力，我们至今仍不过是在您的指导下解出了一两道练习题而已。像您那样二十多岁就立志补天，决意创立杂交水稻金字塔，那才真叫了不起呢！"邓华凤实事求是地说。

"哈哈，我不过羡慕你一下，你就倒过来吹捧我了。好在这里没有外人，要叫别人看到那倒好，你们这一家子在这里互相吹捧，像什么话！"

袁隆平说罢，师徒三人一齐开怀大笑。

1988年7月，经过三代繁殖和观察，终于确证邓华凤找到的这一育种材料，农艺性状整齐一致，在安江盛夏高温和长日照条件下，不育株和不育度都达到100%，保持不育的期间长达50天以上。而在这50多天之前或之后抽穗开花的，则全部表现为雄性可育，可自交结实。可见它确实是一种育性受光、温条件控制的宝贵的两用光、温敏核不育系。

当月26日，湖南省科委在怀化市举行了隆重的鉴定会，与会专家一致认定该不育材料完全达到了两用光、温敏核不育系的各项标准，鉴定一举通过。袁隆平出席主持，并将该不育系正式命名为"安农S—1"光、温敏核不育系，它将在今后的两系法实用性杂交育种中发挥重大作用。袁隆平再一次向他的新生代助手邓华凤表示热烈的祝贺。

鉴定会后，回到安江农校。袁隆平刚一到家，邓哲就给他递过一本崭新的精装书说："祝贺你的第四个儿子诞生了！他的名字是不是应该叫'五四'？"

袁隆平接过书本一看，原来是他的专著《杂交水稻育种栽培学》正式出版了，这是出版社给他寄来的样书。这部30多万字的专著，是他在无数个紧张工作的日日夜夜里挤时间、熬心血撰述出来的，是他呕心沥血半辈子创新实践的经验总结和他对经典遗传学理论的大胆发挥凝聚而成的科学结晶，也是他试图建立一门杂交水稻专门学说的奠基之作。人家说"十月怀胎，一朝分娩"，他可是"十年怀胎，一朝分娩"啊！他确实感到了一名产妇刚刚诞下一个宁馨儿般的喜悦和幸福。

"哈哈，我这儿子按照兄弟排序是应该叫'五四'，也有你的一半'血缘'。不过，这回你只有资格当父亲，而没有资格当母亲，因为他是从我的肚子里钻出来的啊！"袁隆平情不自禁地把书抱在怀里，喜不自胜地说。

"我才不想徒有虚名呢。你那书上的作者署名中还有一位陈洪新，干脆你们两个一个当父亲，一个当母亲就是了。"邓哲语带双关地说，显然她对这署名有点儿不以为然。她知道陈洪新是湖南省农业厅的老厅长，而且是原农业部部长沙风的老战友，还担任过全国杂交水稻专家顾问组组长。他对袁隆平的杂交水稻研究确实起到了关键性的保护和支持作用，但在邓哲看来，是否因此就要给他在著作上挂个虚名，似乎颇值得斟酌。

"噢，你可别对这个过于计较。我这半辈子的科研历程，最艰难的就是不被人理解的头十年。在这十年之中，对我的研究起过生死攸关作用的人有两个。一个是我至今还没见过面的原国家科委九局老局长赵石英，一个就是陈洪新。'文革'之初，要是没有赵石英给湖南省科委和安江农校的保荐函，我肯定成了'牛鬼蛇神''反革命'，反正都是专政对象，别说搞科研，就连基本生活都会无法保障啊。而要是没有陈洪新，我的试验秧苗被毁，人也被下放到了煤矿，还带着一身'科研骗子'的嫌疑，研究很可能就此夭折，怎么可能一下子反而被借调到省农科院进行专门研究？更别说他还坚定地顶住各方面反对呼声的压力，为杂交水稻的研究成功和迅速推广做了许多别的重要工作哪！我这个人就喜欢讲点义气。对我有恩的人，我总想知恩图报。但我实在想不出什么更好的办法去报答他们，给他在我的书上署个名，也算是我们一生有缘的一个见证吧。当然，支持和帮助过我的人还很多，但他们大都是中央领导，那就用不着我从小处去报答了。"袁隆平感慨万端地说。

"你不要以为我是小气。我是说你本是一名清清白白的纯粹学者，跟政界素无什么私人瓜葛。各级领导支持你搞科研，那都是为了国家，公事公办的。可是，你现在这样一来，别人看到会怎么想呢？"邓哲终于直陈了她的顾虑。

"哦——这个……我倒是没有考虑过，看来你说的是有几分道理。不过，好在现在他已经离休了。照说，离休了就不再是官了。他不是官了，我就没有拍马屁的嫌疑了。你说呢？"袁隆平疑惑地说。

"你认识到我说得有道理就行了。过去了的事就算了，也没什么大不了的。不过，对这一类事情今后一定要注意。"邓哲语重心长地说。

两口子议论一番，这事就搁下了。

后来这部著作荣获1994年首届国家图书奖，还被评为"推动我国科技进步的四大科技著作"之一。

第六章

宝刀不老

一、两系法释疑

1988年，是两系法亚种间杂交育种小项研究突飞猛进、硕果累累的一年。除了邓华凤的安农S-1光敏核不育系顺利通过"863"课题组专家的技术鉴定之外，湖北省农科院、武汉大学、华中农业大学等"863—101-1"专题参研单位又利用农垦58S转育出了一大批具有实用苗头的新不育系，并一一通过"863"课题组专家的技术鉴定，使投入研究的光敏核不育系，急剧增加到20多个。从表面来看，这形势比三系突破初期要红火得多。最后胜利似乎已是指日可待。

然而，1989年，长江中下游及其以南地区出现了盛夏异常低温的情况，致使该广大区域内的一系列已经通过了鉴定的光敏核不育系全部发生育性反复。也就是说，该当它雄性不育的时候，它变得可育了，使杂交制种无法进行。广西某单位不顾科学规律，冒险杂交制出一批种子，1990年投放大田生产10万亩，结果由于种子不纯，造成重大损失。

这给光敏核不育系的定义和利用光敏核不育系进行两系法制种，带来了一个严重的新问题。首先是光敏核不育系的定义问题，原先以为光敏核不育水稻的育性主要受日照时间长短影响（对光敏感），但现在事实证明，没有一种已经通过了鉴定的光敏核不育系是主要受光照影响的，而全都是受温度影响（对温敏感）的，实际上所有的光敏核不育系都是光、温敏互作型的核不育系，还有个别甚至完全只受温度控制，而对光照毫无反应。因此，袁隆平建议应将习惯上称为"光敏核不育系"的名称改为"两用核雄性不育系"，再在其下分为光敏和温敏两个基本类型，以便准确地表示它们的定义。

其次是实际应用问题。如果光敏核不育系能像它的习惯名称所显示的那样，主要受光照影响的话，那么，在通过测配解决优势组合问题之后，它的应用就不会存在任何问题。因为地球上所有地方的日照长短，都是由地球自转和它绕太阳公转的速度和角度所决定的，地球的运转速度是一个不变数，而角度的变化亦每年如常，所以每个地方每年各季节的日照时间长度都是固定不变的；因而不育系的不育期一旦测定，也就应该不会改变。例如，安农 S-1 光敏核不育系的最佳雄性不育期在 1988 年测定是 7 月 15 日—9 月 10 日，那么以后每年的这段时间，日照时间长度都肯定是一样的，按说，以后每年的这段时间，它都应该能保持最佳不育状态，只要把握好在这段时间抽穗扬花，就可以安全地进行杂交制种。

可是，现在发现，事实并非如此，事实上它的育性主要由温度决定。而气温受地球表面地形、洋流、冰川、大气等诸多因素的影响，是一个变数，即使是在同一个地方同一个季节，每年的气温也会有一定的差异。据国家气象局统计，在 1951—1980 年的 7—8 月，长江流域有五年出现月平均气温比正常情况低 1 摄氏度的异常低温，其发生频率为每六年一遇。这就使得主要对温度敏感的这种不育系的不育期每年都会发生一定的变化，变得叫人无法准确把握。一旦遇上异常低温年，甚至可能会发生不育期消失的严重危险。而 1989 年所遇到的，就正是这种情况。

整个杂交水稻育种界都懵然掉进了这个大自然设下的陷阱。有的人对两系法杂交失去了信心，有的则茫然不知所措，也有一些态度积极的同志主张要淘汰现有的温敏型不育系，争取选育出最少是一个纯粹受光照条件控制，或者最起码主要受光照控制的光敏型不育系，然后才有可能使两系法制种进入实际应用阶段；当然，也还有其他一些设想。总之，人们一时间议论纷纷，莫衷一是。

但是，袁隆平没有惊慌，他所经历过的挫折多着呢，这点意外尚不足以使他迷茫。作为"863"计划水稻两系法亚种间杂交育种专题组的责任专家，他冷静地听取和综合了各方面的意见，认为悲观失望是没有根据的，而积极进取也必须站在可能的基础之上。根据以往多年的实践来看，试图完全淘汰现有的温敏不育系，选育出纯粹的光敏不育系，几乎是不可能的，即便可能，也必将是遥遥无期。因此，比较便切可行的办法，只能是站在现有成果的基础上，对现有的两用核不育系进行性能改良，使它们能克服影响实际应用的某些性能局限，以求得快速突破。

他仔细研究了长江流域有记录以来的所有气象资料，发现该地区盛夏最低日平均气温从没有低于过 24 摄氏度的记录。因此，只要从现有的两用核不育系中，转育出若干个不育起点温度不高于 24 摄氏度的新型核不育系，就可以保证在长江流域及其以南的任何地区安全地进行杂交制种。于是，除了平原、丘陵地区之外，他还布置在海拔 200~2000 米的山区不同高度上设立了多个试验点，同时展开了转育试验。

最后，他还找来这时已成了高级研究人员的罗呵呵说："罗呵呵，交给你一项重大任务。你给我尽快培育出一个不育起点温度在 24 摄氏度以下的两用核不育系来，成功有奖。"

"袁老兄哩，现在搞什么都要讲究经济效益的。我都穷得就要被我老婆卖掉啦，你还尽叫我去做些个没得现钱赚的事。他们有的人私下里去育种卖，都快发财啦，我这样死钻着科研还有啥意思？"罗呵呵没精打采地说。

"哈哈，就你尽说些没出息的话。人家穷了都卖老婆，你倒好，反过来要被老婆卖了！"袁隆平笑着跟他逗趣。

他很理解罗呵呵的心情，近年来，社会的变化确实快得叫人吃惊。许多过去认为神圣的东西，眨眼间就变得一钱不值了，而许多过去为人鄙夷的东西却反而忽然变得身价百倍。比如科学研究，过去是多么令人景仰的工作啊，可现在却已经是"搞导弹的不如卖茶叶蛋的"了。因而在研究中心，也确实有些科研人员耐不住贫寒，放松科研去搞起了私下制种的买卖。他一方面不知道应该怎样去对待这个问题，另一方面也看到大家光搞科研确实收入低，于是，只好睁一眼闭一眼，由他去。而罗呵呵不善于市场运作，就只得干瞪眼，他老婆嫌他笨拙，已经屡屡发出威胁要跟他散伙了。

"唉……你懂得么子啰！卖老婆还是被老婆卖，也是由市场价值规律决定的啊！我要是把老婆卖了，我就再也找不到一个更好的老婆了；可我老婆要抓紧把我卖掉，她还可能找到一个比我强得多的老公。你想想看，在这种形势之下，我哪里有一点主动权呀？"罗呵呵垂头丧气地说。

"罗呵呵，你别沮丧。你老婆那边，我发动妇女会去做做工作，叫她别卖你。现在，我全家也都搬过来了，我老婆也可以帮你去劝劝她。你一心一意去搞科研吧，我用所长基金资助你。等你取得了成果，到时还要给你重奖。那时，你就有卖老婆的主动权了。当然，我并不想鼓励你去行使它。"袁隆平亦真亦谐地鼓励他说。

1987年，袁隆平曾经把联合国教科文组织颁发的1.5万美元奖金捐出设立袁隆平杂交水稻奖励基金。近年来，美国水稻公司每年都会发给袁隆平1.5万美元顾问费，袁隆平自己一分不用，全部把它放在研究中心作为机动的所长基金，用来资助中心的重点研究项目。但与繁重的研究任务比较起来，这点钱也只是杯水车薪。不过，有一点，比没有总还是要好些呀！国家穷，有什么办法呢？他只好拿自己的"私房钱"来补贴国家的科研项目了。自从当了湖南杂交水稻研究中心主任，袁隆平也不得不开始操心这个"大家庭"的"油盐柴米"了。为了忙大"家"的事，他一直耽搁到1990年才把自己的小家从安江农校搬到长沙来。

"你老兄分配我任务，我怎能不接受？穷也好，富也好，革命工作总得干呀！除基本的科研经费之外，所长基金还给多少呢？"罗呵呵终于精神上来了。

"先给你8000块人民币吧，你省着点用。我也实在囊中羞涩了，最后万一不够时，再给你加一点。"袁隆平爽快地说。

"少是少了点啰，不过我还是先干着吧。"罗呵呵其实已经比较满意了。

"这就好，你抓紧干吧，随时向我报告进展情况。"袁隆平高兴地说。

二、宠辱不惊

到1991年，湖南杂交水稻研究中心已发展到了139人，当年正在进行的研究项目就有13个，各级政府拨款总额134.9万元，而当年到期该归还的银行贷款就有196.3万元，把当年的政府拨款全部拿去还贷还不够。可见该研究中心的经济之拮据，与当年全国其他各科研院所也不相上下，难分伯仲。贫困学者富文盲，几乎已成了当年中国社会的一个普遍现象。尤其是我国农业科研投资，还没占到全国农业总产值的0.1%，发达国家无法比，就发展中国家农业科研平均投资比例也占到了农业总产值的0.26%；我国的农业科研投入还达不到发展中国家平均水平的一半，只及1/3略强。于是，为单位谋求科研经费，便成了袁隆平的一项比科研本身还要艰难得多的工作。

就在这时，传来了一个振奋人心的大喜讯——江泽民总书记3月16日将来本中心视察。这是一个多好的机会啊！

当然，作为湖南省的一个科研机构，直接向中央要钱，在一般情况下是有点名不正言不顺的。但对于袁隆平来说，却又似乎一切顺理成章。一方面，杂交水稻研究利国利民，受益的不光是湖南省，而湖南省已多年承担了该中心的全部基本经费，现在请求中央财政适当补助，自然没有什么不应该的。另一方面，据有关经济学家测算，粮食育种科研投资的经济回报率有三分之一可达100%，另有三分之一预期纯收益率可高达1000%~10000%，可见以往杂交水稻的研究为国家做出了多大的贡献。如此高回报的科研事业，请中央特别关照一下，也好像没有什么不应该的。还有一个有利条件是，前年，江总书记和李鹏总理在中南海接见袁隆平等22位有突出贡献的科学家时，李鹏总理曾亲口问过袁隆平有什么困难没有，并说有困难只管说，他将大力支持。但当时袁隆平羞于启齿，竟回答说没什么困难，请总理放心。因而，当他回到湖南，向当时的省委书记熊清泉汇报到此事时，熊清泉还笑话他说："哈哈，你这个书呆子，总理亲自提出帮你解难，连我都碰不到这样的机会啊！你明明有困难还不说，光知道缠着我叫苦啦。"

那么，好了，这一次机会可不能再错过了！大家都等着第二天总书记的到来。

3月16日，雨过天晴，湖南长沙阳光明媚，江总书记一行在省领导的陪同下，满面春风地来到了杂交水稻研究中心。袁隆平忙上前与总书记握手寒暄，表示热烈欢迎。总书记握着袁隆平的手风趣地说："老袁，别太客气了，我们是老朋友呀！"一句话把大家全逗笑了，热烈的掌声随即响彻中心小院。

进屋后，按预定程序，湖南省农科院领导先汇报了院所科研工作情况，接着由袁隆平汇报，但他三句话不离本行，一谈就谈起了杂交水稻由三系到一系的发展前景。总书记一边听，一边点头微笑。到汇报结束，袁隆平还没有提出请总书记帮助解决科研经费的问题来。

接着，就要参观了，大家想，说不定他准备在参观过程中提吧？可是，直到参观完毕，他仍然没有谈到请总书记解难的问题。最后，总书记非常高兴地拍着袁隆平的胳膊说："我看了你们研究中心的杂交水稻，就看到了农业的希望。中国耕地少，单产增加10%，就相当于增加了10%的耕地面积，科技兴农潜力很大。"

这时，有人悄悄碰了一下袁隆平的胳膊，提醒他已到最后时刻了，再不提出，总书记一声"再见"，机会就要跟着总书记离去了。但正当袁隆平犹豫着怎么开口时，总书记却又接着说："农业要向高科技发展，还要搞生物工程。钱学森同志提出现代管理是矩阵式管理。科技攻关要大力协同，要纵横配合，尤其要发展横向联合。农业科技专家要把精力放到农业科技研究上，科技开发工作要紧密结合自己的成果进行。"

有人又碰了一下袁隆平的胳膊，意在提示，总书记真的快要说"再见"了。没想到总书记却抬头看了一眼晴朗的蓝天，接着愉快地说："今天天气真好，这是我到湖南来的第一个晴天。"

总书记虽然没有说"再见"，但大家都知道，这实际上就是"再见"了。于是大家一齐热烈地鼓起掌来，把总书记送到正等候着的汽车旁。总书记向大家频频挥手致意，登上汽车，一会儿就出门远去了。一个请总书记解难的计划终于被袁隆平憋死在肚里。

事后，人们齐问他怎么不请总书记解难。他苦笑了一下说："我一直等着总书记问我有什么困难，谁知道他这一回却偏偏不问呢！"

他这一解释，反而把大家都逗笑了。是啊，大家都是过来人，这点道理还不懂？向总书记要钱，这口是那么好开的吗？总书记毕竟是全党的总书记，全国有多少科研院所面临着杂交水稻中心一样的困难？大家都把手直接伸向总书记，总书记应付得过来吗？当然，如果总书记主动提出要帮忙，那就是另外一回事了。

不过，机会并没有永久失去。1994年12月16日，李鹏总理又要来视察了。这一回，可无论如何得抓住机遇啊！

12月15日傍晚得到通知，中心常务副主任谢长江连忙和办公室主任一起请袁先生紧急磋商。谢长江是袁隆平的学生，读书时曾吃过袁先生的饭，跟袁先生同床睡过觉，师生之间好说话。因此，尽管知道这口实在不好开，谢还是极力怂恿先生这一次"一定要打主动仗"，不能等到总理先问困难，再请帮助。否则，万一总理不先问起，机会岂不又要跑了？

"唉……真拿你们这些'穷棒子'研究员没办法啊！看来，我是不得不让你们抬到炉火上去烤了？"袁隆平长叹了一口气，幽默地说。

"谁叫您当着这个'穷棒子'所长呢，联合国粮农组织520美元一天的首席顾问工资，您可以长期去拿，而您每年只肯去顾问个把星期。您若到世界上其他任何一个国家，也少不了给您15万美元以上的年薪，可您也不去。您这不明明是自讨苦吃吗？您还怪我们！"谢长江故意跟先生抬杠说。

其实，所里谁都知道，对于袁隆平的个人收入来说，所里有没有钱与他毫无关系。他如果到国外研究可以想多富就有多富，就是在这里当所长，他个人也不愁钱花了。近些年，他不仅本人常被这国那国或种种国际组织走马灯似的请去讲学或担任顾问，零零碎碎也赚了不少洋钱，还先后推荐了尹华奇等6名高级研究人员担任联合国粮农组织顾问，并先后推荐十数人到美、日、印度、埃及、斯里兰卡等许多国家担任杂交水稻技术专家，使一部分高级研究人员获得了国际交流的机会，并分别赚了点洋钱回来改善生活。他要是只为个人着想，何苦要去这里那里"讨钱"？他现在之所以要"讨"，纯粹是为了使所里的一般科研人员人人能够安居乐业，使繁重的科研任务能得以顺利完成，使中国的杂交水稻技术能继续领先世界。

"好吧，既然你将军将到这个份儿上了，我不顶上去还有什么别的路可走呢？但是，你们得想一个要钱的理由，而且不能说困难，因为我过去曾经跟李总理讲过'没困难'，现在又说这难那难，那不是叫我在总理面前自打耳光吗？"袁隆平硬着头皮答应说。

"那……我们报一个科研项目怎么样？"办公室主任提议说。

"嗯，这倒是个办法。但是，报什么项目好呢？"袁隆平问。

"我看这样吧，袁老师。我们要报就报个大项目，过去我们不是考虑过杂交水稻研究最好要有一个全国性专门机构吗？我们现在就请求在我们湖南杂交水稻研究中心的基础上来建立一个国家杂交水稻研究中心。这样就可以开口要个几千万元，而且如果真能得到总理支持的话，那将来这个中心肯定要归中央和地方双重领导。到那时，我们就可以名正言顺地直接向中央财政要钱了。"谢长江胆大包天地说。

"嗯，这主意更不错！过去斯瓦米纳森还说希望我们这里成为一个国际中心呢。你们能想出这个理由来，我就很乐意提了。不过，将建立的中心名称，应该叫作'国家杂交水稻工程技术研究中心'，这个名称表达意义更为明确。另外，你们应该起草一个文字报告，这么大的事，空口乱说可不行。"袁隆平那股"齐天大圣"的劲头又上来了，他竟十分赞成这个大胆的计划。

"哈哈，袁老师，在您领导下工作真过瘾！我马上就起草报告。但是，要多少钱，数目可得请您拿定。"谢长江喜不自胜地说。

"这样吧，我们先要2000万元。但是，不能都要总理拿，我们乘机向省里也要一点，银行的低息贷款也要一点。这样，总理会觉得我们考虑问题比较通情达理。"袁隆平说。

"那请他们各拿多少呢？"谢长江问。

"请总理拿1000万，省里拿500万，银行贷500万。怎么样？"袁隆平说。

"行，我就照您说的数目写。"谢长江说完，就要开始写报告。袁隆平和办公室主任便回家休息。

等到报告写完将要落款时，谢长江才忽然发现原来落款竟是一个大难题。按一般呈文的程序，如果以湖南省杂交水稻研究中心的名义落款，则报告理应先呈送省农科院，转呈省农业厅，再转呈省人民政府，再由省人民政府签报国务院。如果以湖南省人民政府的名义落款，则事先根本未得省政府领导授意，岂不更属胆大妄为？总之，无论是以哪一级组织、哪一级机构的名义向总理呈送报告，都必须得经过一道道这里请示，那里汇报的手续，这份报告就无论如何都无法在一夜之间拿出来了。看看时间已到午夜12点，谢长江知道袁先生该睡了，但是事情紧急，没有办法，他只得拿起电话，拨通了袁先生房间的电话号码。

而恰好这时，袁先生也在梦中忽然想起，这事是否应该先向省领导汇报一下，于是也拿起电话拨了谢长江的号码。结果你拨我，我拨你，两边互相显示电话占线。袁隆平有点恼火了，不得不穿上衣服准备直接去办公室和谢长江面谈。可是，刚一开门，谢长江倒先赶过来了。

"你小子搞什么鬼？半夜三更电话总占线。"袁隆平见谢长江主动来到，气就消了，于是忙问。

"哎呀，我正要问您半夜三更在给谁打电话呢！我猛拨您的电话老是忙音。"谢长江说。

于是，师生俩会心一笑，答案彼此便心知肚明了。两人进屋，袁隆平便提出是否请示省领导的问题，而谢长江则提出报告如何落款的问题。两个问题实际可以归结为一个，都是要不要请示省领导的问题。商量结果是，问题已经没有回旋余地——请示省领导是根本不可能了，因为半夜三更在电话里跟睡得迷迷糊糊的省领导是汇报不清这件事情的。这报告要么不打，要么就只能以袁隆平个人的名义来打。因为只要是以个人名义的话，那就随便叫作上书也好，报告也好，不请示也好，不汇报也好，别人谁也管不着了。连党员都有越级直接向中央领导上书的权利，袁先生连党员都不是，他就更自由了。

"喀，个人署名就个人署名吧。你去叫打字员立刻把报告打好，多印几份，明天给总理呈送的时候，给省领导和陪同总理来访的中央有关部门领导也附送一份。"

次日上午9时50分，李鹏总理由省委书记王茂林、省长陈邦柱等人陪同来到了杂交水稻研究中心。这回是先参观，后座谈。座谈汇报中，当袁隆平讲到杂交水稻的基本原理时，李鹏总理风趣地问："杂交水稻是不是好比马跟驴子交配生出骡子，骡子是杂交一代，没有生育能力？"

"大致的道理是这样的，总理。生物界的杂种优势是普遍现象，原理都是相通的，但在具体表现形式上会有一些差异。"

李总理喜欢亲自记笔记，他一边听着袁隆平的汇报，一边记下点感兴趣的东西。末了，袁隆平正考虑怎么把报告递上去，没想到总理倒又一次主动说："你有什么困难可以提出来，在条件许可的范围内，我一定帮助解决。"

袁隆平不禁大喜过望，连忙拿出报告，回答说："总理，杂交水稻研究是一项国家工程，早已列入了国家'863'高科技计划和国家自然科学基金重点项目。我个人考虑，要使它取得应有的进展，必须大力扩充设备和增加基础设施，这单靠湖南省的财力是难以应付的，因此，我建议建立一个国家杂交水稻工程技术研究中心。建立这样一个国家工程技术研究中心，对于提高我国杂交水稻整体研究水平，加速科技成果转化将发挥重大作用。从历史传统和目前全国杂交水稻科研力量的分布情况来看，这个中心应该以设在长沙，并就在湖南杂交水稻研究中心的基础来扩建比较便宜和有利。中心所需仪器设备和基础设施建设共需投资2000万元。我想请总理解决1000万元，湖南省财政解决500万元，银行低息贷款500万元。请总理考虑是否可行？"

李鹏总理接过袁隆平递上的报告，先看了一眼标题，然后转过脸微笑着向湖南省委书记王茂林和省长陈邦柱问道："怎么样，你们支不支持？拿多少钱？"

"我们当然支持。"两位省领导因为事先毫无思想准备，虽然对袁隆平的报告感到突然，甚至有点不可思议，但很快领会了总理的意思。况且，如果总理同意国家杂交水稻工程技术研究中心建在长沙，对湖南将有百利而无一害，顺水推舟的好事，何乐而不为？于是毫不含糊地表示了支持。陈邦柱省长还接着具体补充了一句："湖南给500万元。"

"你呢？"李总理又转头问坐在另一边的国家发展银行行长姚振炎。

"我贷500万元，回头就办手续。"姚振炎说，他是陪同总理前来视察的。

"好，我给1000万元。但有个条件，三年内要培育出亚种间杂交水稻新组合。"李总理也爽快地说。

"没问题，请总理放心。"袁隆平保证说。

说话间，李总理已经在报告上签上了："同意李鹏一九九四年十二月十六日"。接着，他举起报告，将签字展示给众人过目，说，"看，我的字已经签在这里了。"

众人一齐高兴地笑了。李总理又转向袁隆平说："把这1000万元给你们，表示国务院的一点心意，希望你们成功。"

"谢谢总理支持！"袁隆平兴奋地握住总理的手，感激地说。

掌声、欢呼声再次热烈地响起。

视察结束，总理走了，整个杂交水稻研究中心仍沉浸在一片欢乐之中。

可是，不久，总理的随行人员中就有人露出口风：据说就在袁隆平忙着准备报告的当天晚上，总理也正在与随行的财政部领导商量，如果明天袁隆平提出要求支持，财政部认为给多少钱为好，商量结果是以不超过3000万元为宜。可没想到袁隆平竟只要了1000万元，所以总理的字也就签得特别轻松。

于是，不光是杂交水稻研究中心，就连有的省委、省政府领导都感到可惜了。但袁隆平说："人要懂得体谅。1000万元虽然连建半个分子实验室都不够，但我们得体谅国家的难处，以后逐步来完善。我搞一个研究所都这么艰难，中央领导管理一个国家更不容易啊！"

进入20世纪90年代以来，先后到湖南杂交水稻研究中心视察的党和国家领导人，还有乔石委员长、邹家华副总理、姜春云副总理、国务委员兼国家科委主任宋健、全国人大副委员长兼中国科学院院长周光召等，可见中央的重视程度。

然而，令人费解的是，1991年，湖南省人民政府郑重推荐袁隆平为中国科学院学部委员（后为院士），竟没有获得中国科学院生物学部的评选通过。不仅1991年第一次推荐未获通过，而且此后又连荐两次，直到1994年都未能获得通过。原来，中国生物学、农学界的某些权威并没有因为袁隆平的科学发明创造和工程理论体系的创建给国家和人类带来的巨大福利所感动，也没有被袁隆平的巨大国际影响所折服，尽管他们中间还没有一位曾经获得过联合国教科文组织的科学大奖，和联合国多个专门组织授予的科学荣誉称号，以及众多国际基金的奖励，但是，他们还是认为自己要比袁隆平高贵。

是啊，人家有的是洋博士头衔，你袁隆平有吗？人家有哈佛、牛津血统，你袁隆平有吗？人家是某世界名师的嫡传弟子，你袁隆平是吗？人家有居高临下的显要学术地位，你袁隆平有吗？

嗤——袁隆平什么东西！不就是四川山沟里那什么西南农学院的一个农学学士吗？不就是湘西山里那什么农校的一个中专教师吗？不就是那泥巴地里滚出来的一个狂妄自大的土老帽儿吗？他读过几本书？他认得清26个英文字母吗？

嗤——杂交水稻算个什么稀奇东西？那不是连普通农民都能学会的东西吗？连农民都学得会的东西难道也能登得上科学的大雅之堂吗？

当然，对于袁隆平的这种鄙视，权威们只能在小范围里嘀咕嘀咕，或在那白眼里和鼻息声中显露一二。这些东西是不大好拿到台面上去讲的，因为中国科学院的院士条例里头又没有规定非要有什么洋导师洋学历洋学位才能当院士，又没有规定喜欢在泥巴地里做实验的中专教师不能当院士，也没有规定非要发明只有一个人会用的科学技术的专家才能当院士，所以，权威们要阻止袁隆平当选院士，还必须找到更冠冕堂皇一些的理由。

可别以为我们的某些权威学者看起来一个个斯斯文文的，似乎不大会去做那种给人罗织不利材料的不雅事情。事实上，某几位很有地位的学者先生，很快就搜集到了袁隆平的种种"不是"。

他们起初以为袁隆平不懂外国语，不会写论文，所以紧紧抓住这个理由拒绝选举袁隆平。当他们得知这个五十岁之前从未出过国门的"土老帽儿"不仅英语能说会写，还懂得俄语；不仅会写论文，而且出版了创体系的工程理论专著时，他们才放弃了这个说法。不过，更有"说服力"的材料还在后头呢！

袁隆平竟然参加打麻将，钻桌子！如此粗俗鄙陋，实乃匪夷所思，斯文扫地矣！

杂交水稻米质差，没人愿吃，外国人都是买去做饲料。

据××报×月×日报道，×省×县农民买到伪劣杂交稻种子，造成数万亩晚稻减产，数千亩绝收。

推广杂交水稻是强迫农民接受的结果，在北方粳稻种植区，至今农民仍未肯完全接受杂交水稻。

……

这些材料似是而非，对于某些不知就里的人来说，确实具有相当的蛊惑力。但是对于知情者来说，却无疑不值一驳。袁隆平每天工作十几个小时，难道在工余时间和同事玩两圈麻将放松放松脑子都不可以吗？稻米的米质并不是出于杂交的原因变坏的，和常规稻一样，杂交水稻的米质也有好有差，只不过某一时期的粮食政策导致农民只图高产，种的差米质粮食多而已，随着国家粮价政策和市场行情的变化，以及育种技术的不断改进，中国粮食市场的杂交稻米品质也越来越好，这才是事实！农民买到伪劣杂交稻种子，造成不同程度损失的事几乎年年不断，但那是由于某些种子生产和经营单位工作失职失误，或某些犯罪分子非法牟利所致，与杂交水稻技术本身毫无关系，这才是事实！推广杂交水稻之初，农民不知利害，是曾有过抵触，但老一辈传统农民接受任何新东西，在未见实利之前都会有这样一个过程；而在农民见到杂交水稻的神奇效益之后，他们不仅乐种，而且真情赞颂"吃饭靠两平，邓小平送来了好政策，袁隆平送来了好种子"，这才是事实！

当然，我们的权威学者是不会有兴趣去了解那么多的细节的。因为他们本身带有偏见，他们只爱听对袁隆平不利的说法，你想通过解释消除误会是不可能的。况且，他们手中有权。他们就要说你不行，你怎么着？

这倒很容易使人想起当年法兰西科学院拒绝居里夫妇当选院士的故事。比埃尔·居里和玛丽·居里夫妇在发现镭之前就因研究铀的特性而举世闻名，然而，比埃尔·居里申请加入法国科学院却一直遭到拒绝，直到夫妇俩后来又因提炼出了镭，从而确证了一个新放射性元素的存在，并双双荣获诺贝尔奖之后，比埃尔才以刚刚过半数票勉强当选为院士；而他的夫人玛丽则在第二次获得诺贝尔奖之后仍被拒之于科学院大门之外，理由竟只有两条：先前是说她是非法兰西血统的波兰人，后来则干脆说女人不能加入科学院。直到世界舆论一片哗然，法国科学院才一反常态，宣布无须玛丽履行拜访院士的申请手续，不通过投票程序，全院一致无条件接纳她为院士。可见，这类问题也并非中国所独有，高层学术界的门户之见和忌妒倾轧也是一个世界性的不容回避的事实。

袁隆平是不是中国的居里，我们不便妄断。但是，毫无疑问，袁隆平也是世界一流的科学家，他对人类所做出的贡献，在现代中国农学界还无人能与他相比，在世界农学界能与之比肩的人物，也并不很多。而他在中国科学院也碰上了与当年居里夫妇进入法兰西科学院一样的遭遇。

没选上院士还是小事，偏偏1992年我国又发生了前所未有的卖粮难问题。于是某部委主办的一份大报又在当年某日的头版头条登出一条特大座谈纪要，其间显示一些非常有身份的人士，甚至包括某些政府部门司局级大员，都在一块儿大肆贬斥杂交水稻，似乎杂交水稻竟是农民卖粮难的罪魁祸首；而且有的官员还"非常形象"地概括说，杂交水稻是所谓"三不稻"，即"米不养人，糠不养猪，草不养牛"。这几乎可以说是一个非常危险的信号，杂交水稻是农业部支持研究和大力推广的科技项目，可现在连农业部的官员都带头贬斥杂交水稻了，这对全国农民将产生一种什么样的导向作用？

不错，近年来，我国农村是出现了所谓"卖粮难"的问题，但这是否就真的意味着中国粮食已经过剩了，今后再也无须强调粮食高产了呢？据世界银行报告，1990年，美国国民的人均谷物使用量为889公斤，加拿大为1352公斤，匈牙利为1100公斤，丹麦为1314公斤，而中国仅为357公斤。这足以说明中国的"卖粮难"，是低消费水平上的"卖粮难"，中国的所谓粮食"过剩"，只是一种结构性"过剩"，亦即市场不需要的品种过多，而市场需要的品种却仍然不足。这从一方面产粮大省的农民喊"卖粮难"，另一方面国家和某些省市却每年要向国外进口大量粮食的事实上，也可以得到印证。

一个典型的例子，江西、湖南都紧挨着广东，进入20世纪90年代，前两省都发生严重的"卖粮难"问题，而广东市场上却正在行销泰国米。只要广东一省的市场向江西、湖南敞开，这两位"邻居"的难题差不多就可以迎刃而解，谁说中国粮食过剩了呢？一个十数亿人口，人均耕地不足1.5亩的大国，在粮食问题上盲目乐观无疑是非常危险的。

退一万步讲，即使中国粮食真正过剩，也不能愚蠢到以抛弃杂交水稻高产优势的办法去削减粮食单产量，而只能用继续鼓励提高单产，适当调减粮食作物播种面积的办法去削减粮食总产。这样，调减出来的耕地可以种植其他经济作物，增加市场供应，提高农民收入。

即使是为了提高米质，也不能以牺牲高产为代价。现有的部分杂交水稻米质确实较差，但完全可以根据市场的需求去淘汰某些米质过差的品种组合，而不能一概否定杂交稻。从总体来说，杂交水稻既能高产，也能优质。今后进一步的研究发展方向，也仍然必须强调在持续提高产量的基础上不断改善和提高米质。而绝不能走美国、泰国等土地资源丰富国家所实行的优质低产的路子。

袁隆平日思夜想，内心久久难以平静。显然，他陷入了又一个两难的处境：作为一个对国家的战略大局负有特殊责任的清醒的公民，他没有理由对这种误导苍生的高谈阔论保持沉默，而应当立即据理力争，澄清事实，表明利害，以肃清这种在粮食问题上的盲目观念所造成的不良影响，保证粮食生产的正常发展。但自己作为"杂交水稻之父"，在别人贬责自己"孩子"的时候，公然站出来进行抵制，极力要维护这"孩子"的声誉，那人家会不会讲你小肚鸡肠，容不得反对意见呢？世人有道是"老婆都是别人的好，孩子都是自己的好"，自己是不是也会陷入这种偏见的困扰呢？

一连三个月，他忧心如焚，却又举棋不定，踌躇难决。直到6月上旬，江西省副省长舒惠国来访，跟他谈起某些官员和传媒贬斥杂交水稻的言论，已在农民群众中引起很大疑惑，科学家不出面说清有关问题，将影响粮食生产的事实时，他才最终确认了这场杂交水稻优劣之辩，已远远超出了个人荣辱毁誉的范围，从而下定决心，亲自出马为杂交水稻一辩。送走了客人，他嘱咐秘书谢绝一切来访，在办公桌前端坐下来，铺纸挥笔，向《人民日报》写了署名信。

编辑同志：

最近社会上流传杂交稻米质太差，有人贬杂交稻为"三不稻"，说什么"米不养人，糠不养猪，草不养牛"。果真是这样吗？我想用事实来回答。

我国是世界上第一个在生产上利用水稻杂种优势的国家，杂交稻比一般水稻每亩增产 100 公斤左右。1976—1991 年全国累计种植杂交稻 19 亿多亩，增产粮食近 2000 亿公斤。由此可见，杂交水稻的推广，对解决我国 11 亿人口的温饱问题发挥了极其重要的作用。

目前，全国种植面积最大、产量最高的一个水稻良种叫"汕优 63"，它是杂交稻。近几年的年种植面积都超过 1 亿亩，平均亩产稳定在 500 公斤左右，不仅产量高，而且品质好，被评为全国优质籼稻米。

的确，在我国南方生产的稻谷中，有相当一部分米质较差，这主要是双季早稻。目前积压的稻谷以及历年来粮店出售的大米，大多数为这种早籼稻。据统计，1991 年长江中下游各省市杂交早稻面积为 2085 万亩，只占双季早稻总面积的 23%（前几年的面积更少）。双季晚稻和一季中稻，一般品质较好，粮店偶尔出售这种稻米时，则出现排长队争购的现象。而杂交稻就占双季晚稻和中稻的 80% 左右，产量占 90% 以上。因此，说杂交稻属劣质米与事实不符。

其实，杂交稻、常规稻与任何其他作物一样，品种不同，产量和品质也会有差别，有的甚至很悬殊。一般地说，大多数杂交稻品种的米质属于中等，其中也有个别品种米质较差，但绝不能以个别品种的优劣来概括一般。

1991 年 12 月，广东韶关市农业局召开了一次稻米品质鉴定会，邀请有关领导和专家 80 多人参加，参鉴品种共 6 个，其中 2 个进口优质米，2 个广东的名牌优质米，2 个杂交稻品种，采取编号保密和无记名打分投票方式进行鉴定。结果，名列榜首的是产量很高的杂交稻新品种"香优 63"。这个事实生动地说明，杂交水稻既能高产又能优质，具有诱人的发展前景，绝对不是什么"三不稻"。

湖南杂交水稻研究中心研究员　袁隆平

这封来信，很快就被 6 月 18 日的《人民日报》加上"杂交水稻既能高产又能优质"的标题，在第二版登出。他以一个平民百姓的低姿态，用朴实的语言、确切的事实、准确的数据，生动而有力地说明了我国杂交水稻生产以及稻米品质的实际情况，指明了杂交水稻的光明前景。正所谓言简意赅，外柔内刚，毫无说教强加之意，叫人不能不信服。

这篇文章的发表，使杂交水稻在广大公众面前正了视听，尤其是增强了广大农民群众种植杂交水稻的信心，为稳定全国粮食生产发挥了积极的作用。此后，在新闻媒体上公然贬责杂交水稻的言论也销声匿迹了。当然，在某些人的心里，袁隆平的桀骜不驯无疑又给他们加深了一层印象。

袁隆平未能选上中科院院士的消息，不仅使全国杂交水稻科研界大感震惊，而且使公众舆论感到极大的不平。人们无法理解，但现实却摆在面前。有的人一贯坚称"水稻没有杂交优势，研究杂交水稻没有前途"，直到如今事实已经明确地宣告了他们的学术错误，他们不仅仍不肯认错，反而变本加厉地回过头来压制那真理的出示者。有的人终生研究农作物增产门道而未能拿出一项使作物实际增产的科技成果，却掌握着审查誉满全球的"杂交水稻之父"、第二次绿色革命的发起者够不够院士资格的权力。

为了告慰关心袁隆平的广大民众和广大正直的科技工作者，同时，也为了向学术界的某些"学阀"表示愤慨和抗议，中共湖南省委和湖南省人民政府于1992年9月15日郑重做出关于授予袁隆平"功勋科学家"荣誉称号的决定，并在长沙举行了隆重的授勋仪式。

然而，就在这之后一年的1993年秋冬，又发生了一件令人意想不到的事情。原来，1992年，湖南农学院采用遗传工程技术，成功地将一个玉米基因片段导入了水稻之中，使这种水稻长得秆粗叶阔，颇具某些玉米性状。当年经邀请包括袁隆平在内的国内生物、遗传以及农学界著名专家、学者十数人共同鉴定，一致认为这是一个很好的创举，为未来的水稻育种开辟了一条新的途径，培育了一个很有价值的种质资源。这个结论并没有表示这种水稻已经可以大面积推广，使之立即投入生产应用。因为这纯粹是一个学术鉴定，它与新品种水稻种子投放市场之前的专业生产审定完全是两码事。

但是，一些从事基础理论研究的学者不了解两者之间的区别，以为既然这种水稻经过了鉴定，就理所当然地可以推广应用。于是喜讯传到省委领导耳里，省委领导也赞不绝口，并在1993年冬天召开的一次县市委书记、县市长以上干部大会上号召各县市赶快到湖南农学院去买玉米稻种子，明年开春就要在全省范围内大力推广玉米稻。

省委领导令下如山倒，各县市委领导只得一齐表示照办不误。但因为大家都没听说过什么玉米稻，故有些比较小心的县市领导同志便纷纷前来袁隆平处咨询有关情况。袁隆平一听不由得大吃一惊——天啦！这是多么悬乎的事啊！一个根本未经生产审定的品种就匆匆投放大田生产，一旦发生问题，那可得全省遭殃啊。

他急得如火烧屁股，猴蹦猴跳，除当即告诉来咨询者，这个品种暂时还不能推广应用之外，又立时挥笔草就短文一纸：

对大面积推广玉米稻要持慎重态度

湖南农学院用幼芽浸泡法将玉米的DNA片段成功地导入了水稻，育成具有某些玉米特征的玉米稻，取名遗传工程稻。这种玉米稻具有类似C4植物的高光效特点，主要表现在穗大粒多，结实率很高和籽粒饱满充实。因此，玉米稻的育成是科研上的一次重要突破，为水稻育种提供了极其宝贵的新资源。

但是，玉米稻也存在较大的缺点，主要是株叶形态不好，植株松散，叶片宽长而披，不仅造成田间的通风透光条件不良，降低群体的光合效率，而且严重限制了有效穗数的提高，所以它的实际产量并不高。我省1993年区试结果，玉米稻的产量在6个点中有5个点居末位，1个点倒数第二位；晚稻区试也名列倒数第二；在我院试种的0.8亩玉米稻，亩产仅300公斤。基于此，我认为目前要把玉米稻推向大面积生产还为时过早，必须对它做进一步改良。

近来，全省各地来人来函反映，1994年要大面积推广玉米稻的劲头很大，来势很猛。为此，我郑重建议对此要持慎重态度，应严格按照推广农作物新品种的科学程序办事，绝不能急于求成；一定要先行小面积试种示范，待确证在当地能获得高产后，再大面积推广，以免给我省粮食生产和广大农民带来巨大损失。

湖南农业科学院研究员　袁隆平
1993年12月30日

写毕，他又忙把中心常务副主任谢长江叫来交代说："你赶紧派人给我把这篇短文送到《湖南日报》去，请他们尽快在显著位置登出，以免误了大事。"

谢长江接过文稿很快通读了一遍，不由得皱了眉头忧虑说："我的袁老师哪，您这种忧国忧民之心，我是不能不佩服的。但是，至于这篇文稿嘛，我劝您也还是以'持慎重态度'为好，最好是不要送出去。"

"为什么？"袁隆平疑惑地瞪着他的学生问。

"第一，明年推广玉米稻是省委领导在全省县以上干部大会上公开号召的。您写这文章不是跟省委唱反调吗？省委对您恩惠多多，去年还刚授予您'功勋科学家'称号。您现在竟公开跟领导唱反调，领导今后将会怎么看您呢……"

"别说了，我袁隆平君子爱人以德！写这文章，本身就是对省委领导的最大爱护。省委领导岂能连这点都看不出来？拿去发表吧！"袁隆平果断地打断谢长江的劝告说。

"嘿嘿，您别急，还有第二呢。这第二，湖南农学院是我们的兄弟单位。人家的成果要推广，并且得到了省委领导的大力支持。这对于农学院来说，既是经济效益的需要，也是学术声誉的需要。现在您这篇文章一捅出去，岂不把人家的好事全给弄砸了。那农学院又会怎么看您呢？"

"唉，谢长江啊谢长江，你考虑问题倒是比我更全面，我得承认你说得其实都有道理。不过，今天这件事关系实在太大了，我还是不能妥协。我还是那句话，君子爱人以德。农学院的学术声誉我已经在短文中充分维护了，科学应实事求是，评价不能再过头。至于经济效益，我看如果我不加以制止，让他们大量把种子卖出去的话，那明年恐怕他们把整个学校全卖掉，都赔不起农民的损失。我宁愿让他们现在恨我，而不愿看到他们明年焦头烂额。你还是赶快叫人给我送去发表吧，我可顾不得别人怎么看我了。"袁隆平冷静地想了一下之后，仍然坚定地说。

可是，不出两个钟头，被派往《湖南日报》送稿的办事员就拿着原稿回来了。原来，经该报有关编辑请示社领导，社领导一致认为，推广玉米稻是省委领导亲自部署的，省报不能发表反对省委领导的言论，故请袁先生原谅。

"您看看，我说除了您，谁敢跟领导唱反调呢？这不是？原稿奉还！"谢长江无可奈何地对先生说。

"长江，别后退，这篇短文一定要发出去。《湖南日报》不肯发表，你给我送到省农业厅去。请他们用文件或函电的形式，尽速发到各地市州县农业局、种子公司、粮油站、农技推广站，以及各大国营农场，务必制止玉米稻的推广。否则，我已向他们做了汇报，明年出了问题，他们也有责任。他们是内行，这事他们不敢不重视的。"袁隆平毫不退缩地说。

结果，这篇短文终于由湖南省农业厅以"湘农业函（1993）种字113号"公函的形式转发下去了。一场心血来潮的虚热症被止住了，一次全省性"大跃进"式的重大损失避免了。只有极少数县市的领导为了显示执行省委指示的坚决态度而没有听取袁隆平的忠告，结果造成大面积减产。其中又有极少数法治观念比较强的农民向湖南农学院提出了索赔要求，然而，就这极少数索赔农民要求的损失赔偿金额也高达500多万元。可见，如果所有受损失的农民都来索赔的话，湖南农学院将如何应对？

袁隆平的预言完全应验了。湖南农学院的部分同志原来确实对他很有看法，但当数百万元（甚至可能还有潜在的数千万元）的索赔诉求纷至沓来，弄得他们焦头烂额时，他们中的绝大多数人终于领悟了袁隆平的那一纸短文在多大的程度上救了他们的"命"。要不是那一纸短文弄砸了他们的锅，今天他们所要面对的损失也许得以10亿计！

君子爱人以德。经历过一番事实的教训之后，那些不乏良知的正直的人，不能不对袁隆平敬重有加了。

然而，也并非所有的人都能如此释怀。袁隆平"出尔反尔""抬高自身，贬斥同行"的"霸道行径"，还是传到了中国科学院。有个别很有来头的学者明确谴责"袁隆平一面举手赞成玉米稻通过鉴定,一面公开撰文贬损玉米稻的声誉,这是学术道德问题"。也有人分析"袁隆平是害怕遗传工程稻的创举超过杂交稻,故而有意压制,这是典型的'学阀'作风"。这下倒好,深受"学阀"之压的袁隆平自己也荣升"学阀"高位了。而这种荣升的直接结果是,他在1994年的中国科学院院士评选中又一次"荣幸"地落选!

尽管袁隆平已在中科院院士选举中三次受挫,但中共湖南省委、省人民政府却在轰动一时的玉米稻风波中,进一步看到了科学家之言在重大问题决策中的分量和意义,也更加认识了袁隆平的精神品格和他的高度学养对于国家和人民的重要价值。

1995年1月12日,香港何梁何利基金会在北京人民大会堂为袁隆平等24位杰出科学家举行了隆重的首届授奖仪式,袁隆平荣获首届何梁何利基金生物学奖金10万元港币,他是农业科学领域的唯一获奖者。

何梁何利基金会是香港恒生银行董事长利伟国、名誉董事长何善衡先生,和资深董事梁球琚、何添博士为奖励中国取得杰出成就的科技工作者,以推动科技创新,促进国家现代化建设事业而各捐资1亿港元,在香港注册设立的民间科技奖励基金组织。可以说,他们对袁隆平的科学成就的高度评价,很好地代表了广大科技界人士和全国民众的意愿。

当年5月,湖南省推荐袁隆平为中国工程院院士候选人的材料送进了北京。出于对袁隆平巨大科学贡献的充分肯定,中国科学技术协会、中国资源委员会、中国农学会、中国作物学会纷纷仗义执言,一齐举荐他候选中国工程院院士。

1995年6月下旬,中国工程院院长朱光亚通知他已当选院士的来信终于摆在了袁隆平的办公桌上。

袁隆平同志:

  我十分荣幸地通知您,您于1995年5月当选为中国工程院院士,当选名单已经国务院批准,特此通知,顺致祝贺。

朱光亚
1995年6月20日

三、两系法成功

罗呵呵没有辜负袁隆平的期望，1991年就培育出了一个不育起点温度为23.3摄氏度的低温敏核不育系，定名为培矮64S，当年8月通过"863"专题专家组鉴定。这给袁隆平的理论设想提供了一个有力的佐证，表明不育起点温度低于24摄氏度的低温敏两用核不育系完全可以较快地培育出来。利用这种低温敏核不育系进行实用性两系法杂交育种已成为现实。

为了指导全国的两系法杂交水稻研究，袁隆平立即着手写出，并于次年发表了重要论文《选育水稻光、温敏核不育系的技术策略》，简要回顾了光敏核不育水稻研究十八年来的历程，指出十八年来选育出的多达数十个这类核不育系一直不能投入实际应用的根本症结，就是没有抓住不育起点温度这个要害。因此，今后选育实用性两用核不育系的基本技术策略，就是无论光敏型还是温敏型，首先要考虑的问题都是温度，而不是光长，唯有导致不育的起点温度低于24摄氏度，才具有实用价值。

袁隆平的论文拨开了十八年来一直弥漫在杂交水稻研究人员脑海里的重重迷雾，使全国同行眼前顿时豁然开朗。选育实用性两用核不育系的理论和实践同时获得重大突破，全国两系法杂交水稻研究从此进入了一个实用攻坚的新阶段。翠绿的沃野阳光普照，两系杂交稻的倩影在地平线上露出了端倪。

但是，培矮64S水稻在超过23.3摄氏度就可以完全雄性不育，那么它的可育（可以自交结实）温度就被大自然圈定在20~23摄氏度这样一个极其窄小的范围之内，也就是说，只有当这种水稻在整个扬花期间，日平均气温都不低于20摄氏度，又不高于23摄氏度，它才能自交结实。因为20摄氏度是所有水稻的最低生殖极限温度，低于这个温度，所有水稻都不能抽穗扬花。这种情况虽然有利于杂交制种（因为夏天保持雄性不育所需气温条件的日期很长），但是非常不利于它自交繁殖后代（因为夏天能稳定保持自交结实所需气温条件的日子很少）。因此，必须在解决它顺利自交繁殖的问题之后，它才能成为一个完满的两用核不育系，这无疑又是一个不小的技术难题。

但在袁隆平的指导下，该中心研究人员罗呵呵、周承恕等还是很快就准确地摸清了水稻的感温部位和稳定温度的关键日期，于1993年在自交繁育的温度敏感期采用冷水串灌降温、稳温的办法获得成功，使该不育系的自交繁殖亩产达到127公斤，真正发挥了高温制种，低温自繁的双重效用，两个方面都达到了可投入生产应用的水平。两系法杂交水稻的实际应用从此真正地成为现实。

然而大自然天机渺不可测。到了1994年，随着繁殖代数的不断增加，原在1991年鉴定时不育起点温度为23.3摄氏度的培矮64S两用核不育系，不育起点温度竟然逐代上浮到了24摄氏度以上。袁隆平把这种现象称为不育起点温度漂移。不育起点温度漂移到24摄氏度以上，杂交制种的纯度就失去了保证，也就失去了生产性应用的价值。而这时，从全国各协作研究单位调度的情况又发现，几乎所有已通过鉴定的两用核不育系都发生了不育起点温度漂移现象。两系法的生产应用，又遇到了一只拦路虎。

要从机理上彻底弄清漂移的原因，并予以排除，从而确保不育起点温度的稳定不变是不容易的。社会对于水稻增产和米质提高的实际需要，不容两系杂交稻的生产应用旷日持久地等到解决了全部理论问题之后再来实现。况且，本中心和全国各主要协作研究单位，已经利用培矮64S等两用核不育系选育出了一批优势相当强的两系杂交稻新组合，这些优秀新组合也不容报废。但是，不弄清机理，就无法从根本上解决漂移问题。于是，袁隆平兵分两路，一方面组织研究力量力争从理论上找出不育起点温度漂移的原因；另一方面，他于1995年亲自设计了一套核心种子生产程序，通过这套生产程序，就可以在现有条件下，即时消除不育起点温度漂移对现有实用性两用核不育系在生产应用中的不利影响。

所谓核心种子生产程序，就是在总体上发生了漂移的不育系中，选择没有漂移或漂移幅度最小的单株，移栽到人工气候室里，进行低温或长日照低温处理，使其不育起点温度恢复到23.3摄氏度；然后割掉稻禾，让它再生；这种再生稻的种子就是不育起点温度恢复到了23.3摄氏度的核心种子；再把这种种子拿到大田里去繁殖一代，形成原原种；再繁殖一代，就可以得到足量的不育起点温度漂移幅度很小、完全符合生产安全标准的原种；用这种原种，就可以进行生产性杂交制种了。这样，由于每一代原种都在人工气候室里把住了不育起点温度关，它再漂移也漂不到安全温度范围之外去。

可以看出，采用这个办法，使原种的生产增加了好几道程序，比较麻烦。但在机理上尚未搞清不育起点温度漂移的原因及排除办法之前，它却使两系法杂交水稻的生产应用问题立刻迎刃而解了。

就在解决温度问题的同时，袁隆平还于1991年提出了两系法亚种间杂交双亲选配的技术策略。全世界水稻可分为三个亚种，即籼稻、粳稻和爪哇稻。原来的三系法杂交，应用的都是同一亚种中不同品种之间的杂交，即籼籼交、粳粳交、爪爪交。但是，水稻的杂种优势，有一个远缘交＞籼粳交＞籼爪交＞粳爪交＞籼籼交＞粳粳交的明显趋势，由这个排序中可以看出后两个品种间杂交的优势较小，应该逐步淘汰；前一个远缘间杂交的优势最大但在目前技术条件下尚不能利用；那么现在利用两系法带来的配组自由的契机，应该攻克的便只有优势比较大的亚种之间的杂交，即籼粳交、籼爪交和粳爪交。但是，实验证明，典型的籼粳交由于亲缘关系还太远了一点儿，营养优势与生殖优势不协调，也就是只长草而不长谷。这就使得许多科技人员感到困惑。

为了尽快攻克亚种间亲本选配关，袁隆平根据实验中掌握的规律，又及时指出，亚种间双亲选配，不能单纯以为亲缘关系越远越好，而应考虑实际可能，采取远中求近的策略，利用某些具有广亲和基因的籼粳间过渡品种做恢复系，分别与籼稻不育系或粳稻不育系配组，以求得早日突破。此外，他还一下子提出了6个方面的注意事项，即1.矮中求高。要求杂种株高以110厘米为宜，使之可承担大穗重量而不易倒伏。2.显超兼顾。在显性效应的基础上，还要有超显性效应和加性效应。3.穗求中大。要求杂种稻穗比现有穗大20%即可，不必一味追求大穗。4.高粒叶比。即杂种的谷草比例要大。5.以饱攻饱。即双亲的谷粒饱满度都要高。6.爪中求质。即利用爪哇稻分别与籼、粳稻配组以提高米质。

袁隆平的亚种间杂交配组策略,又一度为各地同行驱散了迷雾,使全国各协作单位很快就选育出了一批优势强劲、米质优良的亚种间杂交组合。因此,原中国水稻研究所所长闵绍楷先生感慨地说,我真佩服袁隆平先生,在每一个关键时刻,每一个困难面前,他都毫不动摇。两用核不育系"打摆子"时,他用"不育起点温度"来解决;不育起点温度漂移了,他又用"核心种子生产程序"来解决。反正难不倒他。

由于投入生产应用的所有难题都已获得初步解决,全国各有关单位选育的第一批两系亚种间杂交稻组合,得以迅速投入大面积试种,结果各方面表现良好,可比原有三系法杂交水稻普遍增产5%以上。1995年8月,袁隆平终于在湖南怀化召开的"863"高科技计划两系法杂交中稻现场会上,宣布我国两系法杂交水稻研究历经九年努力,已获基本成功,可逐步大面积推广应用。

两系法杂交水稻的成功投产,罗呵呵立了大功。因为他培育的培矮64S两用核不育系,是全国第一个实用性两用核不育系,而且这个不育系的株叶形态独特,极容易选配出高产优质的两系组合。他和另外一些研究人员利用培矮64S做母本共同选育的几个两系新组合,都在全国区域试种中产量名列前茅,培矮64S核不育系原种也在市场上大为走俏。

袁隆平一诺千金,除了给他一次性大奖之外,还决定此后每年都从培矮64S核不育系原种和其他优秀组合种子的销售总收入中提成8%给他做后续奖励。今后其他科研人员取得优秀成果的,也一律照此办理。

这一来,罗呵呵立时就成了10万富翁,而且算来不出20世纪,就有望成为百万富翁。

"罗呵呵,这一回你的雅号应该改成'乐哈哈'了!以后该不会再喊穷叫苦了吧?"授奖大会结束后,袁隆平跟罗呵呵开玩笑说。

罗呵呵是老同事中故事最多最有趣的人,袁隆平跟他在一块儿就有说不完的笑话。1988年袁隆平曾带他去日本访问,并亲自教他系领带,但教了老半天也没教会,到达日本后,他那领带便再也不敢解了,每天晚上系着睡觉。日本主人设宴招待时,别人吃一碗饭就吃饱了,他一连吃了三碗,还想要第四碗。

袁隆平在桌下踢了他一脚，他才恋恋不舍地放下了碗。事后，袁隆平说，你小子可别弄得日本人以为我们中国学者都是刚从饿牢里放出来的！他却"嘿嘿"一笑说，跟着你老兄出来真没意思，连饭都吃不饱。但每当人们笑话他时，他都会笑呵呵地否认说，没得事啰。现在，见袁隆平又笑他有钱该高兴了，他却反而愁眉苦脸地说："我现在连老婆都没得了，还有么子心思'乐呵呵'啰！这人生真是难得两全啦。过去老婆在身边又没得钱；如今有钱了，又没得了老婆。"

前些年，虽然同事家属们帮他做了不少工作，他老婆还是在1994年跟他离婚了。因此，他心里想，这钱要是来得早两年该多好。可是，科学就是这么严酷，一招没过关，就弄得他一天拿不到奖金；直到老婆都跑了，这赵公元帅才来叩响他的门扉。

"傻鸟，有了钱还愁没老婆！凭你现在的身价，随便去长沙街头晃一晃，二十岁的漂亮小姐都会跟你跑。"这时，旁边有年轻人插上来逗趣说。

"罗呵呵，你可别听他们这些毛头小子瞎怂恿啊！照说，你老婆把你卖了，现在你自由反倒是真自由了。但你还是得谨慎'测交'，找个年龄相当的，认认真真成个家。要是你老婆愿意跟你'回交'，你最好还是把原来的老婆请回来。要不，将来你两方亲属争遗产可会争得打死人呢。"袁隆平亦真亦谐地说。

"哎呀，袁老师，您这是什么观念啦！还叫人家去跟那黄脸婆'回交'？即使是正经的'测交'，都该专找年轻漂亮的'交'。人家罗老师才不过六十岁，现在有些女孩子可爱找有钱的成熟男人啦！我们罗老师也辛苦大半辈子了，好不容易才获得了自由解放，又恰好碰上发了财，还不该乐得多'测交'几个享享艳福？"几个年轻人一齐嚷着反对袁隆平说。

"哈哈，你们这些小子专会使坏啊！我们老罗这般炉火纯青地历练了，他会上你们的当吗？"袁隆平拍了拍罗呵呵的肩膀，笑着说。

"袁老师，这您就小看我们罗老师的思想开放程度了。我可以肯定，罗老师心里现在正在投我们的赞成票。别看您是院士、领导，在这个问题上，您对我们罗老师的影响可十分有限。"年轻人还是七嘴八舌争论着。

"哈哈，老罗，是吗？"袁隆平笑着问罗呵呵。

"嘿嘿！你们尽拿我开玩笑。"罗呵呵含糊其词，笑呵呵地说。

于是，大家一齐哄笑着各自回家了。

然而，更令人羡慕的还在后头呢——到2002年2月，罗呵呵的这项优异成果获得了第二届国家科学技术一等奖，在人民大会堂党和国家领导人出席的颁奖仪式上，罗呵呵春风满面地上台接受了9万元人民币的奖金和荣誉证书。回到家里，袁先生和研究中心党委还决定再奖给他20万元人民币另加一辆别克牌轿车。

四、管理问题

尽管差不多所有中国科技界人士都缺乏足够的思想准备，市场经济的大潮还是波涛滚滚地冲进了中国的各级各类科研院所。作为应用科技专业研究院所的湖南杂交水稻研究中心，自然是赶在潮头。前文已有提及，由于国家拨款有限，科研院所穷得可怜；但有的科技人员身怀绝技，足以凭技术走上市场找到饭吃。因此，早在20世纪80年代末，湖南杂交水稻研究中心就有一些科技人员偷偷地做起了种子买卖。

袁隆平是位菩萨心肠且崇尚自由原则的人。除了科研任务必须完成之外，对科研人员的所谓思想政治工作，以及业余活动等，他一般是不加过问的。既然国家给予科技人员的工资有限，有的人有这种活动能力自己去赚一点，又有什么不可以呢？他们也是有情有欲的人呀，谁不指望日子过得宽裕一点？袁隆平心里想。

但是，随后却发生了几个方面的问题。一是个人富了，研究中心还是穷，科研经费紧张的问题并没有获得解决，于科研无补。二是部分精力偏重营私的人富了，另一部分专心公干的人反而没有富，因而难免有些怨言。三是这种买卖不具有光明正大、名正言顺的条件,以至于经营分散,规模小,效益低,实际大家得利都还不够多。最为严重的是,有的科研人员擅自以杂交水稻研究中心的名义将自己选育的尚未经过审定的杂交新组合种子卖出去,结果出了问题,人家用种单位找到中心来向公家索赔,败坏了中心的名誉;还有一名研究人员擅自提供中心的信誉证明给社会上的个体种子经销商销售伪劣种子,竟至于犯罪,被检察院逮捕归案。

鉴于以上种种弊端,要求中心成立正式的经营机构,取缔科研人员个人经营的呼声日高。袁隆平对于这方面管理素无研究,也可以说毫无兴趣,大家都这么说,他就从众。于是,成立了几个公司,让几位有经营兴趣的人士各领一个,分头经营,按事先议定的数额给中心上缴一定利润。但由于缺乏强有力的统一主管和必要的监督机制,结果几年经营下来,有的公司毫无利润上缴,有的公司略有亏损,还有个公司一锤子买卖就被一港商骗走50多万元,整体经营效益自然也就只能是一个负数。还好有了总理给的1000万元,省里给的500万元和国家开发银行贷的500万元,否则,别说建什么国家杂交水稻工程技术中心,连维持湖南杂交水稻研究中心都会成大问题。

袁隆平气得发跳。他把几个有关人员叫来大骂了一通,宣布撤了他们的职,连个别无辜人员都被他训哭了,他一辈子都没发过这样大的火。但事后想想,发火骂人又有什么用呢?撤了经营人员的职又有什么用呢?撤了一个经理,就瘫了一个经营单位;骂错了无辜的人,还伤了同事感情。怪只怪自己不懂经营管理,关键是要找到一个得力的经营管理助手。

思路明确了,心情也平静了,他先去向被他骂错的人道了歉。这是他的为人特点,即便是领导,他也从不使别人在自己的权威之下受委屈。对于他来说,向下属道歉不是什么为难之事。他甚至没有什么上下不同的身份观念,他和研究中心的每一个工作人员均取完全平等的态度。谁都可以就任何问题和他展开争论,谁都可以对他的批评提出反批评。他下棋玩牌要是输了,该钻桌子,他就规规矩矩地钻;遇上开心事,别人怎样手舞足蹈、拍手大笑,他也怎样手舞足蹈、拍手大笑;他永远装不出那种庄重如山、威严如虎的领导形象,尽管他身居省政协副主席高位。他当然也有权力,但他从不靠弄权逞威来领导一个单位;他靠的是学高德昭,十分自然地影响人、引导人、带动人。他连分配科研任务都从不命令谁谁谁必须干什么,而是商量着问人是否愿意干什么;更多的情况是在他提出的大思路之下,由科研人员自己提出想搞的具体课题,一般只要是有益的尝试,他无不乐于支持,他在很大程度上是一名精神领导。但是,现在事实证明,在市场经济大潮的冲击下,他的精神领导已经约束不了各式各样纷繁复杂的市场行为,研究中心的科技开发要是没有一个强有力的组织管理,就会乱成一团糟。显然,自己作为一名已经定了型的纯粹科学家,是不可能八十岁学吹鼓手,转而拿出太多的精力去研究经营管理了。因此,接下来,他便急需要找到一个有现代市场经济头脑,且有很强的组织领导和经营管理能力的新助手。

正所谓踏破铁鞋无觅处,得来全不费功夫,他在一次偶然的与人交谈中,得知他的那个在饥荒年代曾经吃过他一脸盆萝卜的学生、现任安江农校校长的全永明,近两年来和校党委书记李必湖同心协力,把个安江农校搞得红红火火,学校升格为全国重点中专,经营收入每年超百万元。这个学生还有过在基层当区长、县农委主任、副县长的组织领导工作经历,正当年富力强。恰好1995年12月,湖南杂交水稻研究中心已正式改建为国家杂交水稻工程技术研究中心,升格为副司局级单位。把这个全永明平调过来当个抓市场开发和经营管理的副主任,恰当其任。

"全永明,1961年你曾经一口气吃掉我一脸盆萝卜,记得不?"一日,趁全永明来长沙开会,袁隆平把他叫到家里来笑着问。

"袁老师,师恩难忘啊,我怎么能不记得?叫我惭愧的是,我至今无法报答您。官您比我大,钱您比我多,我能想象出来的东西您全有,连我见所未见、闻所未闻的东西您都有了。我能报答您什么?"全永明也笑着说。

"我哪有钱呀?我个人这点钱全部拿出来也办不起一个研究所呀,要不是总理和省委帮忙,我这研究中心都要关门了。你刚刚说到报答,我这回还真等着你来报答呢!我想请你出山,来帮我抓一抓市场开发和经营管理。我历年向政府'讨钱'来维持研究，都'讨'得不好意思了，今后我们再也不能单纯向国家伸手等、靠、要了。科研的开展，要逐步转向靠市场开发、自我创收来支撑。我们的杂交水稻是应用技术，国内国际有广阔的市场发展空间。过去哈默博士说我可以成为洛克菲勒第二我还有点不理解，现在站在这市场边上一看，确实觉得前景非常可观。但我们这里的人都不懂经济，这几年经营搞得乱七八糟，不仅没赚钱，反而贴了本，正所谓'书生经商，举家喝汤'是也！因此，我就想到了你。你看怎么样？"袁隆平认真地说。

"哈哈，这还有什么说的？别说吃过您一脸盆萝卜，就是一般师生情谊，您老师有召唤，我也理当挺身供您驱驰呀。而且不谦虚地说，袁老师，我还真觉得自己恰当此任呢！不过，这怎么能算是让我报答您呢？这不是为了国家的事业吗？况且，明明是您再度施恩于我呀！"全永明摩拳擦掌地说。

"你愿来，我很高兴。你来报答了国家，也就报答了我。不过，你可得有个思想准备，在这里可不如你在县里和学校那样位尊权显，可以呼风唤雨，有人趋奉，有人服侍啊。你到这里来，虽然名义上还是一个正县级副主任，其实就是给科研人员当服务员，真正的公仆，赚的钱来给大家用，人家用了还不一定说你好！所以，我再给你一个考虑的机会。你要是后悔了刚才的表态，在未办理调动手续之前，还可以随时收回。"袁隆平郑重其事地说。

"嗨，袁老师，能到您身边来工作就是学生的福分。我知道您这里专家云集，谁都不会买一个副主任的账，但我乐意为大家服务，尽全力协助您把杂交水稻研究这份对国家和人类都极其有意义的事业搞得更加兴旺。您都已经为国家做出多少奉献了，我跟着您做点奉献还有什么可犹豫的？只要老师您不嫌弃，这事就算说定了！"全永明爽快地说。

"好！你这么说了，那我就要向省委组织部报告了。你回去跟李必湖转告一下我的意思，请他支持这件事。"袁隆平高兴地说。

可是，在具体调动过程中却出现了一点小小的意外。原来，由于全永明在安江农校建树颇丰，很得人心，该校130多名教职员工都舍不得他走，竟联名给袁隆平写信，请他"恩准"暂时别把他们的好校长调离学校。袁隆平看到这封落款署着 130 多个签名的谏书，不由得心软了一下，于是再次征求全永明本人的意见，见全永明来中心服务的决心很硬，这才最终确定把他调了过来。

1996 年 1 月，全永明正式到中心上班。他在袁先生的大力支持下，依靠集体决策的力量，对整个中心的开发经营进行了大刀阔斧的整顿，建立了健全的经济责任和管理规章制度，曾一时令袁先生头痛的开发经营问题，从此总算走上了正轨，当年即赢利 95 万元。后来，到 1997 年赢利 210 万元，1998 年达 857 万元，到 2000 年已超过 2000 万元。

袁隆平的一块心病，终于霍然而愈。

五、"西天"传经

1992 年 7 月 28 日，在新德里印度农业部的报告厅里，袁隆平以联合国粮农组织首席顾问身份做完了一场杂交水稻学术报告。印度农业部顾问斯瓦米纳森博士刚陪袁隆平走下讲台，就被十几名特殊听众团团围住，一个个热情地抢着跟他握手拥抱，"袁老师，您好"的问候声不绝于耳。

原来，这些听完报告不肯离去，必欲与袁隆平亲近一番的特殊听众，就是自 20 世纪 80 年代以来，曾先后到中国湖南杂交水稻研究中心接受过技术培训的印度科研人员。他们在自己的祖国见到久别的中国导师，自然分外亲热。特别是当袁隆平摸着后脑勺，叫出了他们中间几个人的名字时，这些学员更是一片欢笑。大家争着要请他去家里做客，直到斯瓦米纳森说部长先生正在设宴恭候，他们才一一留下名片，欢快地散去。

在斯瓦米纳森博士的卓越领导下，印度是推广绿色革命成果最积极的发展中国家之一。20 世纪六七十年代，斯瓦米纳森博士任农业部部长期间，大力推进第一次绿色革命，曾使印度大受其益。20 世纪 80 年代，斯瓦米纳森博士在任菲律宾国际水稻研究所所长期间与袁隆平和他发明的杂交水稻结缘。20 世纪

90年代初，斯瓦米纳森博士卸任所长回国担任农业部顾问，对杂交水稻在印度的推广又不遗余力。所以，当袁隆平这次到达印度时，印度已经开始使用从中国进口的三系法父、母本原种进行杂交制种了。

"非常感谢您为我国培养了这么多杂交水稻专家，袁先生。他们早跟我谈起过您毫无保留地给他们传授技术的情况。但是，要按照您传授的技术途径，让我们的专家自己重新从大自然中找到天然育种材料，来培育新的雄性不育系、保持系和恢复系，那非常艰难。因为找到有用的天然材料的概率实在太低了，您为什么不给我们提供一些基础材料，让我们的专家来测配新的优势组合呢？"学员们散去后，斯瓦米纳森礼貌地问袁隆平说。

"阁下，这个问题涉及我国的技术出口政策。三系杂交水稻技术和育种材料都是允许出口的，但目前还不允许无偿提供。因此，希望您介绍贵国有兴趣的企业，到我们研究中心去商谈，在双方认为条件适宜的情况下，是可以成交的。"袁隆平委婉地回答说。

这件事过去曾使袁隆平颇为尴尬，因为，他当时也尚无什么知识产权观念，总以为既然要使杂交水稻走向世界，尽快给全人类带去福利，那就应该将一切都毫无保留地无偿献给世界。所以，他当时向一些国际友人和菲律宾国际水稻所都曾做过提供材料的许诺，但国家有关部门却把不育材料作为国家专利给控制了。这使得他向一些国际友人做出的许诺不能兑现，从而引起了一些朋友的埋怨。斯瓦米纳森便是其中之一。

现在回过头来看，国家的保护措施是正确的。一项科学发明，对于世界的贡献，并不在于一定要无偿捐献。卖给世界，使之在世界范围内发挥普遍的作用，也是贡献。无偿捐献了，人家也不见得怎样特别感激你。我国古代先民曾向世界无偿献出了使整个地球改变面貌的四大发明，可外国"徒弟"们照样拿了中国人教给他们的发明来打他们的中国"师傅"。所以，一个国家只有先进、强大、富有了，才会得到世界的真正尊重。所以，现在袁隆平也能够以科技贸易伙伴的身份，理直气壮地与国际友人谈论知识产权的有偿交易问题了。实际上，他已经把杂交水稻知识产权的精神部分，无偿地捐献给世界了；只有物质化了的那一部分，还握在手里。如果把这一部分也无偿捐献出去的话，那么自己的研究所就会连维持简单再生产的财力都没有了，到那时，世界上谁又会来管你呢？因此，他再也不受斯瓦米纳森博士的情绪影响，从而产生负疚心理了。

果然，经他委婉地一说明，斯瓦米纳森也就顺势表示说："贵国政府坚持要实行有偿转让原则，我们也可以理解。但我们希望贵中心今后能多提供一些优良组合，给我们进行栽培试验，以便选出适于本国水土和气候的品种进行大面积推广。"

"这没问题。不仅优良组合可以多提供，我还会建议联合国粮农组织拿出一定资金，选派我国专家多来贵国进行具体指导。我们都是发展中国家，自身财力有限，联合国粮农组织理应在这方面多尽点责任。"袁隆平爽快地说。

"那就太感谢您了，您的到来，倒又使我想起了贵国唐僧取经的故事。不过，今天，情况已经倒过来了，是我们派人去您那里取经，而您则是来'西天'传经啦！哈哈！"斯瓦米纳森博士风趣地说。

"所以我们两国人民的友谊是源远流长的，我们都应当好好珍惜啊！"袁隆平想起某些印度高官在中印关系问题上的种种不良表现，不由得感慨地说。

袁隆平的讲学和指导活动，始终受到印度农学界的热烈欢迎。因此，在1992—1993年内，他三赴印度，使印度的杂交水稻种植热潮迅速高涨，很快达到数十万亩的规模，并在20世纪末达到了20万公顷。

为加强与联合国粮农组织的合作，迅速扩大中国杂交水稻的国际市场空间，20世纪90年代的最初几年，他以该组织首席顾问的身份，在印度、越南、缅甸、孟加拉国、斯里兰卡等国进行了穿梭指导和讲学活动，先后提供了51个杂交组合在南亚和东南亚地区各国进行试种，筛选出来多个适宜品种在各国推广，受到各国官方和民众的广泛欢迎。尤其是越南，从我国广西引进种子极其方便，因而捷足先登，到1995年前后就发展到了十数万公顷播种的规模，到20世纪末已达25万公顷。还有更多的国家在引颈观望，杂交水稻走向世界，已不再是梦想。

由于袁隆平对世界粮食生产的重大贡献，联合国粮农组织决定于1995年11月，在加拿大魁北克市隆重举行该组织成立五十周年的庆祝大会上，给他颁发世界粮食安全保障奖。事前，该组织驻北京办事处主任库瑞希博士专程到长沙向袁隆平转告喜讯。从长沙回到北京后，他又立即给袁隆平写信说：

尊敬的袁先生：

我回到办公室后的第一件事，就是为我最近来贵所访问所受到的热烈欢迎和特别礼遇向您表示衷心的感谢。

……我们大家都认为杂交水稻为中国的粮食安全和农业保障做出了巨大的贡献。在加拿大魁北克联合国粮农组织庆祝成立 50 周年这么隆重的场合上，粮农组织将世界粮食安全保障奖颁发给您是再适宜不过的了。

在过去的 50 年中，虽然联合国粮农组织为全球的粮食保障做了努力并取得了一定的进展，但是目前世界上仍有不少人正忍受着长期营养不良的折磨。作为领头人，联合国粮农组织总干事创立了一个粮食生产的特别项目（SPFP）来支持解决低收入、粮食短缺国家的粮食安全问题（LIFDC），在 SPFP 项目的前期，将选定包括中国在内的 15 个国家率先进行实施，杂交水稻技术可能会在这些国家中采用和推广。在这方面，我向您保证联合国粮农组织将继续支持贵中心，并希望湖南杂交水稻研究中心在不久的将来成为一个国际中心。

库瑞希
1995 年 11 月 6 日

联合国粮农组织意欲在 15 个国家推广杂交水稻技术，无疑将给袁隆平的杂交水稻种子市场开发带来新的机遇。而将由粮农组织在长沙举办的更频繁的国际培训和交流活动，也有助于本中心进一步向国际中心的地位迈进。到加拿大受奖回家后，在袁隆平的主持之下，国家杂交水稻工程技术研究中心即于 12 月 16 日在原湖南杂交水稻研究中心的基础上宣告正式成立。这也是向国际中心迈进的重要步骤之一。

第七章

新的标杆

一、超级稻领先世界

1999年年初，美国《科学》杂志专文介绍了目前国际上最有希望的两条作物超高产育种途径。首先介绍的第一种，就是袁隆平的超级杂交水稻选育途径；第二种是通过遗传工程手段提高光合作用的途径。但随后，国际农业磋商组织在向其会员转发这篇专文的时候，干脆又删除了后一条介绍。于是，在该国际组织眼里，目前世界上最切实可行的作物超高产育种办法，唯有袁隆平的超级杂交水稻育种模式。

超级杂交水稻育种的概念，最早源于日本。1980年，日本农业部门制订了一个水稻超高产育种计划，要求在十五年内育成比原有品种增产50%的超高产品种，即到1995年要使稻谷亩产达到625~812.5公斤。

1989年，菲律宾国际水稻研究所又提出了一个"超级稻"后改称"新株型稻"育种计划，正式出现了"超级稻"概念。该计划目标是到2005年育成单产潜力比现有纯系品种高20%~25%的超级稻，即生育期为120天的新株型超级稻，其产量潜力应达12吨/公顷，合亩产800公斤。

1996年，我国农业部正式立项提出了中国超级稻育种计划。要求到2005年杂交水稻亩产达到750~800公斤，比现有品种增产30%以上。至此，培育超级稻成了水稻科研主流国家共同角逐的项目。但是不同的技术路线，导致了很不相同的结果。

实际上，袁隆平从1985年起就一直在寻找一条切实可行的超级稻育种途径和理想模式。1985年，为了因应日本人的超高产计划，袁隆平在其当年发表的重要论文《杂交水稻超高产育种》中，首次提出了中国杂交水稻超高产育种的目标为，争取在1990年达到（以全生育期日平均计算）早稻每亩日产5.5公斤，晚稻每亩日产6公斤。即如某品种全生育期为120天，做早稻则亩产应达到 660 公斤，做晚稻则应达到 720 公斤。这个想法比农业部正式立项研究超级稻早了 11 年。1997 年，根据已经变化了的情况，参照农业部拟定的产量标准，袁隆平再次以《杂交水稻超高产育种》为题，提出了一个全新的杂交水稻育种理论设计方案。

这个方案的产量指标是，在国家第十个五年计划期间（2005 年前），达到每公顷日产稻谷 100 公斤（此外，还要求米质达国家二级优质米标准，抗两种以上水稻病虫害）。即如某品种全生育期为 120 天，其亩产应达到约 800 公斤；如生育期为 130 天，则亩产应达到约 867 公斤；其余依此类推。之所以要以每公顷日产量为标准，一是该标准为国际通用；二是因为生育期越长的水稻产量也越高，反之亦然，所以不能要求不同生育期的水稻品种，达到同一个产量指标，以全生育期平均日产量来衡量一个品种的高产性能最为科学合理。

接着，他以本中心与江苏农科院共同选育的两系法亚种间苗头组合培矮 64S/E32 为实例，提出了库大源足，以增源为核心，选育叶片长、直、窄、凹、厚，冠层高而重心低的超级稻优良株叶形态模式。同时，指出其技术路线为三个利用：利用亚种间杂种优势，利用野生稻中的增产基因，利用新株型超级稻配组。

这个株叶形态模式和技术路线，是在日本的超级稻育种计划宣告未能成功，准备延期十年实现，而国际水稻研究所的新株型水稻育种计划亦被美国《科学》杂志讥评为一个受到了挫折的计划（a study in frustration）的情况下提出的。它的最大特点和新意，就在于它认真吸取了日本和国际水稻所同行在过去的育种理论设计和实践中重库轻源的教训，突出地强调库大源足，是水稻超高产的前提。所谓"库"，就是指水稻的穗，因为它像是一个储藏粮食的小仓库；所谓"源"，就是指利用光合作用将太阳能转化为果实的叶片，因为它是果实获得能量，赖以形成的源泉。过去日本和国际水稻所的株型设计，都是片面追求一定单位面积内较多的穗数、每穗较多的粒数和尽可能高的千粒重，而没有充分考虑到怎样的叶片形态才具有最高的光合效率，才能为所设计的"大库"提供足够的能源。

现在，袁隆平设计的叶片长、直、窄、凹、厚，冠层高而重心低的超级稻优良株叶形态模式,则在考虑"大库"的同时,很好地解决了开源的问题。叶片长、直、窄、凹、厚,冠层高,最有利于发挥叶片的光合效率;重心低则可以抗倒伏,防早衰。其试验样本培矮 64S/E32 在江苏小面积试栽,理论亩产 930 公斤,实际亩产达 858 公斤,米质达到国家二级优质米标准。

"袁先生,您正式宣布超级稻具体设计方案最迟,但是,您一提出理论设计,试验样本就已接近达到目标了。您这真叫后发制人啦! 1989 年我在纽约举行的新闻发布会上宣布计划的时候,曾经引起热烈的反响,但现在我们的研究还没有到期,《科学》杂志就在给我们泼冷水了。"在一次国际会议上,国际水稻研究所育种室主任库西博士跟袁隆平闲聊时说。

"我宣布设计时间虽晚,但实际研究时间比您还长呢!我是'不见鬼子不挂弦'啊。"袁隆平笑着说。

"什么是'不见鬼子不挂弦'?"库西显然没听懂袁隆平最后一句话的意思,于是瞪着眼睛疑惑地问。

"哈哈,对不起。为了解答库西博士的问题,我现在要讲一讲我国人民抗击贵国侵略的故事了。"袁隆平见站在库西旁边的日本教授桥本先生也正饶有兴趣地看着他,便先幽默地向桥本教授打了一针预防针,然后才对库西解释说,"我这是引用我们中国电影《地雷战》中的一句台词。中国抗日战争时期,我国民兵发明了一种土地雷,要用绳子拉动了地雷的发火装置'弦',这地雷才会爆炸。民兵为了不发生误伤事故,就每次都等到'鬼子'也就是日本兵正向埋雷的路上走来时,才把绳子挂在雷弦上;等'鬼子'踩上地雷时,他们就把绳子一拉,准保把'鬼子'兵炸他个人仰马翻……"

"哦——所以您为了防止设计失误,也故意等到试验接近到理想结果时才'拉弦爆炸',是吗?"库西兴奋地抢着说。

"是的,您理解得很准确。"袁隆平回答说。

"库西博士,袁先生的做法并不奇怪。中国人最怕丢面子,所以他们的研究历来都是把包含着失败的试验过程藏起来,最后光宣布成功的研究结果,使人觉得他们好像从来没有经历过失败似的。其实一项试验研究出于种种原因而不能如期获得预想结果的事，是很正常的，并不会丢面子。"桥本教授接着坦率地说，"袁先生，请不要以为我这是对您讲的故事的报复。我对您讲的故事并没有反感，我也是反对军国主义的，我只是想讲讲大实话。"

"桥本先生，您对中国人爱面子的分析，不能说没有一点根据。但对我来说，主要还不是因为这个。我过去研究三系配套时，前七八年都没有成功，走了很多弯路，不也宣布了吗？我们研究两系杂交水稻不也很早就宣布了吗？我现在之所以小心翼翼，是因为我如果拿错了主意，会对全国造成很大的影响和浪费。我们哪里摆得起你们那样大的排场呀，我们只能用不到你们十分之一的经费来办跟你们一样大的事情啊。"袁隆平也坦率地说。

的确，中国科学家的国家责任感，一般外国同行是很难理解的。像袁隆平这样担着国家高科技研究项目负责人的科学家，他提出的研究计划，国家一般都会批准；一旦提出的计划失误，必然要造成科研经费的浪费。因此，不是很有把握的事情，他是不会乱讲的。他只能说到做到，不放空炮，这样，他说话的难度也就随着说话的分量一道增加了。

"爱面子其实并不是坏事，这是你们东方民族含蓄性格的一个组成部分。不管怎么说，袁先生都已是优胜者了，我们有理由预祝您的目标早日实现。我更佩服中国科学家的刻苦耐劳精神，西方科学家要都能像你们一样，那不知要多取得多少成就！"库西博士感慨地说。

"库西博士，我的技术路线里还包含有利用您的研究成果的条款哪。所以，我们要进一步加强合作。我也希望您的新株型水稻能取得大的突破，虽然目前它们还有一些缺陷。"袁隆平说。

"那当然。尽管《科学》杂志给我泼冷水，但我还是很有信心的。"库西博士说完，接着又转向桥本教授笑问："你们日本'鬼子'有信心吗？"

"这几年你们美国时常有人惊呼'日本人要买下整个美国'，既然你们整个美国都能够被我们买下来，那你们能做到的事，还有什么是我们做不到的呢？"桥本也笑着幽默地说。

"你们日本'鬼子'就是野心大啊！哈哈！"库西不由得哈哈大笑说。

于是，袁隆平和桥本也一齐愉快地大笑起来。

超级稻研究计划一经提出，就涉及大笔经费问题。国家杂交水稻工程技术研究中心的市场开发虽已走上正轨，经营利润正在以超几何级数增加，但对于袁隆平的研究目标来说，这点收入也还只能算是杯水车薪。尤其是在袁隆平的技术路线中，包括了利用野生稻中的增产基因这一条重要途径。通过这条途径，必须启动基因转移的分子生物工程。如果想得到全套完整的设备，那么光建立一个必要的生物分子实验室就需要将近 4000 万元人民币的资金投入。目前在国内，好像就只有北京大学副校长陈章良博士拥有一个。

袁隆平多么希望能有这么一个实验室呀！但是，鉴于国家的实际经济情况，他连提都不敢提。为了解决这个矛盾，自 20 世纪 80 年代末起，袁隆平就利用自己的国际名望，从美国洛克菲勒基金会为中国争取到生物学奖学金资助名额，于 1988 年首次派出自己的硕士毕业生谢放鸣赴美，在康奈乃尔大学坦科里斯实验室主任苏珊博士门下，一边攻读博士学位，一边合作研究。1990 年以后又相继派出肖金华、李继明、李新奇、符习勤等多名硕士生利用洛克菲勒基金资助赴美国或澳大利亚，一面继续深造，一面利用国外设备兼顾研究。

康奈尔大学坦科里斯实验室是世界一流的生物工程实验室，该实验室主任苏珊博士是袁隆平的老朋友，也是国际知名学者。她非常高兴地接受了袁隆平的委托，既热情指导肖金华等人完成博士学业，又积极支持他们在实验室研究中国带来的课题。1995 年，肖金华和李继明终于利用坦科里斯实验室的有利条件，从马来西亚野生稻中发现两个重要的 QTL 基因位点，据测定，每个基因位点都具有比三系高产杂交组合威优 64 增产 18% 的效应。

所谓 QTL 基因，就是数量性状基因。它虽是有利的增产基因，却伴随有某些不利基因，致使性状不够稳定。这两个基因位点送回国内后，还有待于采用分子生物工程技术把不利基因剥离去掉，然后用建立近等基因系的办法，将去掉了不利基因之后的纯有利基因定位，并将它们克隆出来，再转移到其他水稻中去。这些工作不便在国外做，因此必须有一定的资金购进基本设备，抓紧在本中心自己开展工作。

可是，这笔基本设备费，起码得上千万元，光叫湖南省拿，显然不够公道。如果以正常程序向中央政府有关部门打报告要钱，那公文旅游不知得游到何时方能有结果。唯一的办法，还是直接找总理。

于是，袁隆平就写了个报告直接寄给朱镕基总理。

由于上次有过李鹏总理准备给3000万元，实际只要1000万元的经历，因此，这次已升任为常务副主任的全永明在准备报告前便跟袁隆平说："袁老师，这回我们可别再吃亏了。好不容易向总理伸一回手，少也是要了一回，多也是要了一回，我们还不如多要一点，写上个5000万元。这一方面是研究超级稻和研究一系法远缘杂交制种技术的客观需要；另一方面，根据我们在基层工作的经验，一般上级领导批经费，都会在下级提出的请求数额上打点折扣。我们请求给5000万元，准备被总理打掉2000万元的折扣，实际能得3000万元，那么，您的分子实验室就有指望了。"

"你们这些人真是笑话，上回得了人家总理1000万元，还说是吃了亏！像你们这样人心不足蛇吞象，把中国人民银行全送给你们，你们还会说吃亏呢！你还是给我写1000万元吧。我估计我们紧着点用，有这个数目已可望把超级稻成果拿出来了。至于分子实验室的事，还是放到下一步去考虑吧。"袁隆平果决地说。

"我说袁老师，您这下一步该下到什么时候？难道我们还能每年直接给总理打个要钱报告吗？"全永明还是坚持说服先生说。

"干吗要年年直接向总理要钱？我还不可以向你要钱吗？下一步你得给我到市场上去把钱赚回来呀！"袁隆平笑着说。

"嘻嘻，袁老师。实话跟您说吧，我要是100%地按照您的指导思想去做生意，那别说是给您赚进一个分子实验室，能给您保住不亏本就算不错了！"全永明诡秘地笑着说。

"你这话怎么讲？"袁隆平疑惑地问。

"我只举一个例子，去年我们的20万斤不育系原种，本来最少可卖20块钱一斤，可您硬只许我们卖9块钱一斤。这一锤子买卖，我们就白丢掉22万元利润了，结果就只够保本。您想想，您这样能赚到钱吗？"全永明不无感慨地说。

"那不是为了让利给农民吗？农民苦啊，太贵了人家买不起。种子成本高了，种田收入就得下降呢。"袁隆平说。

"袁老师您真是天真哪！您知道我们那批种子最后到达农民手里是多少钱一斤吗？26块呀！这是国家政策的最高限价，钱都给中间商赚饱啦。我们不可能面对千家万户农民开展零售，让多少利，都让不到农民手里去。我自己就是农民家庭出身，我还能不同情农民吗？可做生意有做生意的规律，您这科学家的良心用到生意场上去，除了吃亏上当之外，是发挥不了其他任何作用的。"全永明坦率地说。

"哎呀！那我可不知道，那中间商也太黑心了。"袁隆平不无遗憾地说。

"黑心是黑心呀，可人家没有违反政策法规，属于合法经营。有的经营单位钱赚得特多还受到上级的表彰和奖励呢！这说明市场规律跟遗传学规律是不同的，良心道德与政策法规也不完全是一回事。"全永明说。

"好，我接受你的批评！今后我不再干预你们做生意了。你们需要我当傀儡的时候，我就出来给你们撑撑场面，实际问题你们一切见机行事好了。"袁隆平爽快地说。

"您给了我这把尚方宝剑，我就有信心多赚点钱了。不过，给总理写报告，是不是也还是多写一点儿？"全永明期盼着问。

"哈哈，你这小子还在想着多向总理伸手啊！那不行！既然你有信心自己多赚，那更不能多向总理要，你还是写1000万元吧！"袁隆平最终还是坚持说。

"您看，您刚刚还说不干预我做生意，这不又在干预吗？"全永明故意跟他诡辩说。

"哈哈哈哈，这种无本生意还用得着你去做吗？这生意才真正是该我去做的啦！你只不过给我提提袋子罢了。你以为我就老糊涂了，连这点区别都分不出来吗？"袁隆平一眼就看穿了他的诡辩，于是大笑着反驳说。

这时，秘书辛业芸送来一份国家科技部发来的通知，通知说党中央、国务院决定于暑假期间，特别邀请他和其他 20 位杰出科学家到北戴河休假，为期十天，其间中央领导还将亲自来与他们进行座谈。辛秘书说 8 月 10 日要到达北戴河报到，现在就要回电确定带多少随员，以便安排食宿。

"小辛，你给我回电就说我请假，我哪有时间休什么假呀？"袁隆平几乎不假思索地指示说。说起来令人难以置信，他这一辈子还真的从未正式地休过一回假呢！人们听来都难免觉得可笑，人家只有在不能参加某一项本该参加的工作时才请假，哪有叫去休假还请假的？可他说请假已经说习惯了，开人大会他请假，开政协会他请假，开院士会他也请假；他老是请假，有的人就说他骄傲，可谁会知道连党中央、国务院邀请到疗养胜地休假这样既荣耀又舒服的好事他也会请假呢？

"行，照办！"辛秘书一面答应着，一面就要出去回电。

"哎，小辛别走！你坐下，我们再来商量一下。"全永明急忙把辛秘书叫住。然后转向袁隆平说："袁老师，我看 8 月的其他工作您还是放一放吧！我不是劝您去休假，我要叫您休假，您等下又要骂我。我就请您老人家出一趟征吧，我们不是正要给总理打报告吗？这报告与其寄到国务院去，不如由您亲自交到国务院去。说不定这回在北戴河，您还可以直接见到总理，那您递交报告的时候，还可以当面向总理做点口头说明。这岂不是天赐良机？您怎么能不去呢？"

听全永明这么一说，袁隆平犹豫了，他一时举棋不定地说："其他事情放一放好说，只是 8 月 14 日在北京举行的第十八届世界遗传学大会邀我去做一场学术报告，我已经答复同意了，这事可不能误了。"

"那不正好吗？北戴河离北京咫尺之遥，您在北戴河活动期间，抽一天空去北京做报告不就是了！"全永明说。

"嗯，你这主意还算不错。那怎么样？我们还是回电说去？"袁隆平转向辛秘书以征求意见的口气说。

"我完全拥护全主任的意见，而且我建议您带上师母一块儿去，因为通知规定可带配偶去。"辛秘书说。

"您看，您要不去，连师母都要跟着您亏死了。人家还没去过北戴河呢！这不正好把她带去开开眼界吗？反正这回全部费用国务院都包了，不去，浪费了多可惜呀！"全永明笑呵呵地说。

"你看，你这叫什么思维！不去，不就为国家节约了吗？怎么反说是浪费了呢？"袁隆平也笑着说。

"我这就叫市场经济思维，我认为只要是对我们中心有利，而又不违反国家政策法规的一切机会，我们都要逮住不放。否则，一律都叫浪费。"全永明说。

"那你不是以自我为中心了吗？"袁隆平批驳他说。

"是呀！可我这'我'是大我。我们已经有了不违反国家政策法规，也就是国家根本利益的前提，然后，我们的研究中心搞好了，回头还对国家和世界都有大利。那我这个'我'就应当得利越多越好。"全永明说。

"哈哈，你小子尽是诡辩。好吧，那就这么定了，带上你们师母一起去。"袁隆平终于最后决定说。

8月10日，袁隆平偕夫人准时到达北戴河报到。可是，他在北戴河只待三天，就要赶赴北京第十八届世界遗传学大会做报告。他在京做完报告之后，便再没有回北戴河接着休假，而是急着赶回长沙，准备下个月受联合国委托赴埃及视察时要做的学术报告去了。因此，党中央、国务院领导在北戴河接见休假科学家并举行座谈会的活动，他终于还是请假了事。

他在世界遗传学大会上的报告内容，就是"中国超级杂交水稻研究的进展"。这个报告，扣住了大会的主题之一——遗传学之于农业，核心问题就是要培育新的品种，以提高粮食和经济作物的产量和品质，实现人类在人口不断增加的情况下养活自身的目标，因而赢得了来自54个国家的遗传学界的2000多名与会代表的热烈掌声和喝彩。这也是美国《科学》杂志在几个月之后，以非同寻常的评价，专文介绍袁隆平的超级杂交水稻育种途径的动因之一。

但是，他放弃了一次在北戴河跟中央领导见面和座谈的极好机会，只好在8月13日离开北戴河时，把兜在身上的《关于申请总理基金专项支持超级杂交稻选育的报告》交给了国务院副秘书长徐荣凯，拜托徐副秘书长直呈朱镕基总理。

朱镕基总理7月23日刚刚看到一份新华社《国内动态清样》，这份清样内容如下：

我国两系法杂交早稻大规模示范成功

新华社长沙讯 据近日在湖南召开的全国"863"计划两系法杂交早稻示范现场会显示，我国湖南两系法杂交早稻10多万亩连片种植长势喜人，这项技术基本成熟，可以进入较快的发展时期，为解决我国南方早籼稻大量积压问题带来了希望。

目前，我国湖南、湖北、江西、安徽等主要产稻省，分别出现100亿公斤左右的早籼稻压库滞销现象，给国家和地方财政背上沉重的包袱。这次南方稻区各省区的代表和专家参观了湖南长沙至岳阳的10多个乡镇的10多万亩两系杂交早稻示范现场后，都感到精神振奋，为走出早稻米质差的困境增强了信心。专家们在长沙县黄兴镇新冲子村看到农民刘忠武3月19日播种的1.7亩"香两优68"，每亩有2.6万基本苗，经过测算，预计亩产可达524公斤。据湖南省农业厅测算，今年全省种植的31万亩两系杂交早稻只要后期无大天灾，预计亩产450公斤左右，比全省早稻平均亩产高50公斤以上，可实现早稻超晚稻的目标。

这篇报道显然引起了朱镕基的重视，他把它批给温家宝副总理阅。温家宝阅后即在清样上批示曰：

陈耀邦、朱丽兰、王茂林、杨正武同志：

湖南两系法杂交早稻大规模示范成功，是早籼稻改良技术的大突破。农业部、科技部、湖南省政府应对这项重大的研究开发项目给予大力支持，

> 加强领导，增加投入，组织力量协作攻关，尽快解决配套栽培技术、种子生产等方面的问题，力争早日推广。

这条由新华社报道的，引起朱镕基和温家宝如此重视的喜讯，恰好也正是袁隆平创造出来的。长江中下游地区的早籼稻米质差问题由来已久，可以说过去有史以来，直到改革开放为止，中国人民从来就没有过真正丰衣足食的时候，所以，过去人们还从来没有得到过挑食的机会。有碗饭吃就不错，还管得什么米好米差？可是，改革开放一搞，"麻烦"就来了，中国人也开始变得口刁了，吃肉要瘦的，吃蛋要鲜的，吃鱼要活的，吃米要香的，还要晶莹柔软的。于是，人们从来没有注意到的长江流域早籼稻米质差的问题也就显露出来了。一些不了解实际情况的人便以为是杂交水稻把米质搞坏的，其实，恰恰相反，这一地区的劣质米，90%是过去历来种植的常规稻生产的，正是因为有了杂交水稻，才给长江流域早籼稻米质的改良带来了契机。不过，在发展杂交水稻的早期，由于大家把注意力都主要集中在了增产上，因而当时培育的优质早籼稻组合确实太少，未能及时地满足吃饱以后的人们进一步要求吃好的愿望。

作为杂交水稻之父的袁隆平，自然而然地把改良长江流域早籼稻品质的任务一肩挑了起来。他早在1989年，就把当时正在美国得克萨斯任杂交水稻技术顾问的大弟子尹华奇召了回来专攻早稻米质改良；1995年，他又安排自己的第一名博士生武小金也投入早籼稻品质改良的攻关队伍。到1997年，尹华奇终于不负老师厚望，通过两系法用美国的爪哇稻与邓华凤培育的两用核不育系配组，培育成了高产优质的两系法早籼稻新组合"香两优68"，1998年破格通过省级审定，并在湖南进行大规模种植示范。于是，才有了以上新华社的报道。

看到朱镕基和温家宝的批示后，科技部进一步向袁隆平下达了到2003年，一共要拿出6个优质早籼稻新组合的任务，并落实了配套研究资金。1999年底，马上就可以继"香两优68"之后再审定一个优质新组合。长江流域早籼稻米质差的问题即将获得全面解决。如此重大的喜讯，总理看到怎能不高兴呢？

因此，在不到一个月之后，当朱镕基收到袁隆平请求给予总理基金专项支持超级杂交稻研究的报告时,他对袁隆平刚刚做出的新贡献还记忆犹新,对他眼下提出的又一项重大课题自然更是充满了信心。正如袁隆平所确信的,他并没有在报告所请求的拨款数目上打折扣,而是提笔即批曰:

    请岚清、家宝同志批转陈耀邦、朱丽兰同志阅。良种培育和基因转换的研究都很重要。同意按需要增拨经费,请农业部会同财政部落实。(请忠禹同志告袁隆平同志,国务院全力支持这个研究)

13日递交的报告,总理14日就签字批准,并且关照国务院秘书长亲自向报告人转达国务院全力支持的信息,这种信任和重视可不是轻易可得的!

8月底,袁隆平即收到了国务院秘书长王忠禹的亲笔信:

袁隆平同志:

    您写给镕基总理的"申请总理基金专项支持超级杂交水稻选育"的报告已收悉,镕基总理做了重要批示,现随函寄上,请查收。

    (按批示精神,本拟在座谈会上向您转达,因您请假未见,故写此信转达)

敬礼
王忠禹
一九九八年八月二日

消息传开,国家杂交水稻工程技术研究中心一片欢欣。人们奔走相告,为超级杂交稻的培育得到了中央财政的哺育而额手称庆。

"哇,袁老师,还是您面子大呀!两度向总理申请项目经费,两任总理一律毫无折扣,当即批准,这真是难得的待遇啊!"一名年轻研究人员在回家路上碰到袁隆平时,喜笑颜开地说。

"是啊,你们这些小子倒是好啊,拿了总理的钱也不要你们去'交账',

我可是在报告上给总理立了'军令状'的呀。到 2001 年，最迟 2003 年，要是拿不出超级杂交稻，就算总理不说我，我这张脸皮也没处放了。你们以为总理的钱是那么好拿的吗？向总理伸手，也就是给自我加压。"袁隆平深有感触地说。

"嘻嘻，您放心，我们也会自我加压，不会把您弄到炉火上去烤的。"小伙子说。

"嗯，你这话我还爱听。拿出行动拼命干吧，最终还要用成果来说话。"袁隆平乘机鼓励说。

当年冬，除原已显示超级稻苗头的培矮 64S/E32 之外，本中心研究员唐传道等人选育的培矮 64S/ 长粒爪和徐选 S/ 长粒爪在海南小区比试中理论产量均达到了超级稻指标，米质达到部颁二级标准。

1999 年春，本中心选育出又一个潜力很大的超级杂交稻苗头组合——徐选 S/98—105。4 月初，在海南三亚由袁隆平主持的 "863" 计划两系法杂交水稻全国协作年会期间，与会代表有幸提前参观了正在该中心海南基地繁育的上述苗头组合，感到很受鼓舞。同年秋，较成熟的苗头组合培矮 64S/E32 在云南的试种中，实收产量高达每公顷 17 吨（合亩产 1133 公斤多），大幅度地超过了国际稻作界普遍认定的每公顷 15.9 吨的水稻单产理论极限。

2000 年 3 月 31 日，又一次的国际水稻学术大会在马尼拉召开。袁隆平向来自世界 40 多个国家的 200 多名与会科学家报告了中国超级杂交水稻的大面积试种结果。人们再次为中国超级杂交稻的高产性能感到震惊，因为此时此刻，日本和国际水稻所连他们分别制定的 12 吨 / 公顷的超级稻产量指标都还未能实现，而中国的超级杂交稻苗头组合即已经在大面积试种中遥遥领先。就在此前的 3 月 28 日，菲律宾总统埃斯特拉达在其故乡内湖省实验农场参观从中国引种的普通杂交水稻时，已经得知了中国超级杂交稻苗头组合单产超过理论极限的信息。埃斯特拉达总统为此兴致勃勃地发表了长达一个多小时的即兴讲话，盛赞中国新型杂交稻（超级杂交稻）的广阔前景，声称菲国将以政府行为大力推广新型杂交稻的种植，以尽速解决该国的粮食短缺问题。

2000 年 9 月，国家科技部、农业部联合组织在湖南郴州市和龙山县对超级杂交稻首期目标进行了验收，表明袁先生的超级杂交稻育种研究的首期目标已经实现。第一批超级杂交稻苗头组合，实际上已在江南各地被农民广泛接受，正在自动地进行大面积扩种。

2001年，超级杂交稻研究接着向第二期目标推进。当年又选育出了一批具有超高产潜力，且米质好、抗性强的苗头组合，其中有的在小区试验中，已经达到或超过每公顷日产稻谷100公斤的第二期目标。

2002年，超级杂交稻研究继续顺利进展，当年已有6个超级稻新组合，在湖南省的11个百亩片的大区品种比较试验中亩产超过800公斤；其中5个片通过了农业部组织的专家组验收。这表明，超级杂交稻的第二期目标，已有望提前一年实现。

袁隆平自然是不会信口开河白拿总理1000万元专项基金的，尽管与他历来所做出的贡献相比，1000万元实在并不算多。

二、市场观念

尽管国家杂交水稻工程技术研究中心的课题研究还需要国家资助，但袁隆平本人却差不多已经成了被国际国内许多人一致看好的一棵"摇钱树"。除1979年美国圆环种子公司率先从中国种子公司引进三系法杂交水稻制种技术之外，1994年美国休斯敦水稻技术公司又开始与湖南杂交水稻研究中心直接谈判合作开发两系法杂交水稻种子国际市场；1999年7月越南驻华大使馆新任科技参赞阮加胜一上任，就给袁隆平来信，希望袁隆平能在越南建立杂交水稻生态实验点；随即美国商务处又来电，希望合作开发杂交水稻种子国际市场。而国内，除了国家杂交水稻工程技术研究中心本身必须开辟杂交水稻种子国际市场之外，湖南省农科院、中科院农业现代化研究所等众多单位，无不希望利用近水楼台的有利地位，抱着袁隆平这棵长青之树摇出大把钞票来。

这常常使得袁隆平颇为尴尬。进入20世纪90年代以来，袁隆平虽然对于杂交水稻种子的国际国内市场开发已经有了相当的认识，并且不再反对合法的赢利了。但是，一方面，他很不情愿用自己的姓名去充当市场的品牌，认为那样很不严肃，且实在有点担心那会有损一名科学家的清名；另一方面，他当然也希望能由国家杂交水稻工程技术研究中心比较独立自主地来开展经营，稳扎稳打地逐步扩展规模，最后蔚为大观。因此，国家杂交水稻工程技术研究中心起初注册的公司也是取名为"农平种子公司"，而避免直接使用"隆平"的字样。而1994年与美国休斯敦水稻技术公司的合作谈判，以及1998年与缅甸农业部合作在缅甸建立杂交水稻制种基地和发展杂交水稻生产的谈判，都是国家杂交水稻工程技术研究中心独立自主开展的。

但是，随着时间的推移，当今市场经济实际运作的情势，几乎把他卷进了一个巨大的旋涡，纵使是犹如他这样的游泳高手，也已然身不由己了。首先是他那宝贵的姓名，不仅本中心开发部门和国内有意合作者一致要求用来注册公司名称和商品的商标品牌，连国外合作伙伴也明确申明非用袁隆平姓名注册不可。不仅如此，中心党委还决定要拿他的名字作为所属公司的无形资产，去请经国家国有资产管理局授权的评估事务所做无形资产估价，为以后"袁隆平股票"上市做铺垫。

"唉……你们说一定要用，就把这三个字拿去用吧。"他终于经不起众人的劝说，十分勉强地点头答应了。而且，从事业的发展着想，他也不得不向那强悍的市场规律让步了。

可是回到家里他却一脸苦笑地对夫人邓哲说："唉……还说我现在名高位尊，可是我连自己的名字都保不住了。人家硬要拿我的名字去办什么'袁隆平公司'！还准备股票上市。将来让全国股民今天大叫'袁隆平涨了'，明天又大叫'袁隆平跌了'，你说像话不像话？"

"嘻嘻，谁叫你的名字能赚钱呢？不过，我看只要人家能保证合法经营，非法不为，也不一定就会坏了你的名声；更何况还能用你的名字为国家赚到钱，回头再来支持你的研究呢？你就给人家用去得了！"邓哲倒很开通。

"呵呵，看样子你现在倒比我还更先进了？"袁隆平不由得笑了起来。

"嘿，我什么时候比你落后过？搞科研我不如你，要说政治、经济和管理，我可真比你还强些呢。"邓哲也笑着说。

"这倒是有可能，我历来不关心政治和经济，管理上我也常搞乱套。1991年我鼓励大家上大学补文凭，结果弄得大家一窝蜂去读书，有的科室人都走空了，工作没人做；我批准大家 100% 报销学习费用，结果又不符合农科院只许报 80% 的规定，弄得做了好事，还引起各方面不满。要不是你给我指出，学习要分期分批、有计划地进行，我还真不知该怎么办呢！"袁隆平说着，自己也忍不住又"扑哧"一声笑了。

"可我当初对你提出批评时，你还不服气，说我是什么'夫人干政'呢！所以，我说你还得多多听取和接受各方面的正确意见和建议，跟上形势，形势是不可违逆的。"邓哲认真地说。

"我哪有那么多的精力去研究形势呀？反正形势来了，我就让它拖着跑，就像这办袁隆平公司、打袁隆平品牌一样。"袁隆平说。

事实上，袁隆平也只能这样由着形势摆布了。作为一个纯粹的科学家，加上他一贯的性格和为人，他不可能主动站到政治或市场的风口浪尖上去呼风唤雨，但为了杂交水稻研究事业的兴旺发达，他也无法拒绝科技与市场的接轨，以及相应的市场开发运作。他被时势拖下了水，也是被杂交水稻工程技术的永无止境的追求拖下了水，最终还是不得不让自己所信任的开发者们，在市场的汪洋中树起一杆袁隆平的旗帜。

美国休斯敦水稻技术公司是袁隆平在众多的国际合作对象中选定的可靠合作伙伴。该公司在美国得克萨斯州休斯敦航天发射基地旁边，有 54 万亩耕地，100 名职工，既搞水稻的生产和大米加工，又开展水稻技术研究。其总裁安格尔斯是袁隆平的老朋友，但安格尔斯不是公司的真正老板。这家公司的总后台是欧洲小国列支敦士登国王亚当汗二世。列支敦士登只有 160 平方公里的国土面积，2.9 万人口，但是其皇族财产高达 528 亿美元，比英国皇族的财产还多

12倍。亚当汗二世国王本人就拥有财产28亿美元。因此，这家公司的信誉度是很高的。该公司对杂交水稻的兴趣非常浓厚，20世纪80年代就开始与袁隆平建立了联系，袁隆平本人和尹华奇、李必湖等多名湖南杂交水稻专家都曾应邀到休斯敦指导研究。

1994年，双方开始商谈合作开发杂交水稻种子市场问题，此后，中国杂交水稻工程技术研究中心即连年派科技人员轮流与该公司合作研究杂交水稻制种技术。经过多年友好协商，到1997年，双方终于议定，由中国国家杂交水稻工程技术研究中心以科技成果作为无形资产占51%的股份控股，由美国休斯敦水稻技术公司投资1000万美元，占49%的股份，联合组建"袁隆平杂交水稻种业有限公司"。该合作协议经国家批准，双方于年底在长沙正式签字，并在国家工商行政管理部门正式注册了"袁隆平牌"和"农平牌"商标，一个跨国公司终于建立起来了。这对加速国家杂交水稻工程技术研究中心的市场开发来说，当然是一件非常有利的大好事。美方公司也感到非常满意，他们对袁隆平品牌的杂交水稻种子市场充满信心。

为了表示诚心和友谊，安格尔斯干脆于协议签订不久之后的1998年元月，请出后台老板列支敦士登国王亚当汗二世陛下，以私人身份亲自来到长沙，对合作协议的签订表示祝贺。这使袁隆平很受感动。

"国王陛下，能在长沙见到您如此尊贵的客人，我感到非常荣幸，非常欢迎您来长沙访问。"在长沙蓉园宾馆的会客室里，袁隆平高兴地握着亚当汗二世国王的手说。

"袁先生，认识您我也感到非常荣幸。我久仰您的大名，连做梦都想见到您啊！"这位五十来岁的小国之君，竟然快乐得像一尊笑罗汉，拉着袁隆平又是拥抱，又是贴脸。

"国王陛下，您可是一点都不叫人感到可怕啦。我们中国皇帝那威风可了不得哟，所以我国有一句成语，叫'伴君如伴虎'呢。"宾主坐定后，袁隆平笑着逗趣说。

"袁先生见笑了，我们哪能跟中国相比呀？我们的国家，整个就是一家人啦。在您的国家里，是治家如治国；在我的国家里，是治国如治家呢。"国王陛下笑呵呵地说。

"陛下太谦虚了，我国还有一句成语，叫'麻雀虽小，五脏俱全'，陛下领导一个国家也不容易。令人钦佩的是陛下领导有方，使您的国民家家富有，人人幸福。我愿借此机会向您和您的国家表示最美好的祝愿！"袁隆平礼貌地说。

"谢谢您的祝愿，我也对中国人民怀有同样的感情。我尤其感谢您给我们提供了良好的商业合作机会。能跟您这样伟大的科学家携手合作，真是我的幸运。我真诚地祝愿我们的合作和友谊像贵国的扬子江一样源远流长！"国王陛下愉快地说。

"有了陛下的热情参与和支持，我们的商业合作一定会大见成效的。我们在技术上有着强大的优势，所希望的是国王陛下能利用您的身份和影响，在可能的情况下，对与贵国邻近的南欧、西亚和北非地区市场做些推动工作，如能进入这些地区，我们的公司前景就非常广阔了。"袁隆平开始流露他的市场意图说。

"袁先生知道，我不是一个真正的商人，开发市场主要还靠公司的努力。不过，在力所能及的情况下，我还是会尽力而为的。袁先生的公司在中国已有很大市场，就我们目前的投资规模，恐怕连占领五分之一的中国市场都不够吧？"亚当汗二世说。

袁隆平听出来了，这位国王其实商业头脑非常精明，他是想轻轻松松在中国市场上赚快活钱！不过，公司的经营主动权在中方手上，到时中方要主攻国际市场，他还是只好跟着来的，更何况那也是对双方都有利的事呢！因此，袁隆平接着说："当然，中国市场的业务我们也要做的。不过，陛下也许不知道，中国现在具有相当规模的种子公司就有上百家，国内市场竞争非常激烈。但具有技术实力跟我们竞争国际杂交水稻种子市场的则还很少，所以，我们的目标是一定要率先占领国际市场。"

"袁先生的雄心壮志令人钦佩，您有这么大的气魄，我当然极力赞成！到时候,有用得着我的地方尽管吩咐就是了。"国王陛下的思路终于跟上来了。

晚上,袁隆平宴请国王一行。次日,国王设宴答谢。双方尽兴而别。

1998年6月24日,湖南省四达资产评估事务所在长沙举行资产评估结果发布会,宣布通过210天,对11万组数据资料的严格审查论证,评定"袁隆平品牌"的无形资产价值为1008.9亿元。消息经媒体披露后,在社会上产生了广泛而强烈的反响。人们普遍认为,这是国人在知识和科学技术价值认识上的一次质的飞跃;还有人认为它将在我国引发一场"知识经济风暴"。

评论者对于这次评估意义的论说已经超越了市场运作的范围。但实际上,对于杂交水稻的市场开发者来说,他们的根本目的却还是在市场上。于是,接着而来的是湖南也决定由省农科院牵头,联合国家杂交水稻工程技术研究中心、中国科学院农业现代化研究所等5家法人股东,共同出资筹建"袁隆平农业高科技股份有限公司"。其中,湖南省农科院占有55%的股份,袁隆平领导的国家杂交水稻工程技术研究中心占有25%的股份,是两个大股东。公司经审查批准注册后,向国家有关管理部门申请发行股票并获得批准。

消息很快传到美国,美国休斯敦水稻技术公司执行总裁安格尔斯不禁大吃一惊。他已按照联合组建"袁隆平杂交水稻种业有限公司"的协议,给公司中方经理寄出了首期投资290万美元。中方经理回电业已收悉,跨国合资公司眼看就要正式开展业务。如果不出意外,待公司业务一经展开,他将接着付清全部1000万美元的投资。可是,现在麻烦了,袁隆平竟然"一女嫁二夫",在已经与他们合资合作的情况下,又在国内与别人合资另创一家名称品牌几乎相同的公司,那以后谁知道他会把屁股坐在哪一边呢?即使确信他会将两个公司一碗水端平,也会在市场上给美方股东制造一个强大的竞争对手,必然要削弱美方赢利的幅度。总之,不管怎么弄,袁隆平都是两边得利,而如果有牺牲的话,那么牺牲的则必定是美方股东。这种竞争,对美方来说显然是不公平的。

安格尔斯从来没想到会出这种意外,因而当时在拟订协议时,条款上并没有写明是否允许"袁隆平""一女二嫁"的问题。但按照国际惯例,这样的事情是不会发生的。于是,安格尔斯紧急飞赴长沙与袁隆平磋商此事,并明确表示,"袁隆平"作为公司的冠名和商品品牌名称,只能属于一家,中国国家杂交水稻工程技术研究中心要么跟美方合作,要么跟国内伙伴合作,二者只能选择其一。否则,美方只得要求退股,并且在言谈间,难免对袁隆平的"一女二嫁"做法流露出某种程度的遗憾。当然,安格尔斯有理由怀疑袁隆平是不是在有意识地算计他们。

事实上,袁隆平原来真的不知道他那宝贝名字不能同时属于两家公司所有,他更不可能知道老朋友安格尔斯会用什么样的眼光来怀疑他。他原本确实希望两边合作,两家公司都兴旺发达。但他不知道这是无论如何也无法使安格尔斯相信和放心的,而且客观上,将来在经营过程中遇到竞争时,他也确实无法保持平衡。因此,直到安格尔斯来到长沙向他发出最后通牒,他才明确了安格尔斯的心思,这当然也是可以理解的,但这不能不使他感到了一阵为难。

从国家杂交水稻工程技术研究中心一家的利益来考虑,与美方合作,伙伴单纯,关系容易处理,立即就可以引进1000万美元的资金,而且本中心占有其中51%的股份,作为控股者还享有经营权。与国内合作,则伙伴众多,关系复杂,只在合资份额中占有25%的股权,孰轻孰重,即使是他这不解市场奥妙的纯粹科学家也能一目了然。

然而,与美方合作就不能不抛弃国内伙伴。而国内是一些什么样伙伴呢?湖南省农科院是自己的发迹之地,也是研究机构的上级主管单位,而且自己至今还兼任着该院的名誉院长。中科院农业现代化研究所是紧邻隔壁的兄弟单位,此外,还有省领导的意图和期盼等,这一切都能轻易丢得开吗?况且,说到底,自己毕竟还是一名中国科学家,当国内志士们有兴趣、有能力组织起来开发这一领域时,引进外资的目标就变得不是那么重要了。尽管从小单位来讲,要丢失一部分利益,但丢失,也是丢在中国人自己碗里。而与美方合作,则将有49%的利益要分给美方。这样一想,除了与国内合作,他便再无选择余地了。

不过这一来,倒叫人觉得有点儿对不起安格尔斯了,还有那位连做梦都想见到自己的国王陛下。好在安格尔斯还算开通,一看袁隆平并无恶意,也就好说好散，收回原拟建立合资公司的290万美元股金就打道回府，而与中国国家杂交水稻工程技术研究中心的科研合作也继续保持了下去。一个正要开始营业的跨国公司就此无疾而终。

尽管如此，袁隆平的杂交水稻种业市场前景肯定也是无可限量的。据当时测算，国内杂交水稻种植面积三年后将达到每年3亿亩，每亩需种子3市斤，全国每年需种子9亿斤，以目前行情每斤种子企业获利1元计，每年就有利润9亿元；另外，在东南亚地区还有约2.5亿亩即将开发的杂交水稻种植面积，占领这一种子市场，还可获利9亿多元，更别说还有亚洲之外的市场呢！

果然，进入21世纪之后，在联合国粮农组织和亚洲开发银行等国际机构的积极推动下，杂交水稻的国际推广范围迅速扩大，印度尼西亚、菲律宾、泰国、埃塞俄比亚、智利、几内亚、多哥等国农业部门接踵而来，与袁隆平领导的中国国家杂交水稻工程技术研究中心洽谈合作推广杂交水稻种植问题。2001年11月，应委内瑞拉政府邀请，并受江泽民主席指派，袁隆平还亲率代表团赴该国考察了发展杂交水稻的自然条件，接受了该国政府的咨询，向该国政府提供了有益的建议。杂交水稻的种子市场，也就随即在以上各国开始启动。杂交水稻国际市场的无量前景正在逐步展现。

三、广泛合作

1997年，美国洛克菲勒基金会在墨西哥国际玉米小麦改良中心举行仪式，授予袁隆平"作物杂种优势利用世界先驱科学家"称号。墨西哥国际玉米小麦改良中心是世界第一次绿色革命的发源地，该中心主任、1970年诺贝尔和平奖获得者、美国科学家博洛格博士主持仪式并为袁隆平颁奖。博洛格博士是袁隆平的老朋友，20世纪90年代初与袁隆平结识后，曾多次在袁隆平访美期间，驱车数百公里把袁隆平接到家里做客。他在授奖仪式的致辞中指出，从60年代到90年代，中国粮食总产量增加了3倍，而耕地面积反而有所减少。若非洲大陆能推广中国的经验，10年以后，那里也可以解决吃饭问题。

杂交水稻用于解决第三世界的吃饭问题，现在在亚洲已经全面开始投入实施。非洲也有多个国家派出了人员到中国国家杂交水稻工程技术研究中心接受培训。但是，由于受米质及机械化耕作等问题的制约，目前杂交水稻在发达国家反而未能获得大面积推广。目前国际上普遍存在优质米产量低，产量最高的杂交稻米质又难达最优的矛盾。从米质出发，有的国家宁愿低产，也不大面积推广杂交水稻。美国目前大面积种植的优质水稻通常亩产只有280公斤左右，不到在该国耕地上试种的中国杂交水稻的一半；世界有名的泰国优质水稻，亩产也不过250公斤左右。但他们有的是土地，只图耕作省事，生产成本低廉，不大在乎产量低。当然，如果高产的杂交水稻米质也能达到现行优质常规稻标准的话，那他们除了接受杂交水稻之外，便别无选择了。因此，从杂交水稻育种的角度来考虑，要使杂交水稻真正种遍世界所有的稻作地，最根本的制约因素还是米质问题。

发达国家对于稻米的品质十分挑剔，并不是一般地用口感所谓的"好吃""难吃"来衡量的，而是要通过化验测定各种营养成分的含量分别达到什么标准。如前所述，改良米质的工作，袁隆平一直在指导进行，尹华奇培育的"香两优68"开创了长江流域早稻米质更新换代的先声。但这仍然只是口感上的"好吃"米，要通过各项理化指标的测定还有相当距离。为了尽快培育出符合发达国家生产标准的优质杂交水稻品种，从市场上彻底打败优质常规稻，在当今生物工程技术飞速发展的情况下，袁隆平重点瞄准了分子生物工程技术。但他暂时还买不起昂贵的生物工程设备，于是，开展广泛的国际国内合作研究，便成为必由之路。他与美国康奈尔大学和美国水稻技术公司的合作研究中，都包括有改良米质的项目。

1999年初，香港中文大学讲座教授、生物系主任、美籍华人辛世文先生了解到袁隆平有意利用分子生物工程技术提高杂交水稻米质，感到这是一个很好的合作机会。因为香港中文大学生物系有设备优良的生物工程实验室，辛先生的分子生物技术完全可以用在米质改良的研究上。如果能与袁先生合作成功，将可能为世界提供一个遗传育种学家和分子生物学家在推动世界绿色革命进程中珠联璧合、共做贡献的典型范例。于是，他主动向袁先生表达了合作意愿，又一条合作之路展现在袁先生面前。

辛先生当年五十七岁，祖籍广东海康县，在香港完成大学学业后，赴美国留学，在威斯康星大学获博士学位后留美工作二十年。1980年，他在威斯康星大学研究期间，曾克隆出世界上第一个植物基因，并发现植物基因亦含插入顺序；论文在英国《自然》杂志发表后，引起国际生物学界广泛关注；后不久，他又在美国ARCO植物细胞研究所任职期间，克隆出巴西豆高甲硫氨酸基因，并第一次证实可用转基因途径，增加植物甲硫氨酸含量及营养，获研究所优异研究奖，从而成为成就卓著的国际知名学者。自1980年开始，辛先生就应国家蔬菜系统工程技术研究中心和北京蔬菜研究中心之邀，热情为国内培训科研人员。此后，辛先生与国内联系不断，先后应邀担任了中国农业大学、中国科技大学、武汉大学、南开大学、西北农大等众多大学的客座教授，并和中科院北京、昆明植物研究所合作研究，共同获得两项美国专利。1998年10月，在辛先生的协调下，香港中文大学还与北京大学共同成立了植物基因工程联合实验室，由北大副校长陈章良教授任北大方面负责人，辛先生任港中大方面负责人。

就在这之后不久，辛先生即积极协调香港中文大学生物系、国家杂交水稻工程技术研究中心、北京大学生物技术系和中国农科院，并以辛世文、袁隆平、陈章良、常汝镇等著名学者领衔，申请到了中国自然科学及香港研究资助局联合基金60万元人民币加120万元港币，联合开展水稻与大豆功能基因组研究。

在此研究项目之外，辛世文教授又主动提议单独与袁隆平院士合作，用生物工程技术改良杂交水稻品质，其中包括增加赖氨酸含量和进行淀粉成分调节等，同时，提供分子标记技术进行水稻形态改良和抗病抗逆功能改进。

长沙、香港近在咫尺，辛教授的高超学识和研究能力，以及中文大学的优良设备，都正是袁隆平求之不得的有利条件。因此，两位先生一拍即合，一切细节亦迅速议定。当年9月，国家杂交水稻工程技术研究中心的两名研究人员即已到达辛先生的研究室开展合作研究，其中有一位是袁先生的小儿子五三，大名袁定阳。

袁先生的三个儿子都已大学毕业参加工作。除老二学经济被分配在广东某公司工作外，老大和老三都是学农的。老大分在湖南省种子公司搞种子经营，老三则进国家杂交水稻工程技术研究中心继承了父亲的衣钵。1997年与定阳同时进中心工作的，还有一名中南农大女毕业生段美娟。一年后，段美娟成了定阳的妻子。

段美娟是自己找上袁先生请求进中心工作的。袁先生曾事先声明搞杂交水稻研究必须下水田试验，日晒雨淋，工作异常艰辛，尤其易损女子肌肤之美，恐非女同志所宜，故请三思而后行。段美娟表示不怕。袁先生当即与她订下协议，由她保证最少坚持水田试验五年，到时腰酸腿痛，晒黑了脸皮不得反悔。等到段美娟成了袁先生的媳妇，人们便笑问袁先生，是否后悔当初对"潜在媳妇"要求过严；同时也有人正式提议把她从研究室调到行政上任团支部书记。袁先生说，要是当初知道她会成为媳妇，协议还要订得更严一些；现在我当然也不便反悔当初对她条件放得过宽，说好下田试验五年就不得少于五年，当然，多多益善。

段美娟对于田间试验也乐此不疲，她似乎也没有干满五年就一定上岸的想法，一切依研究进展而定，如果五年后研究工作还需要，她绝不会中途放弃。她已不再是以相夫教子为志的婆婆邓哲，她所受过的教育和时代意识，必然使她想要在科研事业上与丈夫比翼齐飞。她的榜样恰恰是公公，而不是婆婆。因此，她就不能不直接专注于包括田间试验在内的一切科研实践。1999年7月，辛世文教授自香港来访时，在赤日炎炎的午间，站在水田里为辛教授演示异花授粉过程的，就是段美娟。

自合作协议成立起，到2002年的短短几年内，双方已合作进行了抗病虫、抗除草剂、抗早衰、高赖氨酸基因转移，以及野生稻、稗草、螺旋藻等远缘高产、高光效基因利用等一系列项目的研究，取得了可喜的进展。有的已经初见成效，例如，采用分子标志辅助选择技术和杂交转育，初步育成了具有野生稻 QTL 高产基因的强优恢复系 Q611；利用整体基因导入方法，育成了具有稗草基因片段的强优恢复系 RB207 等。其中抗除草剂的杂交稻香两优 B68 的研究，已通过现场评议，成为我国通过评议的第一个转基因杂交水稻。

我国杂交稻米品质与美国的低产优质稻米相比，目前主要是直链淀粉含量的差距，如果能通过与辛世文的合作，用基因转移和遗传工程相结合的办法攻破这一难关，再加上赖氨酸含量的增加等，就可能培育出目前国际稻米市场上见所未见的米质和产量都超一流的超级杂交水稻来。到那时，袁隆平要让杂交水稻走向世界的心愿，就将最大限度地得以实现。

除了应用技术的研究之外，袁隆平还积极参与一些重大基础理论研究。2001 年，他作为通讯作者，参加了由北京华大基因研究中心和中国科学院遗传研究所合作开展的超级杂交稻基因组测序研究。其中的基因组测序工作框架图已于当年完成，并于 2002 年 4 月 5 日在美国《科学》杂志上发表。这是世界上第一张水稻基因组框架图，它的发表，标志我国生物基因组测序研究已达到国际先进水平，在国际上引起了强烈反响。目前，该基因组精细图正在构建之中。而另一项由袁隆平直接领导的光温敏核不育水稻育性转换时期的功能基因组研究也已全面展开。

四、探索一系法

1999 年 9 月 7 日，袁隆平农业科技奖励基金会第二次颁奖仪式及袁隆平学术思想和科研实践研讨会在长沙马坡岭湖南省农科院和国家杂交水稻工程技术中心隆重举行。

袁隆平农业科技奖励基金会是在 1987 年袁隆平捐献的 1.5 万美元联合国教科文组织科学奖金的基础上，于 1994 年 6 月 15 日正式成立的。成立时连本带利共有基金20万元人民币，成立当日举行了第一次颁奖仪式。首次奖励42人，每人奖金3000元人民币，但为支持袁隆平的初期研究和在湖南推广杂交水稻工作中做出了重大贡献的原湖南省农业厅厅长陈洪新获得的特等奖奖金为5000元。还有一位特殊获奖者是已经去世的原国家科委九局局长赵石英。袁隆平终于找到了一个报答恩人的好办法，这种光明正大的奖励，获奖者受之无愧，颁奖者用的是个人的"私房钱"，万千情意尽在不言中。

1999年举行第二次颁奖仪式时，基金会通过接受捐赠已积累基金500万元。自此次起，确定今后每两年颁奖一次，每次奖励5人，每人奖金5万元。但本次除正常奖励成就突出的科技人员5人之外，还为上次曾获奖的陈洪新特设了一个6万元的特别奖。陈洪新已风烛残年，久病住院，他的子女代表他前来接受了袁隆平的这份不尽感念之情。

在湖南省农科院和农学会联合举办的袁隆平学术思想和科研实践研讨会上，除了袁隆平本人关于超级稻培育问题的学术报告之外，最引人注目的是福建农业大学博士后流动站的博士后黄群策和湖北大学生命科学院院长蔡得田教授的发言。他们分别在各自的发言中，提出了利用水稻杂种优势与诱导水稻多倍体相结合的办法实现超高产育种，甚至实现一系法育种的新设想和某些初步实验结果。

可以说，这是一个事先出乎袁隆平预料的设想。水稻是二倍体作物，从生物变异的规律来看，倍体越高，生物的体形越膨大，因而可以导致动物和作物增产，这早已为鱼类、玉米、小麦、西瓜等为数众多的多倍体新物种的育成所证实。所有的低倍体物种，都可以通过外因诱导突变的办法（如利用秋水仙碱溶液浸泡作物种子，或对种子进行核同位素辐射等），使之变成多倍体新品种，而且多倍体特性可以稳定地遗传。这是它比一般有性杂交F2代之后会发生分离明显优越的地方。因此，水稻的多倍体研究，国际国内也就早已有人搞过。但是，实践证明，无论是美国、日本、印度，还是我国科学家搞出的四倍体以上水稻，都存在着一个结实率低的问题，以至达不到高产的目的。因而20世纪60年代之后，这项研究基本上就蔫下去了。国内曾有一位极力反对袁隆平评选院士的学者搞了一辈子多倍体水稻研究，最后也不得不喟然长叹说，没想到多倍体水稻这么难搞，要早知道，我就不会搞了。所以，当年袁隆平在选择济世良方的时候，也就特意避开了多倍体，而选择了杂交优势利用之路。

即使是在探索水稻一系法远缘杂交育种的路数上，袁隆平最初也没有把多倍体方法考虑在内。1986年，他在参加意大利米兰国际无融合生殖学术会议时得到启示，回国后，即于同年在全国第一个提出了利用无融合生殖材料固定杂种优势，实现一系法远缘杂交育种的战略设想，并于不久后将这项研究报请国家科委列入了"863"高科技计划。在他的战略设想引导下，此后，不仅湖南杂交水稻研究中心立即组织开展了无融合生殖水稻的研究，在全国也迅即掀起了一股水稻无融合生殖研究的热潮，连台湾地区农科院也被卷入了这股热潮。各有关研究单位的科研人员在短短数年内，即纷纷报道发现了相当一批水稻无融合生殖材料。国家杂交水稻研究中心的赵炳然和黎垣庆也分别报道各发现了一种。20世纪90年代江泽民、李鹏等中央领导前来视察时，都曾在电子显微镜上观看了相关的细胞显微图像。

1989年，国际《无融合生殖通讯》杂志发表了一篇题为《无融合生殖水稻？——评中国水稻育种上一项重大突破》的文章，对我国某些科研人员发表的关于"发现无融合生殖水稻"的报道表示怀疑，并对有关报道的不够慎重提出了批评，但这也从反面表明了国际上对我国无融合生殖水稻研究的高度关注。

所谓无融合生殖，就是无性种子生殖。也就是说，一般情况下，种子的胚芽都是由雌花的卵子和雄花的精子融合孕育而成的，但有的一颗种子中存在几个胚芽，其中有个别胚芽不是由双亲的精卵融合，而是由母体单方面的细胞组织发育而成的。这种胚芽成长后育出的后代，可以通过种子遗传单亲生殖的特性，因而可以用来固定杂交优势。但是，无融合生殖是一种非常复杂的现象，判定某一异常胚芽是否确属无融合生殖，必须有严格的遗传学和胚胎学鉴定。要真正找到一种具有实用价值的无融合生殖材料是非常困难的。国外经过半个世纪的努力，才正式登记了两个具有无融合生殖特性的杂交牧草。

然而，尽管如此，进入20世纪90年代之后，美、英、日等国水稻科研界还是相继开展了有关研究,菲律宾国际水稻研究所也把这项研究列为水稻研究新的前沿之一。可见袁隆平的杂交水稻育种战略思想对整个国际水稻科技界的影响有多么巨大!

可是,现在这两名年轻的后辈学者却想另辟蹊径,而且他们提出要走的又是一条曾经有人走过而没有走通的路。袁隆平该如何对待呢?

"哈哈,年轻人,来,来,来,我们随意聊个痛快。都不是外人,茶水自己倒,水果随意吃。"散会后的当天夜里,袁隆平特意将两名年轻学者请到家里,并且叫刚刚又获得了袁隆平农业科技基金奖的罗呵呵及其他几个有关研究人员一块来进行专门座谈。为了活跃气氛,他又接着问罗呵呵跟前妻"回交"的进展如何。旁边马上有人接口说,据粗略统计,罗呵呵在与前妻分手期间,一共"测交"过三位女士,其中两位青年,一位中年,没有一位老年。后由于子女的强烈干预,因而预感到将来遗产分割的难度,只好忍痛割爱,又被迫与前妻"回交"。但已谈妥条件,今后丈夫的钱包由丈夫自己管,夫人不得觊觎;此外,丈夫还得继续享有自由"测交"之权利。

一番笑话,顿时惹得众人哄堂大笑,袁隆平自己首先笑岔了气。罗呵呵又憨憨地跟着大家笑说:"别听他尽瞎说。其实我只'测交'过两个中年的。"听他这么一说,人们笑得更厉害了。袁隆平抱着肚子直叫"哎哟"。

两名年轻学者也一齐开心大笑,他们确非外人,彼此早已熟稔。其中的湖北大学生命科学院院长蔡得田教授已在袁隆平的指导下进行了多年的水稻无融合生殖研究,他所报道的水稻无融合生殖材料HDAR001,002,被国内同行公认为比较有希望得到确认的材料之一。而福建农大博士后流动站的黄群策则是袁隆平门下的博士生。袁隆平已培养了3名博士,6名硕士。其中6名硕士均由他直接介绍到美国、澳大利亚等国攻读博士学位,学成后全都被留在美、澳等国工作。因而有的人便跟袁隆平开玩笑说:"您老人家送出去的人才都飞了,您可是白费心血了!"袁隆平则每每认真地回答说:"你们不要见识短浅,中国杂交水稻事业的未来,需要大量超过袁隆平的人才。优秀人才的成长需要广阔的自由天地,让他们全部窝到我的手下来,受着我的思想束缚,而且我还无法给他们提供世界一流的研究条件，怎么能使他们个个成长为超过我的杰出学者呢？而让他们留在外面，可以无拘无束地接受广泛的学术熏陶，利用世界一流的科研条件，就可能很快地创造出超过我这个老师的科研成果，修炼成超越前辈的学术素养。一旦祖国有条件充分发挥他们的作用的时候，他们随时都会回来的。相反，如果他们回来而又无用武之地，那又叫人家回来干什么呢？"所以，他的学生都非常敬重他的这种毫无保留地鼓励后学超越自己、甘为人梯的高尚师德。只要去了美国，学生们无论如何都要赶到他的身边聚一聚，做一番学术交流。

显然，也正是出于这个原因，眼下这两名尚在他的学术思想统领之下的学生，才能够毫无顾忌地面对全国杂交水稻科研界的众多代表性人物，公开提出了他们的不同于老师的技术思路。可见，即使是窝在老师身边，他们也并没有受到老师思想的束缚，虽然在战略上，他们仍然在沿着老师的一系法路线前进。

"袁老师，您觉得我们的想法和初步研究怎么样？"笑过一通之后，黄群策首先问。

"我原来对多倍体水稻不感兴趣，主要是受了前人失败的影响。但是，今天你们一讲，倒是提醒了我，现在情况已经变了。过去是单纯搞多倍体，可现在是在杂交水稻的基础上来搞多倍体。杂交与多倍体方式结合，很可能以杂交优势弥补纯多倍体水稻的结实率低问题，而多倍体的稳定遗传特性，也很可能把杂交优势固定下来，消除年年制种的麻烦，为实现一系法杂交育种开辟一条新的路子。当然，就目前情况而言，你们的研究也还是最初步的，可以说还只是一个美好的理想，有理想就应该去闯。我这人没有别的长处，但有一点，在科学上，我的观念不会僵化。过去我搞杂交水稻，那么多权威反对我，压制我，给我制造了很大的压力，我不能重犯他们的错误，使你们再受到我当年那样的精神痛苦。别说我已经对你们的思路很感兴趣，即使我不感兴趣，我也不会反对你们去开展这项新的探索。"袁隆平爽朗地说。

当然，老师的话是可信的。他们两个都知道，袁隆平学术视野之广阔，胸量之宏大，总是使他能够抓住每一个成功的机遇和每一线成功的希望。他把一批最优秀的学生放到国外去学习研究，学生们便在国外找到了有望导致大幅增产的QTL基因位点，开辟了水稻远缘有利基因利用的研究新领域。本中心助研赵炳然提出想搞总体DNA导入试验，这项研究一般多在基础理论研究单位开展，应用研究单位一般不搞，但为了鼓励年轻人的多方位探索尝试，他二话没说，就爽快地连续三年拨给所长基金（美国水稻公司给予他私人的顾问费）予以支持，使赵得以试验成功，用穗茎注射法将从野生稻中提取的抗稻瘟病DNA导入了栽培稻明恢63中，使这个原本高感稻瘟病的水稻品种，变成了高抗稻瘟病，经繁殖12代，证明能够稳定遗传，从而找到了一条改变水稻某些特性的新路子。总之，只要你具有足够的知识、技能和智慧，能够设计出一项有意义有希望的新颖实验项目来，他无不热情地予以支持和鼓励。

"您能认可我们的思路，我们就更有信心了。不过，我们这次还不仅仅是想向您汇报一下这个新思路，而是想把这项研究正式列入您的总体研究计划，请您亲自来驾驭这项研究。当然，这就涉及临时增设课题和增加项目经费投入的问题。"蔡得田说。

"我知道你们会提出这个要求，这当然不是一件简单的事。所以，我叫你们来座谈。一是从深层次讨论清楚有关的理论和技术细节；二是从长计议一下试验研究步骤和期限；三是要谈妥建立课题组，人员如何选配，彼此如何分工协作，成果如何分享等；四就是经费预算了。我的态度已经很明确了，现在你们谈吧。"袁隆平果决地说。

于是，有意无意之间，超级稻和一系法杂交育种研究又多了一条路子。

当然，这将是一条漫长的探索之路。无论是水稻无融合生殖的研究还是杂交结合诱导多倍体的研究，都比三系和两系法杂交制种的研究难度要大得多，离预期的目标距离还相当遥远。在1999年9月的第二次袁隆平农业科技奖励基金授奖仪式上，人们又一次注意到，袁隆平院士在他的致辞中强调他的两个最大心愿，一是把超级杂交稻研究成功，二是让杂交水稻进一步走向世界，其中没有包括实现一系法远缘杂交育种目标这一条。可见袁先生讲话是非常慎重的，不是成竹在胸的事，他不会轻易拍胸保证承诺。很显然，他在自身继续努力拼搏的同时，已经把一系法远缘杂交研究成功的希望主要寄托在下一代科研人员的身上。

他已经为 21 世纪的成功打下了坚实的智力基础，除攻读博士学位者之外，他还曾先后推荐 300 多名国内杂交水稻科技人员到国外大学和科研机关进修深造。目前，国内各年龄层的杂交水稻科研队伍已形成梯队，他派往国外的研究生也没有一个改行从事其他职业，全在所在国担当杂交水稻研究领域的要角。杂交水稻研究在中国已几乎形成了一个独立学科，自从袁隆平的第一部《杂交水稻育种栽培学》问世以来，接着已有十几种该领域的著作相继出版。2002 年 11 月，袁隆平再次主编的《杂交水稻学》又在中国农业出版社出版，对杂交水稻的理论与应用体系进行了系统的构建和深入的论述。杂交水稻学的兴起，吸引着众多高水平和超高水平的专家学者投身于这一领域。可以预料，不管未来的探索之路还有多长，一系法远缘杂交水稻的成功，仍将有极大的可能会由中国科研人员首先获得。

这自然也是袁隆平的最大心愿之一。

第八章

饥饿不再

一、谁来养活中国

中国农民关于"吃饭靠两平"的现实感叹，可以说真正地代表了全国人民的心声，其中自然也包含了对杂交水稻解决中国粮食问题的充分自信。

然而，1994年9月，美国世界观察研究所所长莱斯特·布朗先生却在他自己主编的《世界观察》杂志上发表了一篇《谁来养活中国》的长文。布朗在这篇文章中引用了许多数据，并根据这些数据推算出，到2030年，中国人口将发展到16亿以上。按照目前的世界粮食生产发展态势，到那时，不仅中国人自己无法养活这一庞大的人口群体，而且连整个世界都不可避免地要受到中国缺粮的影响而发生普遍的粮荒甚至动乱。

布朗发表这一言论的时候，恰逢所谓的"中国威胁论"在美国甚嚣尘上之际，因此他的言论自然而然地被列入了"中国威胁论"的版本之列而遭到了中国官方和学术界的一致抗议。不过，毕竟经过了多年改革开放和思维更新，我们中国人的心态比过去的"战斗岁月"还是平和得多了。除了抗议之外，我们的官方和学界还同时采取了沟通的办法，试图说服布朗先生。为了用中国人民丰衣足食的现实教育布朗先生，中国社科院还以某研究所的名义特意邀请布朗访问了中国，许多中国学者与他进行了面对面的座谈沟通和辩论。与此同时，我国报刊和出版界也相继刊登和组织出版了大量阐述粮食问题的专论和专著。学者们算了许多的账来证明中国有能力解决自己的粮食问题，不会给世界带来粮荒，但奇怪的是却很少有论者特别提到杂交水稻在解决中国粮食问题中发挥巨大作用的现实事实和广阔前景。因而，这些中国学者和官员对于布朗的说教和反驳，不仅没有说服布朗先生，而且就在访问回国后的1995年下半年，布朗还在中国官方和学术界的一片反驳声中，将这篇长文扩充成一部专著，发行到更加广大的范围，引起世界震惊。

只有北京大学中国经济研究中心主任林毅夫和袁隆平在布朗著作出版后的一篇对话中谈到了杂交水稻的发明导致中国粮食局面的改观这个应该说是最有说服力的事实。统计数据表明，1949年我国粮食总产量1.12亿吨，1978年达3亿吨。如果按照每增1亿吨为一个台阶计算，那么，1949—1978年的30年间也只上了一个多台阶；而从1978年的3亿吨，到1984年达4亿吨，仅用六年时间就上了一个台阶；再到1995年接近5亿吨，11年间又上了一个台阶（上这个台阶费时略久，是因为从这期间开始，我国耕地面积差不多以每年6000多万亩的幅度急剧缩减）。这是中国有史以来粮食发展最快的时期，而这也正是邓小平的改革开放政策实施和杂交水稻大面积推广的时期。这正好对应了湖南农民曹宏球那副感激邓小平和袁隆平的对联，表明中国农民确实是有眼光的，而多数学术界人士的高谈阔论虽然都各有各的道理，但因为遗漏了杂交水稻，所以难免缺乏力道，致使布朗及其所代表的怀疑派人士不肯信服。

与不少学者咄咄逼人的反驳和抗议不同的是，袁隆平在与林毅夫对话时，心平气和地指出，布朗根据中国人口增长和耕地缩减的趋势，以中国为例证，向世界发出粮食危机的警告并不一定是恶意的，而且他还肯定了布朗所列举和引用的许多数据和例证都相当准确，从一定的角度来看也是相当有说服力的。例如，全世界常年有超过8亿饥饿人口，全球平均每天有2万多人死于饥饿，其中近一半是儿童；而中国人民虽然解决了温饱问题，但直到当年还是联合国的粮食援助国之一（直到2005年，联合国粮食计划署才宣布自2006年起停止对中国的粮食援助）。因此，可以认为他的意图更多的还是在于提醒各国政府和各国领导人要高度重视粮食安全问题，把它作为施政的重点。而这个提醒也不能说就没有一点积极意义，它可以从反面促进各国政府抓紧解决粮食安全问题。

但是袁隆平同时也认为，有一个重要的方面，那就是对科技的力量，布朗认识不够，或者说布朗是低估了科学科技的进步对提高粮食产量将要产生的巨大潜力。以中国为例，1949年我国粮食平均亩产不到70公斤，因而饥荒不可避免；而1995年全国水稻平均亩产提高到340多公斤，即已解决了中国人的温饱问题。但与当年杂交水稻的最高亩产825.2公斤相比，即使不考虑技术继续进步的因素，每亩田也还有478.6公斤的增产潜力，加上杂交水稻技术的进一步改进和其他科技因素的提高，到布朗预言整个世界都将养不活中国16亿人口的2030年，中国的粮食总产量将可能翻番，即达到八九亿吨，人均可以达到六七百公斤。届时中国人不仅能比今天吃得更饱更好，而且，将可能自给有余，还可以有相当部分的粮食出口。

然而，话又说回来，科学技术前景虽然广阔，但如果政府不重视，没有一个良好的粮食政策和科技推广体系，科技成果就不能转化成生产力，再好的技术也发挥不了作用。而当时在中国，实际上就面临着这么一个危险——那就是谷贱伤农。粮价很低，而化肥、农药、地膜等生产资料却拼命涨价，农民种粮没有经济效益甚至赔本。于是很多农民不愿意种田了，农村青壮年多出外打工，留一些老幼病残在家里，粮田抛荒现象日甚一日。因此，袁隆平认为，布朗的提醒即使是对我们这样一个历来主张"民以食为天"的国家政府来说，也是有意义的，更别说世界上还有不少忙于打仗而对民生问题漠然置之的政府了。

作为一名对国家和人民高度负责的科学家，袁隆平同时还公开呼吁政府要把稻谷的最低保护价提高到每百斤100元，以确保农民种粮有较好的经济效益，从而切实保护农民种粮的积极性。而就在不久后，政府充分注意到了包括袁先生在内的社会各方面的反映，很快就制定了实行粮食最低保护价的政策，虽然稻谷的最低保护价还仅仅定在每百斤70元的水平上，但对农民的种粮积极性已经产生了一定的保护作用。

虽然袁隆平认为目前我国的粮食最低保护价对农民种粮积极性的保护力度还不够，但他对中国乃至全世界人民通过科技的进步解决吃饭问题还是充满了信心。就在回应布朗的谈话发表不久后，他主持了农业部制订的超级稻科研计划，并在短短八年内先后实现了亩产700公斤和800公斤的第一、第二期目标，还可能将农业部计划在2015年实现超级稻亩产900公斤的第三期目标提前到2010年实现。而且在那之后，他还要搞亩产1000公斤的新组合，同时将杂交水稻在全世界推广到1500万公顷，多养活1亿人口。

随着中国杂交水稻技术的飞速发展，不少重视粮食问题的国家一齐把眼光转向了中国，瞄准了袁隆平，特别希望能获得超级杂交稻育种技术。联合国粮农组织也希望利用中国的杂交水稻技术重点解决贫困缺粮国家人民的吃饭问题，几乎每年都要派遣一批第三世界国家的农业技术专家赴袁隆平领导的中国国家杂交水稻工程技术研究中心学习。2007年5月，袁隆平刚从美国开会回来，又一批来自16个国家的40多名水稻专家来到长沙学习四个月，袁隆平一如既往，在开班仪式后亲自给学员们上了第一课。现在我国第一代超级稻种子已经跨出了国门，国务委员唐家璇在任外长时曾说，杂交稻是我国外交上的一张"王牌"，也是经济上的一张"王牌"，一定要打好这张"王牌"。

杂交水稻解决的不仅仅是中国人的吃饭问题，自从美国圆环种子公司于1979年率先引进杂交水稻以来，中国杂交水稻已在越南、菲律宾、印度、斯里兰卡等40多个国家先后开始推广，种植面积达到150万公顷。曾经是亚洲稻米进口大国的越南，1993年引种中国杂交水稻4万公顷，在不增加投入的情况下，当年增收水稻1亿公斤。目前，越南杂交水稻种植面积已达到65万公顷，单产增加40%，成为亚洲仅次于泰国的第二大稻米出口国。此外，印度借鉴中国技术培育出了多个适应当地条件的杂交水稻组合；菲律宾在袁隆平委派的专家援助下，利用杂交技术使水稻单产提高了二到三倍，开始甩掉缺粮国帽子……

据联合国粮农组织统计，目前全世界约有22亿亩稻田，即使只拿出一半来改种杂交稻，每年所增加的粮食就可多养活5亿人口！袁隆平继20世纪70年代用事实说服中国农学界之后，又一次用事实说服了世界。

这一毋庸置疑的事实，不由得使世界上最强大的作物良种企业——美国杜邦先锋公司也为之心动。在2007年4月袁隆平到华盛顿出席美国科学院院士大会期间，该公司就邀请袁隆平进行了开展技术合作的初步洽谈。当年9月16日，美国杜邦先锋海外公司副总裁保罗·谢克勒飞抵长沙，与中国国家杂交水稻工程技术研究中心（简称CNHRRDC）签署全面科技合作协议，以助力袁隆平院士早圆"温饱全人类"之梦，同时聘请袁隆平院士出任先锋公司杂交水稻顾问。

美国先锋公司是世界500强企业"杜邦"旗下全资子公司,由杂交玉米之父华莱士于1926年创立,公司致力于以玉米杂交种子为主的农作物种子研发、生产和营销,业务遍及全球70多个国家,是世界最大的玉米种业公司。此番与袁隆平展开合作,旨在中国以外的亚洲和非洲地区,推广杂交水稻种植。这些地区由于聚集了世界上最多的贫困人口,当地人民的温饱问题常令袁隆平院士牵肠挂肚。因此,此番杜邦先锋公司主动找上门来寻求合作,也正是袁隆平求之不得的一件大好事。

在成功获得袁隆平院士签名的科技合作协议书之后,先锋公司副总裁保罗·谢克勒信心满满地表示,伟大的科学家袁隆平院士通过科技使人民生活得到了改善,先锋公司有信心让更多更好的杂交水稻种遍世界。

这就是世界对袁隆平所表示出的高度信,而世界在信任袁隆平的同时,也给一些怀疑论者指明了今后解决世界粮食问题的出路之所在。

二、肩负世界的期望

到2007年9月7日,袁隆平已经整整七十七周岁了。然而,无论是研究中心的同事,还是家里的亲朋好友,似乎都感觉不出他的衰老。他自己也始终生机勃勃,不仅从不言老,甚至仍然保持着几分贪玩好动的童心。作为一院之长,他原本配有专车和专职司机,可是,他还是掏私囊另买了一辆私家小奥拓,平常去试验田工作,他就自己开着私车去。有的记者发现后,就报道说他这是廉洁奉公。其实,他虽然历来廉洁奉公,但在这件事情上,以笔者对他的多年观察来看,他主要还是"贪玩"。他爱好玩车,可以说十六七岁时在上海街头玩车那阵子的劲头至今仍旧不减。他还在自家的院子里拉上一张排球网,划出了一个简易排球场,夫妇俩每天傍晚邀集研究所的老人们在一起打排球。有一回扭伤了腰,在床上痛苦了好几天,伤痛刚一好,他就又上了场。夜晚要是有空,他仍然喜欢邀上几个同事打麻将，输了就钻桌子。游泳仍是他的至爱，湖南省农业科学院有2000多名职工，在最近几年举行的游泳比赛中，他连续三年获得冠军。因此，他总是非常得意地对来访的朋友和媒体记者说："你们看我神气不？我有七十多岁的年龄、五十多岁的身体、三十多岁的心态、二十多岁的肌肉弹性！"正所谓"自信人生二百年，会当水击三千里"，真是何等风流潇洒！

尤为可敬的是，他至今还要坚持下田试验。虽说现在有胶靴，而且大多数情况下也只需要他在田塍上观察观察、指导指导，但日晒雨淋的滋味也不是谁都喜欢的。他有一句口头禅："纸上写不出粮食，电脑里敲不出稻谷。"因此，他必须终生与风霜雷电、炎炎烈日结伴而行。当有人问到，您的工作类似苦行僧，您为什么还会有那么深的情结时，袁隆平回答说："对事业的追求就是乐在苦中，搞农业科技工作是很苦的，整天在太阳底下晒、在泥田中踩，所谓'水深火热'都占全了。但是因为有希望在那里，所以乐在苦中。如果没有希望，盲无目的，就不会有乐趣。"

为了确保有足够的时间坚持从事科研，他总是尽可能地谢绝记者的采访，千方百计避开热闹场所，推掉了许多荣誉兼职头衔。唯有本职研究和一个又一个新的目标，始终萦绕在他的心头，时刻难以忘怀。他创作了一首打油诗：

> 山外青山楼外楼，
> 自然探秘永无休。
> 成功易使人陶醉，
> 莫把百尺当尽头。

他把这首诗抄写在宣纸上，装上镜框，在家里和办公室各挂一幅，既是铭志，也是时刻提醒自己在科研创新的道路上永不停步。

他常说："我这个人水平不高，但是我有种认识，就是要不断创新。科学研究最基本的特色，就是要不断创新，不断向新的领域、新的高峰攀登，这才是科学研究的本色。"他还说，"我是一个从小喜爱跳高运动的人，现在搞科研，也像跳高一样，跳过一个高度，又有新的高度在等着你。如果不跳，早晚要落在后头；而只要努了力，即使跳不过，也可为后人积累经验。"事实表明，他是这样说的，也是这样做的。

过去，我国杂交水稻高产新品种育成最多的一直是籼稻，而粳稻的杂交高产新品种普遍不足。为了加速杂交粳稻的研究进程，从2004年起，袁隆平每年召开一次中国杂交粳稻科技创新论坛年会。在海南召开的首届研讨会上，他提出了力争到2010年，将杂交粳稻的种植比例由3%提高到30%，年种植面积达到3000万亩，产量每亩增加100公斤，实现年增产30亿公斤优质稻谷的奋斗目标。随后，他便脚踏实地地率领全国各协作单位，朝着预定的目标一步一步扎实推进。

2006年，他还根据由于连年来各地城市化进程日益加速，致使我国耕地面积急剧缩减的现状，设定了一个"种三产四"的丰产工程计划。所谓"种三产四"，就是通过种三亩超级稻，产出现有四亩地的粮食。计划在五年之内，全国用6000万亩耕地的超级稻，生产出现有8000万亩耕地的粮食，相当于增加2000万亩耕地，可以多养活3000多万人口。而据报道，到2008年，国务院限定的18亿亩耕地红线即将面临被突破的危险。袁隆平的丰产工程意义之重大，自是不言而喻。因此，这项重大工程一经袁先生发起，立即四处响应。到2007年，全国已有20个县开始实施了"种三产四"工程。尤其是湖南省，在2007年2月17日召开的农村工作会议上决定，把袁隆平的"种三产四"工程作为粮食生产的重要支撑，力争年内在全省推广超级稻800万亩以上。为了实现既定目标，袁隆平本人更是不顾高龄，长年在全国各试验点上操劳奔波。

令人欣喜的是，自从第二期超级稻于2004年提前达到试验田亩产800公斤目标后，2007年推广面积已达160万亩。其中，千亩和万亩示范片均产已达每亩650~700公斤，情况表明，完全能够达到"种三产四"的目标。与此同时，第三期超级稻亩产900公斤的目标也正在试验中日益接近，有望比国务院的要求提前五年，于2010年实现。

2007年10月，在江苏常熟举行的第四届杂交粳稻科技创新论坛年会上，作为大会主席的袁隆平高兴地表扬江苏省农科院以八年之功育成了"常优"系列杂交粳稻新组合和不育系。该系列高产粳稻品种已于2006年成为太湖稻区乃至江苏省首批通过国家审定的晚杂交粳稻新品种。仅在常熟一市,2007年种植面积即达38万亩,平均亩产超600公斤。会议期间在参观著名的国家文明村常熟蒋巷村时,袁隆平站在千亩丰产田的田埂边,俯身捧起一把稻穗,仔细看罢,兴奋地笑着说:"我发现整个丰产方里没有杂草、没有稗子,也没看到病虫害的迹象,而且前几天强台风刚过,倒伏的水稻也很少。这说明常优1号品种好,优势很强。我估计,这里平均亩产要在700公斤以上,高产田块要超过800公斤。这不是一亩两亩,而是1000亩,了不起啊。"当时在场的300多位国内外水稻专家,无不被他那陶醉的神态所深深感动。

此外,应联合国粮农组织和有关各国政府的邀请,袁隆平还马不停蹄地继续在世界各地传授杂交水稻技术。仅在进入21世纪以来的短短七年之内,他就曾先后14次出国传经或受奖,平均每年2次;足迹遍及美国、委内瑞拉、乌拉圭、菲律宾、越南、泰国、马来西亚、孟加拉国、以色列等10多个国家,会见过5位国家元首。各国农业部门更是把他当成一颗向世界播种幸福的福星,争相向他提出合作计划和请求。埃及水稻研究培训中心的伊莫埃非博士说:"埃及从1995年开始引进中国杂交水稻技术,使本国水稻亩产从每公顷10吨提高到12~14吨。最近又引进常熟的'常优一号'品种、云南的水稻品种与本国水稻进行杂交研究,目前取得很大进展。中国在这方面的技术非常领先。埃及种植水稻的历史也十分悠久,埃及十分愿意加强和中国科研人员在杂交水稻技术更尖端领域的合作。"

据联合国粮农组织统计,到2006年,杂交水稻在中国之外的种植面积已达到了3000万亩,其中印度、越南、伊朗、菲律宾、孟加拉国、巴基斯坦6个国家都是大面积种植;研究试种的国家则达20多个。比较遗憾的是,不少非洲国家有着发展杂交水稻的良好条件和迫切需要,然而,非洲的杂交水稻发展进程却反而显得比较迟缓。有鉴于此,2007年3月12日,袁隆平还向来访的商务部副部长魏建国提出了希望在湖南建立杂交水稻国际援助研发中心的建议，以加快杂交水稻的国际发展步伐，更大范围地造福于世界人民。

下一代的教育成长问题，也是近些年来袁隆平常常关心的事情之一。2002年2月26日，他应邀到武汉市硚口区与中小学生面对面交流。一个中学生说，他看到过一篇报道，说袁院士累倒在稻田里还不放弃研究，非常敬仰。他连忙澄清说："一定不要受到误导，累倒还工作不值得提倡，身体是最重要的。另外，我也从来没有在农田里累倒过。我在夏日的禾田里中过暑，但我到树荫里休息一阵子，自己吃点药就好了。这说明我身体过硬，身体好了才能工作……"他的大实话赢得了在场师生经久不息的掌声。

他在其他场合谈到下一代如何成才时，也曾多次深深地感叹说，年轻人要成才，第一要素也是最基本的要素，就是身体要好。身体好才能谈理想，谈奉献。但是现在的孩子学习压力太大了，不注意锻炼身体，容易把身体搞垮。

当一名记者提到现在农业科技成了比较偏冷的专业，高考时学生都不愿填学农的志愿时，袁隆平指出：农业分传统农业和现代农业，城市里长大的孩子认为农业非常落后，农民非常穷，所以不愿意学农。真正的现代农业是高科技的，传统农业确实比较落后，比较穷、比较苦，但是搞现代农业是很有出息而且很好玩的，收入也不会低。我们农科院准备搞个现代农业观光园，可以请他们来看，改变他们的看法。我们现在要逐步引导年轻人，改变学农没有出息的错误观念。

作为蜚声中外的大科学家，袁隆平自然而然成了人们尤其是年轻人心中的偶像，每年都要收到许多来信。有一次，他收到上海一位双目失明的小朋友的来信，信中除了表达他对袁隆平的崇敬以外，还道出了自己对前途的迷茫和困惑。读着小朋友真挚的来信，袁隆平深受感动，立即铺纸挥笔，动情地写道：

……生活是美好的，我们这个世界是美好的，而且会越来越美好。你虽然看不见，但你的心能感受到，周围的爷爷、伯伯、叔叔们都在关心你，帮助你。你是一个有志气有理想的孩子，好好用功读书，将来长大了，一定会有比别人更加光明的前途。不知你听过大音乐家贝多芬的故事没有，这位大作曲家虽然双目失明，却从小发愤图强，在钢琴的键盘里创作了美妙的乐章，让音乐伴随着人类走向史诗般如痴如醉的境界，努力吧，孩子，你虽为盲童，但前途光明……

他的亲笔回信，使来信的盲童受到巨大鼓舞，对自己的前途也重新树立起了信心和勇气。

袁隆平还经常关心着他的祖籍地——江西德安的教育事业。早在1996年，他就为德安县第一中学题词："德智体全面发展，争做'四有'新人。"2002年，他捐资10万元人民币在该校设立了"隆平奖学金"，以鼓励家乡莘莘学子努力学习报效祖国，并再次亲笔为该校新建的图书馆题写了馆名；2004年9月，他利用回乡省亲的机会，为该图书馆揭牌，并亲自为当年高考文、理科前两名的4名同学颁发了首届奖学金和证书。颁奖结束后，他还结合自己的体会，特别向学生们透露了自己事业成功的"八字秘诀"："知识＋汗水＋灵感＋机遇＝成功。"还风趣地补充了一句，"这虽是本人的成长秘诀，不能包治百病，但可以外传，仅供参考。"讲得师生们都会心地笑了起来。他那严谨治学的态度、造福人类的贡献、乐于奉献的精神，深深地感染了故乡青少年的心灵。

世界期望着袁隆平，袁隆平期望着孩子们。肩负着世界期望的袁隆平为世人所做出的榜样，无疑给未来的世界带来了金灿灿的希望之光。

第九章

高山仰止

一、当代神农

1996年清明节前,湖南炎陵县的炎帝陵已被修葺一新。清明这天,炎帝陵前香烟缭绕,古乐铿锵,钟鼓齐鸣,万头攒动;十数管土铳冲天震响,拉开了湖南省正在这里隆重举行的新中国第一次祭奠炎帝陵活动的序幕。

炎帝出生于陕西岐山,其父为少典氏,母为有蟜氏;长于姜水,因以为姓,号历山氏。相传炎帝之世人民多而禽兽少,衣食不足,疾病流行。于是炎帝砍木为耜,揉木为耒,教民农耕,播种五谷;又尝百草酸咸,察水土甘苦,一日遇七十毒,而兴医药,故又号为神农,并被尊为药祖。后与黄帝战于阪泉之野(今河北涿鹿县东南),三战而败。炎帝虽与黄帝发生战事并被打败,但到了周代,姬姓的黄帝后裔文王、武王等周室男子,又相继迎娶姜姓的炎帝后裔女子为妻。姜太公还当了周室的首任首辅。炎黄子孙遂共同构成了中华民族的主体。也许正是在阪泉战败之后,这位农、药始祖才率领残部逃亡到了今湘赣边界的罗霄山脉中段——井冈山一带立足和发展(恰好后来毛泽东也在这里创建了中国工农红军,展开了对抗国民党的武装革命),并最后终老于井冈山西麓的湖南一侧。他的陵寝位置,历代文献都有明确的记载。

上午9点半,祭陵仪式正式开始。主祭人袁隆平在数十位各级领导、数百名中外来宾和万名参祭群众的热烈簇拥下来到陵前。司仪宣布献太牢、上供果。于是三具牛、羊、猪头(太牢)和百样果蔬陆续被礼仪人员抬上供桌。随后,主祭人袁隆平和各位陪祭人依次盥手、就位;主祭人袁隆平庄严地高擎起火把,点燃了祭坛前的圣火。接着,领导、来宾先后奠酒、颂祭文、讲话,全体向圣像和陵寝鞠躬行礼如仪。最后,举行了古朴典雅的古乐和舞蹈表演。7000年来,作为华夏始祖之一的炎帝,受到了他身后最盛大、最隆重和最热烈的一次荣典和礼拜。

与有史以来可能有过的历次祭奠仪式不同的是，此番祭奠活动的主祭人不是从中央到地方任何一级的行政长官，而是被人们誉为"当代神农"的杂交水稻之父袁隆平。近年来陕西的黄帝陵和浙江的大禹陵祭奠活动，也都是由当地行政长官主祭的，因此，湖南的炎帝陵祭奠活动便显得别具一格，极有新意。

　　尤其有趣的是，就在这之前不久，考古学家在离此不远的株洲市和江西万年县发掘出了9000—7000年前的人工栽培水稻。这表明我国典籍所载的早在远古时代，神农氏即已教民农耕的传说言之不虚。而在人工栽培水稻的始祖——神农当年教民耕作的地方，恰恰又成长起了当代的杂交水稻之父，这真是一个具有戏剧性的历史巧合！而湖南作为有明确证据的远古人工栽培水稻最早的地区和当代水稻杂交技术的发源地，在整个中国农耕和稻作史上也便具有了极其经典的意义。

　　"老袁，今天，对你来说，可是一个特别不寻常的日子啊！当然，作为炎黄子孙前来拜谒我们的始祖陵，每一个人的心情肯定都是激动的。但作为一名水稻专家和当代神农，你不仅是炎帝'血统'的继承者，还是炎帝'学统'的继承者呢！"一位全国政协副主席在祭陵后饶有风趣地对袁隆平说。

　　"当代神农我可不敢当啊！我有何能耐敢窃此尊名？今天让我担任主祭我都感到非常惭愧和惶恐不安呢。不过，我承认自己既是炎帝'血统'的继承者，又是他老人家'学统'的继承者，能够以这种双重继承者的身份来祭奠自己的祖宗和祖师，我确实感到太幸运了。"袁隆平兴奋地说。

　　"事情怎么这么凑巧呢，老袁？你看，炎帝并不生长在湖南，可他却跑到湖南来教会了民众种水稻。你也不是湖南人，偏偏也跑到湖南来发明了杂交水稻。难道你们在冥冥之中商量好了吗？或者你本身就是神农转世？"一位省领导也跟袁隆平开玩笑说。

　　"有资料表明，我国的水稻亩产量，1949年仅有一百三四十公斤，相当于汉代的水平。也就是说，近2200年来，我国的农耕水平基本上没有进步。直到20世纪50年代末矮秆品种的推广和化肥农药的使用才使产量上了第一个台阶。然后 70 年代中期，杂交水稻的发明，又使产量上了一个新台阶，亩产平均达到 450 公斤，是新中国成立初期的三倍多。可见，就是神农看见了这个进步，也要自叹弗如呢！"一位省农业厅领导也凑趣说。

"领导们都过誉了，我实在担当不起！人类社会生产由田猎阶段进入农业阶段是一个划时代的伟大进步。美国未来学家阿尔文•托夫勒把人类进步的三个重要阶段称为'三次浪潮革命'。其中约 9000 年前农业的兴起为'第一次浪潮革命'，约 300 年前工业的兴起为'第二次浪潮革命'，而现今正在兴起的信息革命则为'第三次浪潮革命'。神农领导了伟大的'第一次浪潮革命'，所以说他对于人类的贡献是全面而深刻的、综合性的；他的发明创造也是成系列的，而不仅仅是某几个单项。即使是就单项的水稻栽培技术而言，他那时懂得去栽培和驯化野生稻，他的创新水平就绝不亚于当今世界的任何一名最伟大的科学家。因此，在我们伟大的祖先面前，我们当代中国科学家，实在还没有太多值得骄傲的理由。"袁隆平坦诚地剖白说。

"哈哈，老袁，你这是厚古薄今哪！有的人听了会不高兴呢。"另一位省领导笑着说。

"是呀，讲真话总是不那么中听的。曾几何时，我们动不动就说取得了史无前例的伟大成就。听起来虽然很响亮，但到底有多少合符实际呢？是否史无前例，要用世界眼光来做纵横双向比较。历史上曾经有几千年，我们中国在各业生产和科学技术上一直稳居世界领先地位，但自从清朝以来，我们到底取得了几项领先世界的伟大科技成果呢？所以，并不是我厚古薄今，而是实事求是地说，在我们的总体科技水平尚未再度领先世界之前，我们最好不要讲什么史无前例的大话。否则，炎帝老子都会从地下爬出来扇我们的耳光呢！"袁隆平也笑着说。

"老袁，说得好！发扬炎帝为民造福，勇于实践的伟大创造精神，力争通过若干代人的努力，使我们中华民族再站世界前列，这也是我们祭奠炎帝陵的重大意义之一啊！"一位省委领导说。

"我很赞成发扬炎帝精神，我既希望把炎帝陵作为一个旅游景点来宣传，也希望把它作为一份精神遗产来宣传。我还主张把我国古代传说中的许多具有积极意义的生动故事（如炎帝的故事等）拍成儿童影视片，潜移默化教育我们的后代，一定会有很好的收效。不过，人家不一定听我这一套罢了。"袁隆平说。

"你说的话如果能赚钱，就会有人听你的。"有人在旁边插了一句，引得大家不禁会心一笑。但立即就有领导因势利导纠正道：

"当然，经济效益也要。但正如袁先生所说的，意识形态方面的活动，还是要把精神文明建设放在首位。"

一场聊天本该就此结束了，但袁隆平却又补上一句说："我倒不是说一定要把精神文明建设放在首位，我还是拥护小平同志提出的以经济建设为中心。作为一个献身人民、献身科学的发明创造家——神农，他的精神虽是不朽的，但其最伟大的意义还是在于他推动了人类社会生产力的发展。"

那位领导同志拍着袁隆平的肩膀呵呵一笑说："我们这真叫敲锣卖糖，各叫一行啊！我说要讲精神文明，你就说要发展社会生产力。其实，还是物质文明和精神文明两手抓，两手都要硬才行啊！"

"你这么说，我就领教了。"袁隆平也愉快地接受说。

分手上车时，省委领导还特意来到袁隆平的车旁叮嘱司机戴牛松说："小戴，你给袁先生开车可得千万当心啊。我们省领导翻个跟斗不要紧，随时可以换一个，科学家可是无法替换的呀！"

"请领导放心，我跟随袁先生十几年了，我知道无论是对于中国还是世界，袁先生都是非常宝贵的！"戴牛松动情地说。

袁隆平不禁心头一热。虽说已到了心静如潭的年岁，他的胸中还是不由得荡开了一阵感激的涟漪。

从炎陵回到家里，他把炎陵祭祖的经过和感受告诉夫人。邓哲听后也不禁感叹不已说："现在的社会才真是崇尚科学、尊重知识、尊重人才啊。"

接着，邓哲又说："今天，郴州那个多次写信来说要给你塑像的曹宏球终于亲自找上门来了。我不得不按照他的请求，给了他几张你的各种不同角度的照片，他才满意地回去了。"

"唉……这个人也真是的，我已经多次回信不同意他塑像，他如果有钱可以去扩大再生产，他要照片我也一直不给他，可他硬要去塑，简直不可理喻了！"袁隆平不禁有点心烦地说。

"你可别这样心烦人家，人家也是一片好意呀！"邓哲说。

"好意是好意呀，可照他说的雕一尊汉白玉立体石像，那得要多少钱？我要是给他钱吧，到时候人家还说我拿钱请人给自己塑像；我要是不给他钱呢，心里又总有点过意不去。一个农民，钱是那么容易挣的吗？"袁隆平说。

"那宁肯欠他的情，也不能给他钱。否则，不光坏了你的名声，连他的名声也坏了呢。到时候，人家还说他为你塑像纯粹是为了赚你的钱，那可就真的对不起人家了。"邓哲也感慨地说。

二、一尊石雕像

湖南郴州市北湖区华塘镇塔水村农民曹宏球出生于 1960 年。那是一个不利于中国人生长的年代，父母都饿得皮包骨，生出的孩子是什么模样就可想而知了。母亲还不到三十岁，两只奶子就全萎缩干瘪了，小老鼠般的婴儿只能抓着母亲怀里那两只皱皮茄子般的乳房哇哇干号。

看着妻子怀里嗷嗷待哺的婴儿，父亲一筹莫展。家里已临断炊之境，他深深地悔恨着自己不合时宜地"造"出了这条小生命而却没有能力养活他，无奈之下，只得取来一只破箩筐，窝上破棉絮，将这小生命置于其中，准备扔到马路边上让他碰命，看能否被哪位好心的路人捡去收养。

母亲深知这个年头人人自顾不暇，谁还会有余力来收养弃婴？将孩子丢在野外，就只有死路一条。她绝不能把自己的亲生骨肉送出去等死，面对丈夫无奈的安排，她犹豫再三，终于紧紧地搂着孩子坚定地喊出了一声"不"，接着，便号啕大哭起来。

父亲的心也软了，他长叹了一口气，随手把箩筐扔进屋角，有气无力地出了门。不久，总算求得好心的公社书记帮助，供应了1斤油、2斤黄豆和10斤大米作为对产妇的特别照顾。吃着这磨碎的黄豆和大米调成的羹，曹宏球总算是幸运地度过了生命的最初危机。

饥饿伴随着曹宏球长大，十五岁初中毕业后他就辍学了，直到粉碎"四人帮"，拨乱反正之后，改革开放和杂交水稻差不多同时在中国大地上推行之际，他才开始尝到了"饱"的滋味。

他是同时代农民中比较有文化而思想又开放的佼佼者，他不仅种出的杂交水稻年年亩产超吨粮，而且种出的瓜果蔬菜也比其他人的产量高、质量优，他还通过自学，刻苦钻研，培育出了新品蔬菜——无籽苦瓜，从而被镇政府选拔为科技示范户；进入20世纪90年代之后，他又把田地交给妻子耕种，自己专门养蜜蜂，并大获成功，成为科技致富的典型人物，受到郴州地委、行署的表彰。

苦去甘来，率先进入小康行列的曹宏球，深知今日幸福生活的由来。1995年春节，他在自己家的新楼大门两边贴上了一副新春联，上联是"发家致富靠邓小平"，下联是"粮食丰收靠袁隆平"，横批是"盛世太平"。这副对联一经传出，便被各地新闻媒体广为引用，几乎成了一篇经典之作。

把袁隆平和邓小平放在同等地位之上，并认定他们分别以各自的杰出贡献，共同创造了今天的太平盛世，使人民过上了衣食饱暖的好日子，这是曹宏球的大胆感言。关于曹宏球的论断是否准确，人们见仁见智，自可任意发表高见。很显然的是，曹的感言表达的绝不仅仅是他一个人的观点。中国农民都是根据他们所得实际利益的多寡来判断社会的好坏和品评人物的优劣的，而且他们总是言为心声，最敢讲真话，最恨讲假话。过去有一句套话，叫"朴素的阶级感情"，而农民的感情确实就是如此质朴、纯洁和真诚。

但是，曹宏球的"大作"广泛流传，却使袁隆平感到颇为不安。诚然，袁隆平原本也是一个天不怕、地不怕的"齐天大圣"，但把他和邓小平相提并论，他总觉得有点悬乎。他希望人们不要这样评价他，因此，大凡有来访的记者问起他对这副对联的看法，他总是认为这是农民对他的偏爱，评价实在太高，表示不能接受。但他无法约束舆论，各地报刊在转述他的观点的同时，反而把农民对他的这种感激之情发酵酝酿得更加浓香扑鼻了。面对这令人尴尬的热情颂扬，他只能报以一丝无奈的苦笑。

然而，事情还不止于此。紧接着，那曹宏球就来信提出要用自己的私人积蓄为袁隆平塑一尊汉白玉立体石雕像。他在第一封来信中说：

尊敬的袁先生：

我是一名农村知识青年，出生于天灾人祸横行的1960年，差一点饿死在襁褓之中。在农村推广您所发明的杂交水稻之前，我没有吃过一顿饱饭。是邓小平给我们送来了好政策，您给我们送来了好种子，使我家今天不仅衣食无忧，住上了崭新的小洋楼，还有了五六万元的存款。我今天给您写信，就是想向您表达我对您的崇高敬意和感激之情。我相信，在这一点上，我的感情可以代表全中国许许多多的农民。

我母亲信佛，常年礼拜观音菩萨，并教导我们有了钱要修桥补路，乐善好施。我现在有了一点钱，可是我们村的路和桥都修好了，施舍别人的事我也做了不少，因此，我想用现有的积蓄塑一尊您的汉白玉石雕像。我全家人都很赞成我这主意。我母亲尤其积极支持，她说修菩萨也是做大善事，袁先生就是"米菩萨"，修好后她要天天敬拜。请您不要误会，我的本意并不是把您当菩萨来修的，而是为了纪念您的功德，使我们全村全镇的农民子子孙孙都不忘记是谁使我们吃上了饱饭。当然，这并不妨碍我和我母亲的迷信观点结成一条和谐的统一战线。

为此，我请求您赐给我几张不同角度和不同姿势的全身照片，以便我请合适的工匠参照您的照片进行雕塑。

……

袁隆平当即回信说：

曹宏球先生：

　　来信收悉，谢谢你的好意。你和广大农民的心愿，是对我和我国科技工作者的最高嘉奖、鼓励和鞭策，在我看来，比诺贝尔奖还更荣耀。你们的这份情我就领了。但我为人民和国家做了一点贡献那是应该的，不值得你们如此敬仰和崇拜。据你的来信看来，你目前虽有一点积蓄，但尚不很富有。因此我建议你把钱放到扩大再生产上去，以便进一步发家致富。你若一定要积德行善，社会上也还有很多公益事业可做。请你千万不要把钱浪费在为我塑什么石雕像上，我实在承受不起你的这种厚爱。请你尊重我的意见，并恕我不给你寄照片。顺祝阖家安泰！

袁隆平

　　可是，曹宏球却非常执着。如前所述，他最终还是把袁隆平的照片要去了。湖南多的是花岗岩，但没有汉白玉石料。其实，汉白玉属大理石类材料，还不如花岗石坚硬，价格却比普通花岗石贵得多。为便利和省钱，他完全可以就地取材，雕一尊花岗岩石像也很好。但他听说汉白玉石料最珍贵，连北京皇宫的许多建筑物都是汉白玉雕刻的，他便也一定要雕一尊汉白玉的，以表明他的诚心。

　　于是，1996年10月，怀揣全家所有积蓄和袁隆平的照片，曹宏球乘火车北上，来到北京房山区，先后参观了几家汉白玉石雕厂都不满意。最后经人指点，又来到河北曲阳县园林艺术雕刻厂。这倒是一家很有名望的高水平艺术雕刻企业，他们曾经雕刻过天安门前的汉白玉龙，连海南三亚的海滨景点石雕都是他们雕刻的。但是，一问价格，吓了一跳：按照他提出的规格和要求，雕成一尊汉白玉立体全身人像，起码得30万元。可他倾囊而出也只有5.8万元。资金相差太大，看样子是没戏了，打道回府吧。

　　可是，他偏偏还不死心。他读过点古书，隐约记得好像什么文章中写过"燕赵多慷慨悲歌之士"。这河北不就是燕赵之地吗？业务员和业务科长不肯通融，他就直接找到该厂厂长，长歌当哭般地把他的心愿和家底如实相告，希望厂长玉成其事。不料这厂长还真是一位慷慨之士，一听说他是自费为袁隆平雕像，果然感动得唏嘘不已，连忙一拍胸脯，豪爽地说："行！既然是为袁隆平雕像，赔本我们也干。袁隆平解决的是全国人民的吃饭问题，我也吃了他的杂交稻米。为了纪念这位伟大的科学家，我们也该跟着你凑份子。这样吧，你交4.8万元，留1万块钱回家发展生产；其余的全由我们厂里出，就算是表达我们对袁先生的一点心意吧。我一定精选一方上等石料，亲自执凿，与为天安门雕龙的卢进桥师傅联手来雕好这尊重要作品。"

经过四个多月的精心雕琢，一尊晶莹泽润的汉白玉袁隆平雕像终于栩栩如生地面世了。它基本与真人成1:1的比例，取的是袁隆平蹲于田埂，手捧稻穗，深情凝视的图案，连底座高1.6米。照曹宏球的说法，雕像高"一米又六"是"有米有肉"的意思。

1997年2月，雕像运抵郴州，但矛盾发生了。按照曹宏球的想法，这尊雕像应该安顿在镇上的公园里，以便大众随时瞻仰，学习袁隆平的科教兴农、济世安民精神，他还把这想法告诉过镇领导，并获得镇领导的赞同。但曹宏球的母亲一听却急红了眼，她坚决反对把她的"米菩萨"放在露天公园里日晒雨淋；而且，镇上离家那么远，以后她怎么能天天进香礼拜呢？因此，她毫无通融地责令儿子非把那"米菩萨"运回家来，供奉在祖师正位上不可。

曹宏球是一名孝子，拗不过母亲的意愿，只得答应照办，可却不知该如何向镇领导解释是好。好在镇领导倒也谅解老人心情，不仅爽快地同意他把这"米菩萨"抬回家去，还派出三部专车，由镇领导、村干部带队，中心小学组织仪仗队护送，一路锣鼓喧天，将袁隆平雕像送到曹宏球家，安置在大厅的上方正中位上。一时间，村子里鞭炮齐鸣，全村800多名村民争相来到曹家参观，都对曹宏球的义举赞不绝口。

由于这是一尊动态立体侧身像，本来最适合安置于外景地的高台座上，供人随意四面观赏。现在把它安置在堂屋上座的地面上，反而显得有点不伦不类。

但曹宏球的母亲看着却连声叫好,一时间笑得合不拢嘴。等领导和群众散去,老太太便点起三炷香火,双手合十,口念:"阿弥陀佛,米菩萨,感念您的大恩大德,求您保佑我曹家有吃有余,岁岁平安。阿弥陀佛,阿弥陀佛……"

三、媒体的呼声

除了广大民众的口碑之外,自20世纪90年代末开始,国内媒体对袁隆平的报道也显著增加了。这充分表明了科学技术作为生产力对社会的进步所产生的伟大的推动作用,已经被越来越多的中国人所认识。同时,也表明中国媒体"追星"的目标,起码已经部分地从影视界扩展到了科技界,这也不能不说是中国社会风尚的一个可喜可贺的转变和进步。

以下是1999年以后,媒体对袁先生的重点跟踪报道。

1999年5月1日,袁隆平应邀出席了中华全国总工会和中央电视台联合举办的"庆五一"文艺晚会。他在晚会上当众讲述了那个梦见"水稻长得跟高粱一样高大"的故事,这是袁隆平第一次在中央电视台的文艺节目中出镜,使全国最大范围内(包括海外华侨、华人)的观众比较集中地见识了他的风采。10月26日,中共中央在北京人民大会堂举行一批小行星命名仪式,其中一颗小行星被命名为"袁隆平星"。11月2日,袁隆平被国家授予全国十大杰出专业技术人员奖章。在授奖仪式上,他代表受奖的十大杰出专业技术人员做了发言。

2001年2月19日,我国新的科学技术奖励条例颁布后的第一次颁奖仪式在北京人民大会堂隆重举行。袁隆平和著名数学家吴文俊获得首届中国科学技术最高奖,中共中央总书记、国家主席、中央军委主席江泽民亲自把500万元奖金和证书颁发到两位老先生手里。江总书记在与袁隆平见面握手时,还风趣地说:"袁隆平,多日不见了,我好想你啊!"8月29日,菲律宾政府授予袁隆平拉蒙·马格赛赛(政府服务)奖;菲国首都马尼拉市同时授予袁隆平荣誉市民称号。12月，香港中文大学还授予袁隆平荣誉理学博士学位。

2004年5月，袁隆平又获以色列沃尔夫奖，以色列总统摩西·卡察夫亲自为其颁奖。9月，获得泰国国王金镰奖。数日后，他又受到来华访问的菲律宾总统阿罗约的约见，并授予嘉奖令。10月，获得美国世界粮食奖基金会颁发的世界粮食奖。年底，获评中央电视台"感动中国·2004年度十大人物"之一。

2005年11月，袁隆平在当年亚太地区种子协会（APSA）年会上，被授予"APSA杰出研究成就奖"。

2006年4月25日，袁隆平当选为美国科学院外籍院士。12月17日，由国家发改委、科技部、中科协、中科院等部委评定的"2006中国最具影响力创新成果"等奖项揭晓，袁隆平与牛根生、马蔚华、柳传志、李书福等获选2006中国最具影响力创新成果领军人物。

2007年1月28日，"和谐中国·2006年度影响力人物"大奖在京颁发，袁隆平位列获奖首席。8月29日，中央组织部、中央宣传部、中央统战部联合下发《关于在广大知识分子和无党派人士中开展向袁隆平同志学习活动的通知》，号召中国广大知识分子和无党派人士学习"杂交水稻之父"袁隆平。9月18日，袁隆平又被全国精神文明办、中华全国总工会、全国妇联、共青团中央等单位评为全国道德模范，在北京参加表彰大会时受到胡锦涛总书记接见。

2003年至2005年，中共中央总书记胡锦涛、国务院总理温家宝、全国政协主席贾庆林等中央政治局领导先后来到袁隆平主持的国家杂交水稻工程技术研究中心视察。胡锦涛总书记详细察看了超级杂交稻选育项目的进展情况，充分肯定了袁隆平做出的重大贡献。温家宝总理在视察时评价说，袁老所研究的超级稻，不仅有重大的学术价值，而且对解决中国人养活自己的问题，做出了重大的贡献。现在看来，超级稻的科学价值，已经超出国门，影响到世界了。东南亚几个国家的领导人，见我面的时候，都谈到农业合作问题，而且指名要中国帮助他们发展超级稻。所以袁老所做出的贡献，不仅有利中国，而且有利世界。当温总理得知视察当天是袁隆平的生日时，晚上还特派专人送来了生日蛋糕，祝贺他七十五岁华诞。

作为中国农业科技界的一颗巨星，袁隆平已经以他的烁烁光辉闪耀在伟大祖国的万里长空，成为万民敬仰的泰山北斗。

美国科学院是美国科学界的最高荣誉机构及政府咨询机构，英文简称NAS；1863年3月3日根据林肯总统签署的国会法令建立。该院由院士、名誉院士与外籍非正式院士组成，外籍非正式院士取得美国国籍即可成为院士。每年4月在华盛顿召开一次年会。美国国家科学院规定每年当选的新院士总数至多60名，外籍非正式院士至多15名。中国已有7位美国科学院外籍院士，他们是著名数学家华罗庚，古脊椎动物与人类研究所研究员贾兰坡，中国医学科学院院长巴德年，袁隆平和纳米技术专家白春礼，以及2007年刚入选的华中农大生命科学技术学院院长张启发和上海微系统与信息技术研究所研究员李爱珍。至此，美国国家科学院的院士总数增至2025人。美国科学院在发表的声明中说："（当选的）这些科学家在各自的研究领域内取得了卓越的、持续的成就。"诺贝尔化学奖获得者、美国科学院院长西瑟罗纳先生在新当选院士就职典礼上介绍袁隆平院士的当选理由时说："袁隆平先生发明的杂交水稻技术，为世界粮食安全做出了杰出贡献，增产的粮食每年为世界解决了7000万人的吃饭问题。"这就充分表明了美国科学院对真正高水平的世界顶级科学家的珍重和大度。

四、像稻米一样普通

尽管进入古稀之年之后仍然荣誉叠至，但袁隆平却始终认为，自己终究不过是一个像稻米一样普通的人。

的确，袁隆平的待遇高了，身价高了，地位高了，名望高了，可以说比超级明星还更超级。但是，袁隆平的为人没有变。过去人们形容他是一位中国最著名的农民，现在他还是一位中国最著名的农民。《光明日报》记者胡其峰在采访时曾经问他:"您是新中国知识分子的代表,但一些报道也称您是中国最著名的农民,您怎么理解农民?"袁隆平回答说:"农民是非常朴素、勤劳的。农民身上一些好的东西我还学不到,很惭愧。有些人瞧不起农民,这是不对的。我认为农民的那种朴素、勤劳、节俭的精神,应该值得我们每个人学习,我对农民非常尊重。所以,人家说我是农民科学家也好,现代农民也好,我认为是一个美称。"

袁隆平赞颂农民,敬仰农民,而且由于长期的水田作业磨砺,使他身上、脸上都带上了浓厚的农民色彩,然而,实际上他祖上几辈都不是真正的农民。他的曾祖是德安著名的开明地主兼资本家;祖父袁盛鉴仗义疏财,赞助国民革命,曾被北洋段祺瑞政府先后委任为广东琼崖行政公署秘书长和文昌县县长;伯父秉承父志投身国民革命,先后在冯玉祥和张林甫部下任少将师长,抗日战争期间,在德安大战中英勇捐躯;父亲则外出求学而走上了悲喜交集的人生道路。因此,袁隆平在参加工作之后长期因"出身不好"而饱受歧视,就不难理解了。

另据德安袁氏宗谱记载,袁氏出自妫姓,妫姓是中国上古最早的姓之一。传说舜帝因居妫水,乃以地为姓,所以舜是第一个姓妫的人。2000多年前的陈国人就是这一姓氏的传人。而陈胡公的第十八世孙字伯辕,后来伯辕的孙子涛涂就以祖父的字为姓,叫作辕涛涂,辕又写作袁。因此,袁涛涂就成了中国所有袁姓人的始祖。袁氏发展到东汉成了京都洛阳的名门望族,许多人在朝廷身居高官,其中有一位袁安,与他的第三子袁敞、孙袁汤、曾孙袁逢连续四代位至三公。袁安的第二子袁京则出任蜀郡太守,后来因厌弃官场而远徙到宜春城北的五里山下隐居,皇帝三次召其入朝而不为所动,潜心居住在茅屋里研究《易经》,著有《难记》16万字。世人颂其高洁,故称之为袁高士。袁京死后,当地人为纪念他而把他隐居的五里山改名为袁山,山前的芦溪河改名为袁河;后来隋朝在宜春设州府,即名袁州。现江西宜春市还设有袁州区。而德安袁氏就是袁京的后裔,因此,有人联系到袁隆平不肯当官的故事,认为先生潜心科研,心性淡泊,颇有乃祖遗风。

江西德安人认为:袁隆平的祖居地蒲亭一带是古之"敷浅原",乃夏禹治水所在地。那里背依庐山，襟怀长江，一条秀丽的博阳河环绕九曲流入鄱阳湖与长江贯通一气，是千古难得的风水宝地。而袁氏几代的祖坟又正好葬在博阳河畔"蒲塘落雁""义峰耸翠""玉带流金"的水龙山上，正因为这神圣的风水化育了袁隆平这条利益众生、名满世界的"巨龙"，所以袁隆平从小会游泳、善游泳。

这当然都是一些似是而非的趣味之谈，但袁隆平出身名门望族，祖上多英俊豪杰则是有案可考的。不过，袁隆平就是这样一个人：过去人家说他"出身反动"，他也无所谓；如今人家说他是"贵族血统""真龙出海"，他更不在乎。倒是和全世界的绝大多数有情人一样，对于故乡的那种悠悠眷恋之情，却总是挥之不去。更何况，至今他还有一个弟弟和一个妹妹生活在故乡。

2004年9月25日，袁隆平在百忙中抽空率领全家第九次回到了德安探亲；不过，这离他上一次回乡也已经相隔近三十年了。

在会见弟弟、妹妹两家亲人和当地领导，以及出席地方安排的各种活动之后，袁隆平率家人驱车前往离德安县城10多公里的宝塔乡万家村后山上祭祖。下车后徒步半个多小时才上得山来，袁隆平在弟妹的引领下找到了6座他家先人的坟墓。他在祖父等先人的墓碑前，分别放了3个花圈和4个盛满鲜花的花篮，虔诚地朝祖父的坟茔先行了3个鞠躬礼，随后又遵传统跪在祖父的墓碑前叩拜默哀。随行的家人也一齐跪下，焚香、化纸、奠酒、上供、叩拜如仪。家人陆续下山时，他仍独自伫立在先人墓碑前，直到薄暮渐渐降临，他才独自下了山。

中国人历来主张"贤士举百善，百善孝为先"，袁隆平对先辈的尊敬和怀念之情，以及他以传统礼仪祭拜祖先的行为，受到了当地民众的一致赞赏。同辈乡亲钟希迹老人为他填了一首《唐多令》以颂扬之：

回里悼先亲，隆平尽孝心。
献花圈，祭奠公坟。
率领全家三叩首，铺钱纸，吊宗魂。

显然，在乡亲们的眼里，袁隆平还是一个能与他们息息相通的、故乡人民的孝子贤孙。

的确，袁隆平的所谓"贵族血统"，并没有削弱他质朴的农民情怀。除了乡土情结之外，节俭朴素，也是他的习惯。出席任何重大的活动，他都不会特意准备什么礼服和行头；连出国穿的西装也是两三百块钱一件的便宜货；他家里挂着一套早年100多块钱买的白色西装，曾经用于出国穿了好几年；后来经济条件越来越好，他才又临时买了一些还算合身的普通衣服。2001年12月初，他到香港出席香港中文大学授予他荣誉理学博士学位的仪式，按惯例需要穿西装打领带，平时穿着极随便的他，便和同行的人上街买领带。同伴都劝他买条"金利来"名牌领带，可是他嫌贵，最后在地摊上买了一条16元多港币的领带。他拿过领带，在胸口上比试着，笑着说："蛮漂亮嘛，怎么样，精神吧，这叫价廉物美，比名牌差不到哪里去，来来，你们都来买……"见同伴都不愿买，他只好调侃道，"哦，我晓得了，你们是舍不得花钱，我老袁大方得很，每人白送一条，怎样？"说罢，他果然掏出100元港币买了6条，也不管别人喜不喜欢，当即硬送给每人一条。

当时，袁隆平的三儿子和三媳妇正在香港中文大学学习，听说此事后特意上街买了条"金利来"领带，晚上到老爸下榻的宾馆，嘱咐老爸明天出席仪式时，系他们买的这条，但第二天，他还是系上了自己在地摊上买的那条。他常说，衣着行头提不高人的身价，人的身价是由人的内质决定的。

按照他的身份，坐飞机头等舱是理所当然的；要是在外国，他连私人飞机都该有了。但是，他通常乘飞机出差，总是坐经济舱。他对办公室有交代："别买头等舱，就买经济舱，就是买了头等舱，也得去退掉。"有一次买机票的同志考虑他当时工作连轴转，几天没休息好，为了让他在飞机上休息得舒适一点，忍不住"违反规定"给他买了一张头等舱机票。他在登机前发现，硬是逼着送行的秘书临时去换了经济舱。

近些年来，学术风气腐败的问题不断浮上台面，不少学者追名逐利，不择手段，道德沦丧，斯文扫地；有些著名教授甚至院士也涉嫌剽窃他人的学术成果，或弄虚作假欺世盗名。对此，袁隆平评论说："追名求利本身并没有什么不好，但有些人没有干多少事就去争名夺利，得什么奖，发表什么文章，都要去争。有些老实人做了很多事反而没有在乎什么名利。我认为，还是把名利看淡泊一点好。如果把名利看得太重，稍微有点不如意，受了挫折，心里反而很难受。"

袁隆平实际上是在这里为学术界指出了三种对待名利的态度。一种是凭科研和学术实绩去取得相应的名利，这是符合我国古今社会道德规范的。第二种是试图不劳而获地追名逐利，这是很卑鄙的，也是不符合社会道德规范甚至违法的。第三种是科研成果丰硕，工作实绩厚实而却不计较名利的，这是最高尚的。显然，袁隆平最推崇第三种名利观，而他自己也正是这样做的。他把名利看得很淡，评不上院士也好，一时被人误解也好，他总是我行我素，满不在乎。因此，他的心里总是很平和，很恬静，他也就永远活得很快乐，他的心态也就永远很年轻。

他实际上功高盖世，名满天下，令人高山仰止，但是他从来没把自己看成是一个什么了不起的人物。他喜欢做沧海一粟，一粒稻米。

当然，对于我们的社会来说，他的业绩和风范、他的精神和品格，也一如稻米之于国计民生一样珍贵和重要。

后　记

　　我们是怀着崇敬的心情走近袁隆平先生的。因为我们不仅明白粮食之于国计民生的极端重要性，而且都曾亲身遭受过饥饿的折磨；什么时候能有饱饭吃，曾是我们幼年时代的美好憧憬之一；一个为世界消除饥荒开辟了通道的人，在我们心中的分量是可想而知的，所以我们极愿以我们低微的智能为袁先生作出一部文学传记。

　　我们也是怀着忐忑的心情走近袁先生的。因为我们知道，现在是市场经济时代，而对于绝大多数中国人来说，饥饿早已成为历史，年轻些的人则根本不知饥饿是怎么一回事。酒足饭饱之后，人们需要的是种种奇妙的刺激，在这种情况下，来给读者讲述一个发明杂交水稻的科学家的平实的生平故事，能有市场吗？

　　坦率地说，立意之初，对于创作袁先生的传记，我们的心态是颇为矛盾的。幸好有一位出版社的负责同志表示，袁隆平的传记，即使亏本他们也愿出——毕竟还是有人充分地确认了为袁先生立传的重大意义。这样，我们心里总算有了点底。

　　但撰写袁先生的传记并不容易。第一大难点是袁先生本人对这件事缺乏积极性，因而采访起来甚感困难。想当年美国记者斯诺先生在延安采访中共领袖，仅毛泽东主席一个人就专门抽出十几个夜晚来跟他彻夜长谈。这是何等高度的重视和何等积极的配合！其原因盖在于当年中国共产党极难有向世界正面宣传自己的机会，故需借斯诺先生之笔突破国民党及帝国主义之封锁，向世界传播关于中国共产党人之真实信息也。而袁先生则相反，近些年来报刊连篇累牍地报道，天天有记者要求采访。他肩负着国家"863"高科技计划杂交水稻工程技术攻关的责任科学家的重任，中国甚至整个世界都在注视着他的研究进展情况，他必须按时拿出计划中规定的成果，研究工作极其繁难，光新闻记者的采访就使他不胜其烦，哪里还有心思来配合我们作传记？

这一点，我们非常理解。因此我们只好耐心"蹲守"，见缝插针，甚至连他吃饭的时间也不放过。如此，总算点点滴滴地从他口里掏出了一些我们认为非常必要的材料，并很贴近地体察和感受了他的为人；加上袁先生身边工作人员和亲朋故旧的热心帮助，我们的采访才终于有了些许成效。

撰写袁先生传记的第二大难点是专业技术问题。杂交水稻的研究涉及大量生物学、植物学知识和许多专门技术问题。对于我们外行人来说，要想大致地了解个中奥妙已属不易，更何况我们还得用一般读者能够领会的语言把它复述出来。这显然也是一件非常棘手的事。对此，除了刻苦学习、虚心求教之外，我们别无他法。于是，我们便就此办理。我们觉得，我们似乎还不算太笨；在十分有限的时间内，我们在纷繁复杂的杂交水稻和植物学王国里提纲挈领地小兜了一圈，自己感觉学到了不少知识，虽不敢说解透了杂交水稻的全部奥妙，但表达起袁先生的研究内容来，好像还能够勉强凑合。为此，我们感到特别快乐，因为除了写传记，我们还知道了我们饭碗里每日盛着的大米饭中的某些科技含量。我们当然期望我们的读者也能从这本书的阅读中获得这种快乐。

第三大难点是袁先生所在的国家杂交水稻工程技术研究中心党委给我们提出了应该说是相当严格的写作要求。中心党委书记全永明先生一见面就明确指出，给袁先生作传记，必须既真实又新奇，既朴实又生动；必须准确无误而又形神兼备地描绘出袁先生的外在形象和精神内质，反映出袁先生一生在生活上的磨难和科学道路上的艰苦跋涉、勇攀高峰、永不停步的奋斗历程；必须能趣味盎然地抓住读者，打动人心，使人感到可信、可亲、可敬、可爱、可学；还必须超过以往对袁先生已有的所有报道和著述的水平。他还特别叫我们自己掂量掂量，是否有把握达到上述标准，否则便不要动手揽这桩活计。

这使我们感到十分窘迫。因为这差不多就等于是要我们拿出一部全国一流的传记杰作来，而我们就是再狂妄，也不敢指望能如此出手不凡。加上袁先生的生平事迹，也肯定不会有某些明星大款的私生活那样吊人胃口。如何能保证写得引人入胜自始至终抓住读者？但是，我们也不忍就此退缩，接受这场严峻的挑战，对于我们来说，也未始不是一次很好的锻炼机会。因而最终我们还是硬着头皮顶了下来。

经过反复掂量，我们确定的写作宗旨是，不管当代一般读者的趣味和追求发生了什么样的变化，我们都只能撰写一部以真实为本的严肃的科学家传记。趣味也好，震撼人心也好，都必须从人物自身的命运、经历和精神境界去体现。我们顶多只能在事实的基础上有所演绎、有所生发、有所润色。而决不能胡编乱造、故弄玄虚，或故作惊人之笔以哗众取宠，献媚于低级市场。结果，我们写出的就是现在这样一部可能还不算太难读的东西。

非常幸运的是，这部传记一经出版，就受到了社会各方面的广泛关注。中央电视台《新闻联播》报道了华艺出版社在北京举行的首发式暨研讨会消息。中央电视台在《新闻联播》中以视频报道非领袖人物传记出版的消息，这可能还是第一回。接着，《人民日报》《光明日报》《文汇报》等全国70多家报刊纷纷连载或节选转载了传记全文或部分章节；中央电视台和河北电视台的《读书》专栏各作了25分钟的专题推介；北京广播电台作了全文连播，并直播了对作者的采访；中央电视台和潇湘电影制片厂联合将其拍摄为八集电视连续剧在央视播出；上海远东出版社和江西人民出版社先后将该书再版，其中江西人民出版社所出的修订版获2010年第五届鲁迅文学奖入围和华东地区新书出版一等奖。

更使我们感到幸运的是，我们所作的这是袁先生的第一部系统完整的生平历程记录，也是袁先生及其家人最为欣赏的一部传记。在我们之后，又有多名作者个人或组织先后为袁先生撰写并出版了好多部传记；其实内容大同小异，基本都是在我们这部传记的基础上生发而成的。但我们感到很开心。我们当初就跟袁先生说过，今后任何人再来为您作传记，都绕不开我们这部作品。但只要不是全文照抄，我们不会追究是否侵权。我们巴不得有尽可能多的人通过尽可能多的渠道，把袁先生的事迹传播得越广越好。而事实证明，在我们之后所出版的任何一部袁先生传记，都再没有产生过当年我们这部作品那样广泛而持久的影响。

2021年5月22日13时07分，袁先生以91岁高龄永远离我们而去了。悲痛之中，我们是唯一获得袁先生生前领导过的国家杂交水稻研究中心邀请，并为湖南省委办公厅批准出席袁先生遗体告别仪式的袁隆平传作者。我们深深地感恩与袁先生、袁先生家人、袁先生生前身边工作人员等这一切的缘分和情谊。

近闻民主与建设出版社准备再次出版这部传记，这是对我们重大的鼓励和奖赏，使我们感到莫大的欣慰。编辑们为本书再版奔波操劳，尽心尽力，幸喜心血没有白费。我唯有感激。本书的采写工作曾经得到袁先生家人和国家杂交水稻工程技术研究中心党委的大力支持与帮助。当时的研究中心常务副主任全永明先生为我们的采访研究提供了一切可能的安排和方便；袁先生生前秘书辛业芸、档案室负责人张桥女士为我们提供了丰富的文献资料和创作素材；还有不少单位的领导和研究人员分别从不同的角度给予了我们诸多帮助。现藉本书再版之际，再次表达我们的衷心谢意。

作者

2024年6月